Vegetarisch
in 30 Minuten

Die besten Rezepte, die ganz leicht gelingen

 cook book

INHALT

Appetitliche Vorspeisen 4

Köstliche Suppen 26

Salate und Rohkost 56

Kleine warme Gerichte 90

Gemüse satt 120

Appetitliche Vorspeisen

Kleine Extras vorneweg machen aus einem Essen ein überraschendes Menü. Ob warm oder kalt, schnell oder anspruchsvoll, die üppige Vielfalt der vegetarischen Küche bietet etwas für jeden Anlaß. Mit diesen hübschen kleinen Vorspeisen wecken Sie den Appetit und die Vorfreude auf Kommendes.

Gemischtes Gemüse mit Dips

Rohes Gemüse mit verschiedenen Saucen – ein feiner Imbiß für heiße Sommertage oder Auftakt zu einer Hauptmahlzeit.

Zutaten für 4 Personen:
Für den Orangendip:
1 reife Avocado
1 unbehandelte Orange
100g Magerjoghurt
1 Eßl. Petersilie, frisch gehackt
Salz
weißer Pfeffer, frisch gemahlen
Für den Käsedip:
100g Doppelrahmfrischkäse
50g saure Sahne
1 Eßl. Milch
2 Eßl. Zitronensaft
1 Eßl. Mandelmus
1 Eßl. Schnittlauchröllchen
Salz
Cayennepfeffer
Für den Tofudip:
100g Tofu
50 ccm Milch
1 Eßl. Sahne
1 Knoblauchzehe
1 Bund Dill
1 Essiggurke
50g Pistazien- oder Kürbiskerne
1 Teel. Kapern
Salz
Cayennepfeffer
Außerdem:
600g gemischtes Gemüse der Jahreszeit
4 Frühlingszwiebeln oder dünne Lauchstangen
1 mittelgroßer Zucchino (etwa 125g)
4 große Champignons

Braucht etwas Zeit

Pro Portion etwa:
1920 kJ/450 kcal
15g Eiweiß · 33g Fett
21g Kohlenhydrate
6g Ballaststoffe

● Zubereitungszeit:
etwa 50 Minuten

1. Für den Orangendip die Avocado halbieren, vom Kern befreien und schälen. Die Orange waschen und abtrocknen. Ein etwa 4 cm langes Stück Schale dünn abschneiden und hacken. Die Orange auspressen. Die Avocado mit dem Orangensaft pürieren. Den Joghurt, die Petersilie und die gehackte Schale daruntermischen. Den Dip mit Salz und Pfeffer würzen.

2. Für den Käsedip den Frischkäse mit der sauren Sahne und der Milch glattrühren. Den Zitronensaft, das Mandelmus und den Schnittlauch daruntermischen. Den Dip mit Salz und einer kräftigen Prise Cayennepfeffer abschmecken.

3. Für den Tofudip den abgetropften Tofu mit der Milch und der Sahne pürieren. Die Knoblauchzehe schälen und zerdrücken. Den Dill waschen, trockentupfen und fein hacken. Die Essiggurke und die Pistazien- oder Kürbiskerne ebenfalls hacken. Diese Zutaten und die Kapern unter die Tofucreme mischen. Den Dip mit Salz und Cayennepfeffer würzen.

4. Die Gemüse waschen, putzen, gegebenenfalls schälen und zerkleinern: Möhren, Kohlrabi, Rettich und Gurke in knapp fingerdicke Stifte schneiden.

Blumenkohl in Röschen teilen. Paprikaschoten und Fenchel in Streifen schneiden. Dickere Selleriestangen nach Wunsch längs halbieren. Vom Broccoli die Röschen abschneiden, die Stiele, wenn gewünscht, schälen und ebenfalls in Stifte schneiden.

5. Die Frühlingszwiebeln oder die Lauchstangen nur von den welken, äußeren Blättern befreien, putzen und gründlich waschen. Den Zucchino und die Pilze waschen und trockentupfen. Den Zucchino in fingerdicke Stifte schneiden, die Pilze nach Wunsch halbieren oder vierteln.

6. Alle vorbereiteten Gemüse auf einer großen Platte oder auf Portionstellern anrichten. Die Dips in Schälchen füllen. Dazu passen Vollkornbrötchen, bestrichen mit Butter oder Quark.

Gemischtes Gemüse mit Dips ermöglicht immer neue und farbige Kombinationen – je nach Geschmack und Jahreszeit.

Frühlings-rohkost

Rohkost, frisch zubereitet, schmeckt vor jeder Hauptmahlzeit; sie stillt den ersten Hunger, regt die Verdauung an und liefert gesunde Ballaststoffe. Bei den Zutaten können Sie gut variieren: am besten richten Sie sich nach dem Gemüseangebot der Jahreszeit. Im Winter sollten Sie Rohkost mit selbstgezogenen Sprossen anreichern.

Zutaten für 4 Personen:
300g weißer Rettich
300g Möhren
1 Bund Radieschen
2 säuerliche Äpfel (Cox Orange oder Glockenapfel, etwa 300g)
1 Eßl. Zitronensaft
3 Eßl. milder Obstessig
Salz
weißer Pfeffer, frisch gemahlen
100g Crème fraîche
2 Eßl. Distelöl
2 Eßl. Kräuter, frisch gehackt
2 Eßl. Sonnenblumen- oder Kürbiskerne

Schnell

Pro Portion etwa:
960 kJ/230 kcal
4 g Eiweiß · 16 g Fett
18 g Kohlenhydrate
7 g Ballaststoffe

• Zubereitungszeit:
  etwa 30 Minuten

1. Den Rettich und die Möhren schälen und raspeln. Die Radieschen waschen und in dünne Scheiben schneiden. Die Äpfel vierteln, schälen, vom Kerngehäuse befreien und raspeln.

2. Alle Zutaten mit dem Zitronensaft vermischen. Die Rohkost auf Tellern verteilen.

3. Für die Salatsauce den Essig mit Salz, Pfeffer, der Crème fraîche und dem Öl verrühren. Die Sauce über die Salatportionen träufeln. Die Kräuter und die Kerne darüber streuen.

Selleriesalat mit Orangen und Nußsauce

Zutaten für 4 Personen:
3 Orangen (etwa 500g)
400g Staudensellerie
1 kleine Zitrone
150g Magerjoghurt
2 Eßl. Crème fraîche
1 Eßl. Nuß- oder Mandelmus
1 Teel. Honig
1 Teel. Sonnenblumenöl
50g Hasel- oder Walnußkerne
1 Bund Dill
weißer Pfeffer, frisch gemahlen

Raffiniert • Schnell

Pro Portion etwa:
1100 kJ/260 kcal
7 g Eiweiß · 15 g Fett
23 g Kohlenhydrate
5 g Ballaststoffe

• Zubereitungszeit:
  etwa 20 Minuten

1. Die Orangen schälen, filieren und in Stücke schneiden. Den Saft dabei auffangen. Die Selleriestangen waschen und trockentupfen. Die Blättchen abschneiden und grob hacken. Die Stangen in etwa fingerbreite Stücke schneiden.

2. Die Orangen, die Selleriestücke und etwa die Hälfte der Sellerieblättchen in einer Schüssel mischen.

3. Für die Salatsauce die Zitrone auspressen. Den Saft mit dem aufgefangenen Orangensaft, dem Joghurt, der Crème fraîche, dem Nuß- oder dem Mandelmus, dem Honig und dem Öl kräftig verrühren, bis eine glatte Sauce entstanden ist.

4. Die Salatzutaten in der Schüssel mit der Sauce mischen. Den Salat auf Tellern verteilen.

5. Die Nußkerne hacken. Den Dill waschen, trockentupfen und fein zerkleinern. Diese beiden Zutaten, die restlichen Sellerieblättchen und Pfeffer aus der Mühle über den Salat streuen.

Im Bild hinten: Eine vitaminreiche Wintervorspeise – Selleriesalat mit Orangen und Nußsauce.
Im Bild vorne: Die leichte Frühlingsrohkost.

Hirtensalat

Çoban salatası

Wie in vielen anderen südlichen Ländern wird auch in der Türkei Salat als Vorspeise serviert.

Zutaten für 4 Personen:
1 kleiner Kopf römischer Salat
2 große Freilandtomaten
2 feste kleine Gärtnergurken
1 Bund Frühlingszwiebeln
4 milde oder scharfe Peperoni
1 großes Bund glatte Petersilie
3 Eßl. Olivenöl, kaltgepreßt
Saft von 1 Zitrone
Salz · Pfeffer, frisch gemahlen
Zum Garnieren:
50 g schwarze Oliven
50 g Schafkäse

Gelingt leicht

Pro Portion etwa:
770 kJ/180 kcal
4 g Eiweiß · 14 g Fett
11 g Kohlenhydrate

● Zubereitungszeit: etwa
30 Minuten

1. Von dem Salat die äußeren harten Blätter und den Strunk abschneiden. Die inneren zarten Blätter gründlich waschen und trockenschütteln. Die Blätter abtrennen, in Streifen schneiden und in eine Salatschüssel geben. Die Tomaten waschen, halbieren und die Stielansätze herausschneiden. Die Tomatenhälften würfeln und die Würfel in die Schüssel geben. Die Gurken schälen und klein würfeln. Die Frühlingszwiebeln waschen, putzen und in Ringe schneiden. Zum Salat geben. Die Stiele und Stielan-sätze von den Peperoni abschneiden, die Schoten längs halbieren. Die Kerne und Rippen entfernen. Die Schoten waschen und in Streifen schneiden. Die Petersilie waschen, trockenschütteln und grob hacken. Alles zu den übrigen Salatzutaten geben.

2. Aus dem Öl, dem Zitronensaft, etwas Salz und Pfeffer eine Marinade rühren und über den Salat gießen. Alles gut durchmischen und auf einer Platte anrichten.

3. Die Oliven auf dem Salat verteilen. Zuletzt den Schafkäse fein reiben und über den Salat streuen.

Pikante Käsecreme

Haydari

Cremes sind ein fester Bestandteil des türkischen Vorspeisenangebots. Haydari wird mit frischem Weißbrot gegessen.

Zutaten für 4 Personen:
200 g türkischer oder bulgarischer Schafkäse
175 g säuerlicher Joghurt
1 Bund glatte Petersilie
1 gestrichener Teel. Pul biber (Plättchenpaprika; türkisches Spezialgeschäft)
1 Teel. Nane (getrocknete Minze; türkisches Spezialgeschäft)
2 Knoblauchzehen
Zum Garnieren:
2 milde oder scharfe Peperoni

Gelingt leicht · Schnell

Pro Portion etwa:
570 kJ/140 kcal
7 g Eiweiß · 11 g Fett
1 g Kohlenhydrate

● Zubereitungszeit: etwa
20 Minuten

1. Den Schafkäse in einem Suppenteller mit einer Gabel fein zerdrücken. Den Joghurt dazugeben und alles zu einer feinen Creme verarbeiten.

2. Die Petersilie waschen und trockenschütteln. Die Blättchen abzupfen, einige davon zum Garnieren beiseite legen. Die anderen fein hacken. Die Petersilie zu der Käsecreme geben. Die Minze mit dem Plättchenpaprika in die Creme streuen.

3. Die Knoblauchzehen schälen und durch die Knoblauchpresse zu der Creme drücken. Alle Zutaten gründlich mischen und die Creme auf einem flachen Teller anrichten.

4. Die Peperoni waschen. Die Stiele mit den Stielansätzen abschneiden. Die Schoten samt den Kernen schräg in Scheibchen schneiden und rund um die Käsecreme verteilen. Diese mit der restlichen Petersilie garnieren.

Bild oben: Hirtensalat
Bild unten: Pikante Käsecreme

Spargel-frischkost

Zutaten für 4 Personen:
Für die Sauce:
6 EßI. Joghurt
8 EßI. saure Sahne (etwa 120 g)
2 Teel. mittelscharfer Senf
3 EßI. Zitronensaft
2 1/2–3 EßI. Weißweinessig
Meersalz
weißer Pfeffer, frisch gemahlen
2 EßI. Zitronenmelisse, frisch gehackt
Für den Salat:
400 g weißer Spargel
150 g gemischter Salat; zum
Beispiel Feldsalat, junge Spinat-
blätter, Kopfsalat und Rauke (Rucola)
1 Handvoll Kerbel
2 kleine, vollreife Avocados
2 EßI. Zitronensaft
1 Möhre

Für Gäste

Pro Portion etwa:
1100 kJ/260 kcal
6 g Eiweiß · 25 g Fett
5 g Kohlenhydrate
5 g Ballaststoffe

• Zubereitungszeit: etwa
40 Minuten

1. Zuerst alle Zutaten für die Sauce verquirlen. Sie sollte ziemlich sauer schmecken.

2. Den Spargel waschen, schälen und die holzigen Enden abschneiden. Die Stangen schräg in 1–2 cm breite Stücke scheiden. 8 Spitzen zum Garnieren beiseite legen.

3. Den gemischten Salat putzen, waschen und trockenschleudern. Größere Blätter et-was zerteilen. Den Salat auf vier großen Tellern ausbreiten und mit den abgezupften Kerbelblättchen bestreuen.

4. Die Avocados schälen, längs halbieren und entkernen. Das Fruchtfleisch längs in dünne Scheiben schneiden und mit dem Zitronensaft einpinseln. Die Avocados und den Spargel auf dem Salat anordnen. Die Sauce darüber geben.

5. Von der Möhre mit dem Fadenschneider Streifen abziehen. Den Salat mit den Möhrenstreifen und den zurückgelegten Spargelspitzen garnieren.

Melonen-cocktail

Zutaten für 4 Personen:
1 Cantalupe-Melone (500–660 g,
ersatzweise 1 Ogenmelone)
2 Teel. Himbeeressig
200 g saure Sahne
5 EßI. Joghurt
3 EßI. Zitronensaft
2 Teel. Apfeldicksaft
1 Handvoll Zitronenmelisse, wenig
Zitronenthymian, Estragon und Dill
1 Kopf Eissalat
2 vollreife Nektarinen
1 Handvoll Jostabeeren (siehe Tip)
oder schwarze Johannisbeeren
Zum Garnieren: Borretschblüten
oder nur Melisse

Für Gäste

Pro Portion etwa:
670 kJ/160 kcal
4 g Eiweiß · 5 g Fett
24 g Kohlenhydrate
4 g Ballaststoffe

• Zubereitungszeit: etwa
50 Minuten

1. Die Melone schälen und die Kerne entfernen. Das Fruchtfleisch würfeln oder als Kugeln ausstechen. Den Essig untermischen, die Melone etwa 30 Minuten kühl ziehen lassen.

2. Die saure Sahne, den Joghurt, den Zitronen- und den Apfeldicksaft verquirlen. Die Zitronenmelisse (bis auf einige Blättchen zum Garnieren) mit den übrigen Kräutern hacken und unter die Sauce rühren.

3. Den Salat waschen, trockenschleudern und zerpflücken. Flache Schalen damit auslegen und mit etwas Sauce beträufeln.

4. Die Nektarinen in schmale Spalten schneiden und mit den Jostabeeren oder den Johannisbeeren unter die Melone mischen. Die Früchte auf dem Eissalat anrichten. Die restliche Sauce darüber geben und mit den übrigen Melisseblättchen und Borretschblüten garnieren.

Tip!

Jostabeeren sind eine Kreuzung aus schwarzen Johannisbeeren und Stachelbeeren, Sie können sie auf manchen Märkten kaufen oder im Garten anpflanzen.

Bild oben: Spargelfrischkost
Bild unten: Melonencocktail

Spitzpaprika-Rohkost

Pikant-frische Kleinigkeit, die man aus der Hand essen kann.

Zutaten für 4 Personen:
4 gelbe Spitzpaprika (je etwa 50 g)
100 g Doppelrahmfrischkäse
2 Eßl. Sahne
2–3 Eßl. Mineralwasser
2 Eßl. Zitronensaft
100 g fester Ricotta (oder Manouri, frischer Schafkäse)
10 grüne Oliven, paprikagefüllt
1 Bund glatte Petersilie
1 Bund Dill · Salz
weißer Pfeffer, frisch gemahlen

Gelingt leicht • Schnell

Pro Portion etwa:
860 kJ/200 kcal
8 g Eiweiß · 17 g Fett
3 g Kohlenhydrate

- Zubereitungszeit: etwa 30 Minuten

1. Die Paprikaschoten waschen, einen Deckel abschneiden, die Trennwände und Samen herauslösen.

2. Den Frischkäse mit der Sahne, dem Mineralwasser und dem Zitronensaft in eine Schüssel geben. Den Ricotta auf der Rohkostreibe dazuraffeln. Alles mit dem Schneebesen glattrühren.

3. Die Oliven winzig klein würfeln. Die Kräuter abspülen und trockenschütteln, einige Zweige zum Garnieren abnehmen. Die übrigen Kräuterblättchen ab-

zupfen, fein hacken und mit den Oliven unter die Käsecreme mischen. Mit Salz und Pfeffer abschmecken.

4. Die Masse mit einem Spritzbeutel oder einem Teelöffel in die Spitzpaprika füllen. Mit Kräutern garnieren. Dazu passen Cracker gut.

Tip!

Knoblauchfans können die Käsemischung noch mit gehacktem Knoblauch anreichern, Freunde scharfer Genüsse mit fein gewürfelter roter Chilischote.

Cocktail-tomaten mit Olivencreme

Ideal für Feste als Vorspeise oder Aperitif-Häppchen.

Zutaten für 4 Personen:
20 Cocktailtomaten (etwa 250 g)
1 hartgekochtes Ei
2 Teel. Aceto balsamico (Balsamessig)
50 g schwarze Oliven
1 kleine Knoblauchzehe
1 Sardellenfilet (Anchovis)
1/2 Teel. getrockneter Thymian
2 Eßl. Olivenöl, kaltgepreßt
Salz
schwarzer Pfeffer, frisch gemahlen
20 Basilikumblätter zum Garnieren

Läßt sich gut vorbereiten

Pro Portion etwa:
490 kJ/120 kcal
3 g Eiweiß · 10 g Fett
3 g Kohlenhydrate

- Zubereitungszeit: etwa 45 Minuten
- Kühlzeit: etwa 1 Stunde

1. Die Tomaten waschen und trockenreiben. Von jeder Frucht einen kleinen Deckel abschneiden. Die Tomaten mit einem Löffelstiel aushöhlen.

2. Das Ei pellen. Das Eigelb auslösen und mit dem Essig beträufeln. Die Oliven entsteinen, den Knoblauch schälen. Beides mit dem abgespülten Sardellenfilet, dem Thymian und dem Olivenöl zum Eigelb geben. Mit dem Pürierstab zu einer Paste zerkleinern. Das Eiweiß fein hacken und unterheben. Salzen und pfeffern.

3. Die Olivenfarce mit einem Messer in die Tomaten streichen. Im Kühlschrank mindestens 1 Stunde ziehen lassen. Dann mit Basilikum garnieren, die Tomatendeckel auflegen.

Tip!

Die Olivencreme gibt's als Tapenade auch fertig zu kaufen. Davon zwei gehäufte Eßlöffel mit dem Eigelb pürieren, das gehackte Eiweiß unterziehen. Fertig!

Im Bild oben: Spitzpaprika-Rohkost
Im Bild unten:
Cocktailtomaten mit Olivencreme

Kresse-tomaten

Eine üppige Verzierung für den sommerlichen Abendtisch oder als Mittelpunkt einer Salatvorspeise. Wachteleier bekommen Sie mittlerweile fast überall frisch, sonst können Sie auch gekochte Wachteleier aus dem Glas nehmen. Bei frischer Ware sollten Sie als zusätzliche Garnitur einige Schalenhälften an den Teller- oder Plattenrand setzen. Sind keine Wachteleier zu bekommen, dann fragen Sie Ihren Händler nach Junghenneneiern. Das sind die ersten kleinen Eier der jungen Legehennen. Sie sind nicht viel größer als Wachteleier, haben aber einen anderen Geschmack.

Zutaten für 4 Stück:

4 mittelgroße Tomaten

8 Wachteleier (ersatzweise Junghenneneier)

2 Kästchen Gartenkresse (oder die gleiche Menge selbstgezogene Kresse)

Salz aus der Mühle

Was Sie sonst noch brauchen:

1 kleines scharfes Küchenmesser

Raffiniert

• Zubereitungszeit: etwa 30 Minuten

1. Die Tomaten waschen und trockenreiben. Im oberen Drittel mit dem Küchenmesser einen Zickzackrand mit großen Zacken ausstechen. Es sollten 8 Zacken sein.

2. Das Fruchtfleisch mit einem spitzen Löffel herausholen und die Tomate zum Austropfen umgekehrt auf Haushaltspapier stellen.

3. Wasser in einem Topf zum Kochen bringen. Die Wachteleier (oder Junghenneneier) darin in etwa 8 Minuten hart kochen.

4. Die Eier in kaltem Wasser abschrecken und abkühlen lassen. Die Eier schälen, dabei einige Schalenhälften möglichst vollständig abheben und beiseite legen.

5. 4 Eier der Länge nach vierteln, die restlichen 4 Eier ganz lassen.

6. Die Gartenkresse (oder die selbstgezogene Kresse) am besten mit einer Schere abschneiden, waschen und trockenschleudern.

7. Die Tomaten wieder umdrehen und mit der Gartenkresse so füllen, daß die grünen Blättchen oben herausschauen.

8. Die Eierviertel mit der schmalen Seite nach unten auf der Kresse in die Tomatenzacken legen. Die Eiviertel sollen nach außen etwas überstehen.

9. In die Mitte jeweils 1 ganzes Ei setzen. Alles mit etwas Salz bestreuen. Rund um die Garnitur ein paar Schalenhälften verteilen, eventuell ebenfalls mit kleinen Büscheln Kresse füllen und fertig – sieht gut aus und schmeckt ganz frisch!

Varianten:
Tomate mit Garnelenfüllung

Die Wachteleier durch mittelgroße Garnelen ersetzen und die Kresse durch gehackten Mozzarella (1 Kugel). Über den Käse noch etwas French-Dressing geben. Mit einigen Dillzweigen schmücken. Ideal für die feine Fischplatte oder eine kalte Fischvorspeise wie Räucherlachs oder eine Fischterrine.

Tomate mit Spargelfüllung

Grünen Spargel am unteren Drittel schälen, in Salzwasser bißfest garen und abkühlen lassen. Die Stangen in mundgerechte Stücke schneiden und die Spargelspitzen zur Seite legen. Aus Aceto balsamico, Salz, Pfeffer und Sesamöl eine Salatsauce rühren und die Spargelstücke darin etwa 5 Minuten marinieren. Die Spargelstücke in die Tomaten füllen, die Spargelspitzen in die Zacken am Rand legen.

Eine erfrischende Garnitur an heißen Sommertagen: Kressetomaten, gefüllt mit schmackhaften Wachteleiern.

Avocadosalat mit Staudensellerie

Zutaten für 2 Personen:
1 Eßl. dunkle Rosinen
1 Eßl. Sherry, ersatzweise lauwarmes Wasser
2 Eßl. saure Sahne
2 Eßl. süße Sahne
2 Eßl. Sherryessig
Meersalz
weißer Pfeffer, frisch gemahlen
200 g Staudensellerie
1 säuerlicher Apfel
1 große reife Avocado
1 Eßl. Petersilie, frisch gehackt
30 g Walnußkerne, grobgehackt

Raffiniert

Pro Portion etwa:
2000 kJ/480 kcal
7 g Eiweiß · 42 g Fett
17 g Kohlenhydrate
2 g Ballaststoffe

● Zubereitungszeit: etwa
   20 Minuten

1. Die Rosinen mit dem Sherry oder dem Wasser übergießen und zugedeckt ziehen lassen. Die saure und die süße Sahne mit dem Essig verquirlen. Mit Salz und Pfeffer würzen.

2. Den Sellerie in die einzelnen Stangen zerlegen, waschen und in schmale Streifen schneiden. Den Apfel waschen, vierteln, entkernen und in dünne Scheiben schneiden. Die Avocado mit dem Sparschäler oder einem scharfen Messer dünn schälen, längs halbieren und den Kern herausnehmen. Das Fruchtfleisch in Würfel schneiden.

3. Die Petersilie, die Hälfte der Nüsse und die Rosinen zu den Salatzutaten geben. Die Sauce vorsichtig unterheben und die restlichen Nüsse darüber streuen.

Blumenkohlteller mit Tomaten

Zutaten für 2 Personen:
50 g Joghurt
50 g Sahne
1/2 Teel. mittelscharfer Senf
2 Eßl. Zitronensaft
2 Eßl. Mayonnaise, am besten selbstgerührt
1 Eßl. Dill und Petersilie, frisch gehackt
Meersalz
300 g Blumenkohl
2 reife, feste Tomaten
50 g Feldsalat

Schnell
Gelingt leicht

Pro Portion etwa:
1100 kJ/260 kcal
7 g Eiweiß · 23 g Fett
11 g Kohlenhydrate
7 g Ballaststoffe

● Zubereitungszeit: etwa
   30 Minuten

1. Den Joghurt mit der Sahne cremig schlagen. Den Senf, den Zitronensaft, die Mayonnaise, die Kräuter und 1 Prise Salz unterrühren.

2. Den Blumenkohl waschen und in dünne Scheibchen hobeln. Die zarten grünen Innenblätter in feine Streifen schneiden. Die Sauce unterheben. Den Salat in die Mitte von zwei Salattellern häufen.

3. Die Tomaten waschen und halbieren, dabei die Stielansätze entfernen. Die Hälften in Scheiben schneiden und um den Blumenkohl legen. Den Feldsalat putzen, waschen, trockenschleudern und zwischen den Tomatenscheiben anrichten.

Tip!

Bringen Sie Ihre Salate so frisch wie möglich auf den Tisch: Immer zuerst die Sauce zubereiten und im Kühlschrank aufbewahren. Kurz vor dem Essen Gemüse, Salat und Kräuter putzen, waschen, und nur wenn nötig, für kurze Zeit in ein feuchtes Tuch einschlagen und kühl stellen. Die Zutaten erst »in letzter Minute« zerkleinern und die Sauce unterheben. Oder die Zutaten anrichten und die Sauce darübergeben.

Im Bild vorne:
Blumenkohlteller mit Tomaten
Im Bild hinten:
Avocadosalat mit Staudensellerie

Auberginen-salat

Melitsanosaláta

Zutaten für 4 Personen:
4 große Auberginen
Saft von 1–2 Zitronen
1 mittelgroße Zwiebel
1–2 Knoblauchzehen
1 Bund Petersilie
8 Eßl. Olivenöl
Salz

Gelingt leicht

Pro Portion etwa:
1800 kJ/430 kcal
4 g Eiweiß · 40 g Fett
14 g Kohlenhydrate

- Zubereitungszeit: etwa
  50 Minuten

1. Die Auberginen auf dem Rost im Backofen (Mitte) bei 225° in etwa 20 Minuten von allen Seiten bräunen – zwischendurch mehrmals wenden – oder die Auberginen unter dem Grill von allen Seiten grillen, bis die Schalen aufplatzen und braun werden.

2. Die Auberginen kurz kalt abschrecken, die Stielansätze entfernen und die Auberginen häuten. Das Fruchtfleisch in grobe Würfel schneiden und auf einem Teller sofort mit dem Zitronensaft beträufeln, damit es nicht braun wird.

3. Die Zwiebel und die Knoblauchzehen schälen und mit den Auberginenwürfeln im Mixer oder Blitzhacker pürieren.

4. Die Petersilie abspülen, trockenschütteln und ohne die groben Stiele fein hacken.

5. Das Püree in eine Schüssel geben und nach und nach das Olivenöl unterrühren. Die gehackte Petersilie untermischen und mit Salz und eventuell noch etwas Zitronensaft abschmecken. Das Püree auf einem Teller mit Tomatenachteln garniert servieren.

Joghurt mit Gurke und Knoblauch

Tzatzíki

Was fällt Ihnen ein, wenn Sie nach dem berühmtesten griechischen Gericht gefragt werden? Tzatzíki heißt die Köstlichkeit, die als Vorspeise zu keinem griechischen Essen fehlen darf.

Zutaten für 4 Personen:
700 g griechischer Joghurt
(ersatzweise bulgarischer Joghurt)
1/2 Salatgurke
Salz
2–3 Knoblauchzehen
1 Eßl. Essig
1 Eßl. Olivenöl

Schnell • Gelingt leicht

Pro Portion etwa:
760 kJ/180 kcal
8 g Eiweiß · 12 g Fett
11 g Kohlenhydrate

- Zubereitungszeit: etwa
  20 Minuten

1. Ein Spitzsieb mit einer großen Kaffeefiltertüte auskleiden und den Joghurt zum Abtropfen hineingeben.

2. Die Salatgurke schälen und grob raspeln. Die Raspel in einer Schüssel mit etwa 1/2 Teelöffel Salz mischen und etwa 10 Minuten ziehen lassen.

3. Den abgetropften Joghurt in eine Schüssel geben, die Gurkenraspel in ein Sieb geben, mit einem Löffel etwas ausdrücken und hinzufügen. Die Knoblauchzehen schälen und durch die Knoblauchpresse zum Joghurt drücken. Den Essig und das Olivenöl dazugeben und alles gut verrühren. Noch einmal mit Salz abschmecken.

4. Das Tzatzíki auf einem flachen Teller mit Gurkenscheiben und Tomatenachteln anrichten.

Tip!

Tzatzíki erhält eine ganz andere Geschmacksvariante, wenn Sie es mit 1 Eßlöffel gehacktem Dill oder einigen Blättchen feingehackter Minze abschmecken.

Im Bild oben:
Joghurt mit Gurke und Knoblauch
Im Bild unten: Auberginensalat

Blumenkohl-Broccoli–Salat

Blumenkohl und Broccoli sind miteinander verwandt und harmonieren nicht nur geschmacklich, sondern auch farblich gut. Für Salate nur die zarten Röschen der Pflanzen verwenden, Stiele oder Strünke für eine Suppe verarbeiten.

Zutaten für 4 Personen:
je 600 g Blumenkohl und Broccoli
1/4 l Milch
1 Scheibe Toastbrot
1 Knoblauchzehe
1 Eigelb
4 Eßl. Weißweinessig
Salz
frisch gemahlener weißer Pfeffer
3 Eßl. Olivenöl
2 Eßl. Schnittlauchröllchen

Vegetarisch

Pro Portion etwa:
1000 kJ/240 kcal
11 g Eiweiß · 16 g Fett
13 g Kohlenhydrate

• Zubereitungszeit: etwa 30 Minuten

1. Beide Kohlarten waschen und die Röschen abschneiden. Von der Milch 5 Eßlöffel abnehmen. Die restliche Milch mit etwas Wasser aufkochen, die Blumenkohlröschen zugedeckt etwa 6 Minuten darin kochen. Den Broccoli zugedeckt etwa 3 Minuten in Salzwasser kochen.

2. Die restliche Milch über das entrindete Toastbrot gießen. Den Knoblauch schälen und über das Brot pressen.

3. Das Gemüse in einem Sieb abtropfen lassen. Das Eigelb mit dem Essig, etwas Salz und Pfeffer verquirlen. Das Brot und das Öl dazugeben. Ist die Sauce zu fest, mit etwas Kochsud vom Blumenkohl verrühren.

4. Die Kohlröschen anrichten, mit der Sauce übergießen, mit dem Schnittlauch bestreuen und zugedeckt einige Minuten durchziehen lassen.

Chicoréesalat mit Champignons

Wegen seines leicht bitteren Geschmacks paßt Chicorée gut zu Früchten, Nüssen, anderen Blattsalaten, Möhren, Paprikaschoten oder Tomaten. Um den Bittergeschmack zu mildern, kürzen Sie die Stauden am Wurzelende und schneiden einen etwa 3 cm langen Keil heraus.

Zutaten für 4 Personen:
400 g Chicorée
100 g Champignons
2 Teel. Zitronensaft
100 g grüne Weintrauben
2 Eßl. Magerquark
1 Eigelb
Salz
1 Messerspitze Zucker
frisch gemahlener schwarzer Pfeffer
1 Eßl. Apfelessig
3 Eßl. Distelöl
6 Blättchen Pfefferminze

Für Gäste

Pro Portion etwa:
490 kJ/120 kcal
3 g Eiweiß · 9 g Fett
5 g Kohlenhydrate

• Zubereitungszeit: etwa 40 Minuten

1. Vom Chicorée die schlechten Außenblätter entfernen, die Stauden waschen und 8 ganze Blätter beiseite legen. Die Wurzelenden kürzen und einen etwa 3 cm großen Keil herausschneiden. Die Stauden in 3 cm breite Streifen schneiden.

2. Die Stielenden der Champignons etwas kürzen, die Pilze lauwarm abbrausen und in Scheiben schneiden. Mit dem Chicorée und dem Zitronensaft vermengen.

3. Die Weintrauben waschen, abtropfen lassen, jede Traube halbieren und die Kerne entfernen. Den Quark mit dem Eigelb, etwas Salz und Pfeffer, dem Zucker, dem Essig und dem Öl verrühren und unter den Salat heben.

4. Die Pfefferminze waschen und streifig schneiden. Eine Salatplatte mit den ganzen Chicoréeblättern auslegen, den angemachten Salat, die Weintrauben und die Minze daraufgeben.

*Bild oben: Blumenkohl-Broccoli-Salat
Bild unten: Chicoréesalat mit Champignons*

Große Rohkostplatte

Wollen Sie eine Mahlzeit mit Rohkost beginnen, dann können Sie diese Platte als erfrischende Vorspeise servieren. Sie eignet sich aber auch als Beilage zu vielen Hauptgerichten.

Zutaten für 4 Personen:
1 kleiner Rettich
1 mittelgroße Möhre
1 gelbe Paprikaschote
4 Eßl. gekeimte Weizenkörner (Körner keimen lassen siehe Seite 22)
150 g Sauerkraut
1 Zwiebel
100 g Chicorée oder Endiviensalat
1 Kästchen Gartenkresse
4 Eßl. Apfelessig
6 Eßl. Magerquark
2 Teel. Ahornsirup
Salz
frisch gemahlener weißer Pfeffer
1 Teel. edelsüßes Paprikapulver
4 Eßl. Distelöl

Preiswert

Pro Portion etwa:
980 kJ/230 kcal
15 g Eiweiß · 18 g Fett
13 g Kohlenhydrate

• Zubereitungszeit: etwa 45 Minuten

1. Den Rettich dünn schälen, waschen, in Scheiben hobeln und diese in Stifte schneiden. Die Möhre schälen, waschen und grob raspeln.

2. Die Paprikaschote halbieren, vom Stielansatz, den Rippen und Kernen befreien. Die Schotenhälften waschen, abtrocknen und in Streifen schneiden.

3. Die Weizenkeime abbrausen und abtropfen lassen. Das vorbereitete Gemüse mit dem Sauerkraut und den Weizenkeimen portionsweise auf einer Platte anordnen.

4. Die Zwiebel klein würfeln. Den Chicorèe oder den Endiviensalat putzen, waschen, in Streifen schneiden, mit der Zwiebel mischen und ebenfalls auf die Platte geben.

5. Die Kresse vom Beet schneiden, in einem Sieb abbrausen, abtropfen lassen und über die Rohkost streuen. Den Essig mit dem Quark, dem Sirup, etwas Salz und Pfeffer, dem Paprikapulver und dem Öl verrühren und gesondert zur Rohkostplatte reichen.

Varianten

Zum erfrischenden Rettich passen auch Tomatenviertel, Frühlingszwiebelringe, Zucchiniwürfel, grüne Paprikaschotenstreifen und geviertelte Herzen von grünem Kopfsalat. Bestreuen Sie die Rohkost dann mit geröstetem Leinsamen und geben Sie eine würzige Vinaigrette darüber.

Den Rettich kann man auch durch geraspelten Topinambur ersetzen und diesen mit roten Paprikastreifen, Scheibchen von Staudensellerie, gewürfelten, frischen roten Beten und streifig geschnittenem Chinakohl kombinieren. Die Rohkost dann mit gemischten Kräutern der Saison bestreuen und mit einer Joghurt- oder Quarksauce anmachen.

Zu kleinen rohen Blumenkohlröschen schmecken grüne Zuckererbsen, Gurkenwürfel, Kohlrabistreifen, streifig geschnittener Mangold und Gemüsezwiebelwürfel. Streuen Sie kleingeschnittenen Sauerampfer darüber und geben Sie eine mildsaure Salatsauce aus Eigelb, etwas Senf, Salz, Pfeffer, Apfelessig und kaltgepreßtem Öl dazu.

Bei der Zusammenstellung der Rohkostplatte können Sie – je nach Jahreszeit – Ihrer Phantasie freien Lauf lassen.

Köstliche Suppen

Ob feine Bouillons mit Einlagen, leichte Cremesuppen oder herzhafte Eintöpfe – aus den Gemüsesorten der Saison lassen sich köstliche Gaumenfreuden zaubern. Hier finden Sie ein Suppenrezept für jede Jahreszeit: von dick und wärmend bis kühl und erfrischend.

Gemüsebrühe mit Grießklößchen

Zutaten für 4 Personen:

40 g weiche Butter

1 Ei

100 g Dinkel oder Weizen, fein gemahlen oder Vollkorngrieß

50 g Hartkäse, frisch gerieben

50 g Quark

4 EßI. Petersilie, frisch gehackt

Salz

Muskatnuß, frisch gerieben

1 l Gemüsebrühe

Schnell • Für Gäste

Pro Portion etwa:
1100 kJ/260 kcal
11 g Eiweiß · 15 g Fett
18 g Kohlenhydrate
3 g Ballaststoffe

- Zubereitungszeit: etwa 20 Minuten

1. Die Butter, das Ei, das Mehl oder den Grieß, den Käse, den Quark und die Hälfte der Petersilie in einer kleinen Schüssel verrühren. Mit Salz und Muskat würzen.

2. Die Gemüsebrühe zum Kochen bringen.

3. Aus der Grießmasse mit einem kleinen Löffel ovale Klößchen abstechen oder kleine Kugeln formen. Diese in die kochende Brühe geben. Die Klößchen bei schwacher Hitze 5 Minuten darin ziehen lassen. Die restliche Petersilie über die Suppe streuen.

Hirsesuppe mit Sprossen

Verwenden Sie für diese Suppe unbedingt frische Mungobohnensprossen. Sie können diese in Gemüsegeschäften, in Naturkostläden und Reformhäusern kaufen oder in 4–5 Tagen selbst ziehen.

Zutaten für 4 Personen:

100 g Hirse

1 1/4 l Gemüsebrühe

1 Knoblauchzehe

1 Schalotte

Salz

Muskatnuß, frisch gerieben

200 g Mungobohnensprossen (45 g ungekeimt)

40 g Butter

50 g Sahne

1 Bund Petersilie, frisch gehackt

Schnell • Für Ungeübte

Pro Portion etwa:
1000 kJ/240 kcal
7 g Eiweiß · 15 g Fett
19 g Kohlenhydrate
4 g Ballaststoffe

- Zubereitungszeit: etwa 35 Minuten

1. Die Hirse verlesen, in einem Sieb heiß abspülen. Dann mit der Gemüsebrühe in einem Topf zum Kochen bringen.

2. Die Knoblauchzehe und die Schalotte fein hacken und einrühren. Mit Salz und Muskat würzen.

3. Die Suppe zugedeckt bei mittlerer Hitze etwa 20 Minuten leicht kochen lassen.

4. Inzwischen die Sprossen verlesen und abspülen.

5. Wenn die Hirsekörner fast durchgequollen sind, die Sprossen in die Suppe geben und etwa 5 Minuten darin ziehen lassen. Falls zuviel Flüssigkeit verdampft ist, noch etwas Wasser nachgießen.

6. Die Suppe vom Herd nehmen, die Butter und die Sahne dazugeben. Die Suppe mit Salz und Muskat abschmekken, die Petersilie unterrühren.

Tip!

Gemüsebrühe ist in der Vollwertkost anstelle von Fleischbrühe eine wichtige Grundlage für Suppen und Saucen. Sie können Sie aus Konzentraten (Würfel, Paste oder gekörnte Brühe) schnell herstellen. Achten Sie beim Kauf darauf, daß die Gemüsebrühe keine gehärteten Fette enthält. Wenn Sie Zeit haben, können Sie die Brühe aus gemischten Gemüsesorten oder -abschnitten selbst zubereiten.

Im Bild vorne: Hirsesuppe mit Sprossen.
Im Bild hinten: Gemüsesupppe mit Grießklößchen.

Amaranth-Tomaten-Suppe

Zutaten für 4 Personen:

3/4 l Gemüsebrühe

1 Teel. Miso

500 – 600 g reife Tomaten

80 g gedarrte Amaranthsamen,
fein gemahlen (ersatzweise Reis,
fein gemahlen)

Salz

1 Prise Zuckerrohrgranulat

1 Bund Basilikum

40 g Butter

Nach Belieben:

50 g Sahne

Raffiniert

Pro Portion etwa:
720 kJ/170 kcal
4 g Eiweiß · 14 g Fett
17 g Kohlenhydrate
3 g Ballaststoffe

- Zubereitungszeit: etwa
  40 Minuten

1. Die Gemüsebrühe mit dem Miso zum Kochen bringen. Die Tomaten waschen und für 2–3 Minuten in den Topf legen; dann herausnehmen.

2. Das Amaranth- oder Reismehl in die Brühe streuen und alles etwa 5 Minuten bei mittlerer Hitze kochen lassen.

3. Die Haut der Tomaten abziehen und die Früchte würfeln, dabei den Stielansatz entfernen. Die Tomaten in die Suppe geben und 5 Minuten kochen lassen.

4. Die Suppe mit etwas Salz und dem Granulat würzen und abschmecken. Die Basilikumblätter waschen, fein hacken und über die Suppe streuen. Die Butter und eventuell die Sahne einrühren.

Dinkelcremesuppe mit Zuckerschoten

Anstelle der Zuckerschoten schmecken Perlerbsen oder auch andere Gemüsesorten. Dinkel eignet sich besonders gut für diese cremige Suppe, da er sich sehr fein ausmahlen läßt.

Zutaten für 4 Personen:

100 – 150 g Zuckerschoten

1 kleine Möhre

100 g Champignons oder
Austernpilze

20 g Butter

60 g Dinkel oder Weizen,
fein gemahlen

1 l Wasser

1 Gemüsebrühwürfel

Salz

1 Prise Muskatnuß, frisch gerieben

50 g Sahne oder Crème fraîche

2–3 Eßl. Schnittlauch oder
Petersilie, frisch geschnitten

Raffiniert · Für Gäste

Pro Portion etwa:
620 kJ/150 kcal
4 g Eiweiß · 9 g Fett
13 g Kohlenhydrate
4 g Ballaststoffe

- Zubereitungszeit: etwa
  40 Minuten

1. Die Zuckerschoten waschen, wenn nötig, die Fäden abziehen und die Schoten in 2 cm breite Stücke schneiden. Die Möhre waschen, gegebenenfalls schälen und in feine Streifen schneiden. Die Pilze kurz unter fließendem Wasser abspülen, putzen und in 2 mm feine Scheiben schneiden.

2. Die Butter in einem Topf aufschäumen lassen. Das Dinkel- oder Weizenmehl dazugeben und unter ständigem Bewegen bei mittlerer Hitze 2–3 Minuten anschwitzen.

3. Das Wasser angießen. Den Gemüsebrühwürfel, 1 Prise Salz und Muskat einrühren. Die Zuckerschoten, die Möhren und die Pilze dazugeben. Die Suppe bei mittlerer Hitze zugedeckt etwa 5 Minuten leicht kochen lassen.

4. Die Sahne oder die Crème fraîche einrühren. Die Suppe abschmecken. Die Kräuter einrühren.

Im Bild vorne: Dinkelcremesuppe mit Zuckerschoten.
Im Bild hinten: Amaranth-Tomaten-Suppe.

Möhrencreme-suppe

Zutaten für 4–6 Personen:

500 g Möhren

1 große festkochende Kartoffel (etwa 150 g)

1 mittelgroße Zwiebel

2 Eßl. Butter

3/4 l Hühnerbrühe (Fertigprodukt oder selbstgemacht)

Salz

schwarzer Pfeffer, frisch gemahlen

1 Eßl. Apfeldicksaft

100 g Pfifferlinge

4–6 Eßl. Schmant

4–6 Eßl. Schnittlauchröllchen

Gelingt leicht

Bei 6 Personen pro Portion etwa:
490 kJ/120 kcal
2 g Eiweiß · 7 g Fett
11 g Kohlenhydrate

- Zubereitungszeit: etwa 40 Minuten

1. Die Möhren waschen, putzen, schälen und würfeln. Die Kartoffel waschen, schälen und in Stücke schneiden. Die Zwiebel schälen und würfeln.

2. In einen weiten Topf 1 Eßlöffel Butter geben und die Zwiebel darin glasig werden lassen. Die Möhren und die Kartoffel dazugeben und mit anschwitzen. Die Brühe angießen und aufkochen lassen. Alles zugedeckt bei schwacher Hitze etwa 20 Minuten köcheln lassen.

3. Die Suppe pürieren, noch einmal aufkochen lassen und mit Salz, Pfeffer und dem Apfeldicksaft abschmecken.

4. Die Pfifferlinge putzen und, wenn nötig, waschen. Die restliche Butter in einer kleinen Pfanne erhitzen. Die Pfifferlinge darin kurz anbraten, dabei mit Salz und Pfeffer würzen.

5. Zum Servieren die Suppe auf Teller verteilen und jeweils 1 Eßlöffel Schmant, einige Pilze und 1 Eßlöffel Schnittlauchröllchen daraufgeben.

Blumenkohl-Broccoli-Suppe

Zutaten für 4 Personen:

1 kleiner Blumenkohl (etwa 750 g; geputzt etwa 500 g)

3/4 l Gemüsebrühe (Fertigprodukt oder selbstgemacht)

Salz

200 g Broccoliröschen

2 Eßl. Crème fraîche

schwarzer Pfeffer, frisch gemahlen

Preiswert

Pro Portion etwa:
300 kJ/71 kcal
5 g Eiweiß · 4 g Fett
5 g Kohlenhydrate

- Zubereitungszeit: etwa 45 Minuten

1. Den Blumenkohl waschen, putzen und kleinschneiden. Die Brühe in einem weiten Topf aufkochen lassen, den Blumenkohl hineingeben und zugedeckt bei mittlerer Hitze in 10–15 Minuten garen.

2. Inzwischen wenig Salzwasser in einem Topf aufkochen lassen. Die Broccoliröschen waschen, in den Topf geben und zugedeckt bei mittlerer Hitze etwa 4 Minuten dünsten. Die Röschen in ein Sieb schütten und abtropfen lassen.

3. Den Blumenkohl mit der Brühe pürieren. Wieder aufkochen lassen und die Crème fraîche einrühren. Die Suppe mit Salz und Pfeffer pikant abschmecken. Zuletzt die Broccoliröschen hineingeben.

Bild oben: Möhrencremesuppe
Bild unten:
Blumenkohl-Broccoli-Suppe

Tomatensuppe mit Tamarillos

Zutaten für 4 Personen:
700 g Fleischtomaten
je 1/4 Teel. getrockneter Rosmarin
und Thymian
Salz
frisch gemahlener schwarzer Pfeffer
1 Prise Zucker
einige Sellerieblättchen
1 Zwiebel
1 Eßl. Butter
1 Eßl. Mehl
2 Tamarillos
4 Eßl. Crème fraîche
1 Eßl. Sahne
8 Blätter Basilikum

Raffiniert

Pro Portion etwa:
790 kJ/190 kcal
3 g Eiweiß · 14 g Fett
11 g Kohlenhydrate

● Zubereitungszeit: etwa
   45 Minuten

1. Die Tomaten waschen, in Stücke schneiden und mit 3/4 l Wasser, den Kräutern, den Gewürzen und den Sellerieblättern zugedeckt etwa 20 Minuten köcheln lassen.

2. Die Zwiebel schälen und klein würfeln. Die Tomatensuppe durch ein Sieb passieren.

3. Die Zwiebel in der Butter glasig braten, das Mehl darüber stäuben, hellgelb anbraten, das Tomatenpüree dazugeben und alles zugedeckt etwa 5 Minuten schwach kochen lassen.

4. Die Tamarillos waschen, längs einritzen, mit kochendem Wasser überbrühen und kalt abschrecken. Die Haut abziehen und die Früchte klein würfeln.

5. Die Suppe abschmecken und anrichten. Die Crème fraîche mit der Sahne vermengen und in die Suppe rühren. Die Tamarillowürfel darüber streuen und mit dem gewaschenen Basilikum garnieren.

Maracuja-Weinsuppe

Zutaten für 4 Personen:
1 Zwiebel
2 Eßl. Butter
1/2 l Geflügelbrühe
(frisch oder Instant-Brühe)
1/2 l trockener Weißwein
1 gehäufter Eßl. Mehl
150 g Sahne
Salz
frisch gemahlener weißer Pfeffer
2 Maracujas
2 Eßl. Dillblättchen

Etwas teurer

Pro Portion etwa:
1700 kJ/400 kcal
4 g Eiweiß · 21 g Fett
31 g Kohlenhydrate

● Zubereitungszeit: etwa
   40 Minuten

1. Die Zwiebel schälen, fein würfeln und in 1 Eßlöffel Butter in einem großen Topf glasig braten. Mit der Geflügelbrühe

und dem Wein aufgießen und die Flüssigkeit im offenen Topf in etwa 20 Minuten bei schwacher Hitze um ein Viertel einkochen lassen.

2. Das Mehl mit der restlichen Butter verkneten. Die Mehlbutter mit dem Schneebesen unter die Suppe rühren, bis sie sich vollständig aufgelöst hat. Die Suppe noch etwa 5 Minuten schwach kochen lassen.

3. Die Sahne unter die Suppe mischen und mit etwas Salz und Pfeffer abschmecken. Die Suppe heiß halten, aber nicht mehr kochen lassen.

4. Die Maracujas waschen und halbieren. Die Kerne und das Fruchtgelee mit einem Löffel in eine Schüssel schaben. Die Masse mit dem Schneebesen glattrühren, so daß sich das Gelee zerteilt und sich die Kerne aus ihm lösen. Den Dill waschen und trockentupfen.

5. Die Suppe anrichten, mit den Kernen und dem Gelee der Maracuja beträufeln und mit dem Dill garnieren.

Im Bild oben: Maracuja-Weinsuppe
Im Bild unten:
Tomatensuppe mit Tamarillos

Spargelsuppe mit Käseklößchen

Zutaten für 4 Personen:
30 g Butter
30 g Parmesan, frisch gerieben
1 Ei
80 g Weizenvollkornmehl
Salz
weißer Pfeffer, frisch gemahlen
500 g Spargelspitzen
1 l Gemüsebrühe
100 g Buchweizensprossen
(etwa 40 g Trockengewicht)
1 Bund Schnittlauch

Raffiniert

Pro Portion etwa:
980 kJ/230 kcal
12 g Eiweiß · 12 g Fett
22 g Kohlenhydrate
5 g Ballaststoffe

• Zubereitungszeit: etwa
40 Minuten

1. Für die Klößchen die Butter mit dem Parmesan in einer Rührschüssel schaumig rühren. Das Ei und das Mehl untermischen und den Teig mit Salz und Pfeffer abschmecken.

2. Die Spargelspitzen waschen und eventuell dünn schälen.

3. Die Gemüsebrühe in einem großen Topf zum Kochen bringen. Die Spargelspitzen hinzufügen und etwa 3 Minuten zugedeckt kochen lassen.

4. Dann von der Käsemasse mit zwei Teelöffeln Klößchen abstechen und in die Brühe ge-

ben. Alles bei schwacher Hitze zugedeckt etwa 10 Minuten garen, bis die Spargelspitzen bißfest sind.

5. Inzwischen die Sprossen in einem Sieb kalt abspülen und gründlich abtropfen lassen. Den Schnittlauch waschen und in feine Röllchen schneiden.

6. Die Suppe in vorgewärmte Teller verteilen und mit den Sprossen und dem Schnittlauch bestreut servieren.

Zuckerschotensuppe mit Alfalfa

Zutaten für 2 Personen:
300 g Zuckerschoten
100 g Champignons
1 Eßl. Zitronensaft
1 Eßl. Butter
1/2 l Gemüsebrühe
1 Handvoll frischer Kerbel
50 g Alfalfasprossen
(etwa 10 g Trockengewicht)
Salz
weißer Pfeffer, frisch gemahlen
1 Prise Muskatnuß, frisch gerieben
50 g Crème fraîche

Raffiniert

Pro Portion etwa:
1200 kJ/ 290 kcal
13 g Eiweiß · 16 g Fett
18 g Kohlenhydrate
9 g Ballaststoffe

• Zubereitungszeit: etwa
30 Minuten

1. Die Zuckerschoten putzen und waschen, dann je nach Größe halbieren oder ganz lassen. Die Pilze putzen und eventuell kurz kalt abspülen, dann in feine Scheiben schneiden. Die Pilze mit dem Zitronensaft mischen, damit sie sich nicht zu stark verfärben.

2. Die Butter in einem größeren Topf erhitzen. Die Pilze darin unter Rühren anbraten, bis sie leicht gebräunt sind.

3. Die Zuckerschoten und die Gemüsebrühe untermischen. Die Brühe zum Kochen bringen und die Suppe zugedeckt bei mittlerer Hitze etwa 7 Minuten garen, bis die Schoten bißfest sind.

4. Inzwischen den Kerbel verlesen, waschen und fein zerkleinern. Die Sprossen in einem Sieb kalt abspülen und gründlich abtropfen lassen.

5. Die Suppe mit Salz, Pfeffer und der Muskatnuß abschmecken, die Crème fraîche und den Kerbel untermischen.

6. Die Suppe in vorgewärmte Teller verteilen und mit den Alfalfasprossen bestreut servieren.

Im Bild oben:
Spargelsuppe mit Käseklößchen
Im Bild unten:
Zuckerschotensuppe mit Alfalfa

Fenchel-Toma-ten-Suppe

Zutaten für 3 Personen:

1 Fenchelknolle

500 g Tomaten

200 g Erbsensprossen
(etwa 100 g Trockengewicht)

1 Zwiebel

1 Knoblauchzehe

1 Eßl. Olivenöl, kaltgepreßt

600 ccm Gemüsebrühe

Salz

weißer Pfeffer, frisch gemahlen

Paprikapulver, edelsüß

1 Bund Schnittlauch

1 Bund Basilikum

2 Eßl. Crème fraîche

Gelingt leicht

Pro Portion etwa:
910 kJ/220 kcal
8 g Eiweiß · 12 g Fett
18 g Kohlenhydrate
10 g Ballaststoffe

● Zubereitungszeit: etwa
35 Minuten

1. Den Fenchel waschen, putzen, vom Strunk befreien und in feine Streifen schneiden. Das Fenchelgrün waschen und beiseite legen. Die Tomaten kochendheiß überbrühen, kurz ziehen lassen, kalt abschrecken und häuten. Die Tomaten in kleine Würfel schneiden, dabei die Stielansätze entfernen. Die Erbsensprossen in einem Sieb kalt abspülen und abtropfen lassen. Die Zwiebel und den Knoblauch fein hacken.

2. Das Öl in einem Topf erhitzen. Die Zwiebel und den Knoblauch darin glasig dünsten. Den Fenchel hinzufügen und kurz anbraten. Die Tomaten und die Gemüsebrühe dazugeben und alles zum Kochen bringen. Die Suppe zugedeckt bei mittlerer Hitze etwa 5 Minuten garen.

3. Die Erbsensprossen in die Suppe rühren, alles mit Salz, Pfeffer und Paprikapulver abschmecken und zugedeckt weitere 3 Minuten garen.

4. Inzwischen den Schnittlauch und das Basilikum waschen und trockenschwenken, dann mit dem Fenchelgrün fein zerkleinern.

5. Die Crème fraîche in die Suppe rühren. Die Suppe in Teller verteilen und mit den Kräutern bestreut servieren.

Gurkensuppe mit Mungobohnen

Zutaten für 4 Personen:

1 kg Schmorgurken

1 Zwiebel

1 Knoblauchzehe

1 Eßl. Butter

1/2 l Gemüsebrühe

Salz

weißer Pfeffer, frisch gemahlen

150 g Mungobohnensprossen
(etwa 45 g Trockengewicht)

1 kleine rote Paprikaschote

2 Bund Dill

100 g Sahne

Gelingt leicht

Pro Portion etwa:
890 kJ/210 kcal
7 g Eiweiß · 13 g Fett
15 g Kohlenhydrate
6 g Ballaststoffe

● Zubereitungszeit: etwa
30 Minuten

1. Die Gurken schälen und der Länge nach halbieren. Die Kerne mit einem Teelöffel herauskratzen, die Gurken würfeln. Die Zwiebel und den Knoblauch fein hacken.

2. Die Butter in einem Topf erhitzen. Die Zwiebel und den Knoblauch darin glasig dünsten. Die Gurken und die Gemüsebrühe dazugeben. Alles mit Salz und Pfeffer würzen, zum Kochen bringen, dann zugedeckt bei mittlerer Hitze etwa 10 Minuten garen.

3. Die Mungobohnen in einem Sieb kalt abspülen und abtropfen lassen. Die Paprikaschote waschen, putzen und klein würfeln. Den Dill waschen, trockenschwenken und ohne die groben Stiele fein hacken.

4. Die Mungobohnen und die Sahne unter die Suppe mischen und weitere 3 Minuten garen.

5. Die Suppe in vorgewärmte Teller verteilen und mit den Paprikawürfeln und dem Dill bestreut servieren.

Im Bild oben:
Fenchel-Tomaten-Suppe
Im Bild unten:
Gurkensuppe mit Mungobohnen

Zwiebelsuppe mit Dinkel

Zutaten für 2 Personen:

250 g Zwiebeln

20 g Butter

80 g Dinkel

1 Gemüsebrühwürfel

120 g milder Edelpilzkäse

2 Eßl. Crème fraîche

schwarzer Pfeffer, frisch gemahlen

2 Eßl. Schnittlauchröllchen

Schnell
Gelingt leicht

Pro Portion etwa:
2400 kJ/570 kcal
19 g Eiweiß · 39 g Fett
34 g Kohlenhydrate
8 g Ballaststoffe

• Zubereitungszeit: etwa
  30 Minuten

1. Die Zwiebeln halbieren, in feine Streifen schneiden und in einem Topf in der Butter unter ständigem Umwenden hellgelb braten.

2. 600 ccm Wasser und die Dinkelkörner dazugeben. Die Suppe bei schwacher Hitze etwa 10 Minuten kochen. Den Brühwürfel dazugeben, und die Suppe noch einmal etwa 10 Minuten auf der ausgeschalteten Kochstelle nachquellen lassen.

3. Den Käse würfeln, hinzufügen und umrühren, bis er sich aufgelöst hat. Die Crème fraîche einrühren. Die Suppe mit Pfeffer würzen und den Schnittlauch darüber streuen.

Gerstenschrot-suppe mit Gemüse

Diese kräftige Suppe schmeckt auch gut mit Grünkern, Reis, Weizen, grobem Maisgrieß, Hirse oder Buchweizen. Das Gemüse können Sie je nach Marktangebot wählen.

Zutaten für 2 Personen:

50 g Nacktgerste, sehr grob geschrotet

1 1/2 Eßl. gekörnte Gemüsebrühe

200 g gemischtes Gemüse (zum Beispiel Lauch, Möhren und Rosenkohl)

3 Eßl. süße Sahne

3 Eßl. saure Sahne

2 Teel. Zitronensaft

1 Handvoll Kräuter (viel Majoran sowie Petersilie, Schnittlauch und Liebstöckel), frisch gehackt

1/4–1/2 Teel. Delikata

Gelingt leicht

Pro Portion etwa:
920 kJ/220 kcal
9 g Eiweiß · 10 g Fett
22 g Kohlenhydrate
7 g Ballaststoffe

• Zubereitungszeit: etwa
  30 Minuten

1. Den Gerstenschrot und die gekörnte Brühe in 650 ccm heißes Wasser geben und quellen lassen, bis das Gemüse vorbereitet ist.

2. Das Gemüse putzen und kleinschneiden oder im Blitzhacker zerkleinern. Die Gerste aufkochen, dann das Gemüse dazugeben. Alles zugedeckt etwa 5 Minuten bei schwacher Hitze kochen, bis das Gemüse bißfest ist.

3. Die süße und die saure Sahne, den Zitronensaft und die Kräuter in die Suppe rühren und mit dem Delikata würzen.

Tip!

Noch vollwertiger wird die Suppe, wenn Sie das Gemüse im Blitzhacker fein zerkleinern und roh in die fertige Suppe geben.

Im Bild vorne:
Zwiebelsuppe mit Dinkel
Im Bild hinten:
Gerstenschrotsuppe mit Gemüse

Rote-Bete-Suppe mit Gerstensprossen

Zutaten für 2 Personen:
200 g junge rote Bete
1 dünne Stange Lauch
1 Eßl. Butter
1/2 l Gemüsebrühe
30 g gemischte Kräuter (zum Beispiel Majoran, Bohnenkraut, Petersilie und Schnittlauch)
150 g saure Sahne
75 g Gerstensprossen
(etwa 30 g Trockengewicht)
Salz
schwarzer Pfeffer, frisch gemahlen
1 Prise gemahlener Koriander

Preiswert

Pro Portion etwa:
1200 kJ/290 kcal
9 g Eiweiß · 18 g Fett
24 g Kohlenhydrate
6 g Ballaststoffe

• Zubereitungszeit: etwa
  30 Minuten

1. Die roten Beten schälen und in feine Stifte schneiden. Den Lauch waschen, putzen und in feine Ringe schneiden.

2. Die Butter in einem Topf erhitzen. Das Gemüse darin unter Rühren andünsten. Die Gemüsebrühe angießen und zum Kochen bringen. Die Suppe zugedeckt bei mittlerer Hitze etwa 5 Minuten garen, bis die roten Beten bißfest sind.

3. Inzwischen die Kräuter waschen, trockenschwenken und ohne die groben Stiele fein schneiden. Die Kräuter mit der sauren Sahne mischen. Die Sprossen in einem Sieb kalt abspülen und abtropfen lassen.

4. Die Suppe mit Salz, Pfeffer und dem Koriander abschmekken. Die Sprossen untermischen und die Suppe in Teller geben. Die Kräutersahne darauf verteilen.

Kartoffelsuppe mit Leinsamen

Zutaten für 4 Personen:
500 g mehligkochende Kartoffeln
1 Möhre
1 Petersilienwurzel
1 Stange Lauch
1 Zwiebel
1 Knoblauchzehe
1 Eßl. Olivenöl, kaltgepreßt
1 l Gemüsebrühe
200 g Spinat
150 g Crème fraîche
Salz
weißer Pfeffer, frisch gemahlen
Cayennepfeffer
100 g Leinsamensprossen
(etwa 40 g Trockengewicht)

Gelingt leicht

Pro Portion etwa:
1600 kJ/380 kcal
11 g Eiweiß · 24 g Fett
29 g Kohlenhydrate
9 g Ballaststoffe

• Zubereitungszeit: etwa
  40 Minuten

1. Die Kartoffeln, die Möhre und die Petersilienwurzel schälen, waschen und klein würfeln. Den Lauch putzen, gründlich waschen und in feine Ringe schneiden. Die Zwiebel und den Knoblauch fein hacken.

2. Das Öl in einem Suppentopf erhitzen. Die Zwiebel und den Knoblauch darin glasig dünsten. Die Kartoffeln und das Gemüse dazugeben und kurz anbraten.

3. Die Gemüsebrühe angießen. Die Suppe zugedeckt bei mittlerer Hitze etwa 20 Minuten garen, bis die Kartoffeln weich sind.

4. Inzwischen den Spinat verlesen, gründlich waschen und abtropfen lassen. Dann in Streifen schneiden.

5. Die Suppe mit dem Pürierstab pürieren. Die Crème fraîche und den Spinat untermischen. Die Suppe mit Salz, Pfeffer und Cayennepfeffer pikant abschmecken, dann zugedeckt noch einmal etwa 3 Minuten garen, bis der Spinat zusammengefallen ist.

6. Inzwischen die Sprossen in einem Sieb kalt abspülen und gründlich abtropfen lassen.

7. Die Suppe in Suppenteller verteilen und mit den Sprossen bestreut servieren.

Im Bild oben:
Kartoffelsuppe mit Leinsamen
Im Bild unten:
Rote-Bete-Suppe mit Gerstensprossen

Linseneintopf mit Tomaten

Linsen sind schneller gar, wenn Sie sie – wie im folgenden Rezept – über Nacht quellen lassen. Andernfalls verlängert sich die Garzeit auf etwa 30 Minuten.

Zutaten für 2 Personen:
150 g ungeschälte Linsen
35 g grober Maisgrieß (Kukuruz)
1/2 Lorbeerblatt
100 g Lauch
2 Gemüsebrühwürfel
150 g reife Tomaten
1 Eßl. Majoran, frisch gehackt
1 Teel. Thymianblättchen
15 g Butter
6 Eßl. Sahne
eventuell 1 Eßl. trockener Weißwein
1 kleine Knoblauchzehe
1–2 Teel. Zitronensaft
2 Eßl. Petersilie, frisch gehackt

Gelingt leicht

Pro Portion etwa:
2000 kJ/480 kcal
22 g Eiweiß · 19 g Fett
57 g Kohlenhydrate
11 g Ballaststoffe

- Quellzeit: etwa 6 Stunden oder über Nacht
- Zubereitungszeit: etwa 30 Minuten

1. Die Linsen auf einem Sieb kalt überspülen. Mit dem Maisgrieß in 700 ccm Wasser schütten. Das Lorbeerblatt hinzufügen. Die Linsen über Nacht (oder mindestens 6 Stunden) quellen lassen.

2. Den Lauch putzen, längs einschneiden und gründlich waschen. Mit dem zarten Grün in schmale Streifen schneiden. Die Linsen in dem Quellwasser aufkochen. Die Lauchstreifen und die Brühwürfel dazugeben. Die Linsen zugedeckt etwa 10 Minuten bei schwacher Hitze kochen lassen.

3. Die Tomaten waschen und kleinschneiden, dabei die Stielansätze entfernen (sie enthalten das giftige Solanin). Dann mit dem Pürierstab pürieren und mit dem Majoran und dem Thymian unter die Linsen rühren.

4. Den Topf von der Kochstelle nehmen. Das Lorbeerblatt entfernen. Die Butter, die Sahne und eventuell den Wein unterrühren. Den Knoblauch dazupressen. Den Eintopf mit dem Zitronensaft würzen und mit der Petersilie bestreuen.

Kartoffelsuppe mit Champignons

Zutaten für 2 Personen:

100 g Lauch

150 g mehligkochende Kartoffeln

1 Eßl. gekörnte Gemüsebrühe

1 1/2 Teel. Thymianblättchen

2 Liebstöckelblätter, frisch gehackt

100 g kleine Champignons

3/4 Teel. Steinpilzbrühe

30 g Butter

2 Eßl. Petersilie, frisch gehackt

schwarzer Pfeffer, frisch gemahlen

2 Eßl. Crème fraîche

Raffiniert

Pro Portion etwa:
1200 kJ/285 kcal
5 g Eiweiß · 23 g Fett
15 g Kohlenhydrate
5 g Ballaststoffe

- Zubereitungszeit: etwa 35 Minuten

Tip!

Mit einer selbstgekochten Gemüsebrühe schmecken Suppen und Saucen noch aromatischer. Kochen Sie dazu 500–600 g grob zerkleinertes gemischtes Gemüse (Möhren, Lauch, Sellerie, Zwiebeln), etwas Petersilie und Liebstöckel sowie 1 Lorbeerblatt bei schwacher Hitze in 1 l Wasser etwa 30 Minuten.

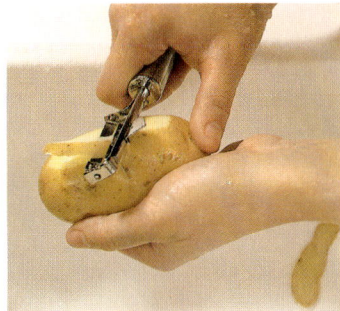

1. Den Lauch putzen, längs einschneiden und gründlich waschen. Mit dem zarten Grün in schmale Streifen schneiden. Die Kartoffeln waschen und dünn schälen.

2. 450 ccm Wasser mit der gekörnten Brühe aufkochen. Den Lauch, den Thymian und den Liebstöckel dazugeben. Die Kartoffeln in die kochende Brühe raspeln. Alles zugedeckt etwa 8 Minuten kochen, bis die Kartoffeln weich, aber noch bißfest sind.

3. Die Champignons putzen, mit Küchenkrepp säubern oder kurz waschen. Dann in Scheiben schneiden und in der Suppe 2–3 Minuten ziehen lassen.

4. Den Topf von der Kochstelle nehmen. Die Steinpilzbrühe, die Butter und die Petersilie hineinrühren. Die Suppe mit Pfeffer würzen, auf zwei Tellern verteilen und in die Mitte jeweils 1 Eßlöffel Crème fraîche geben.

Linsensuppe mit Kartoffeln und Kräutern

Zutaten für 4 Personen:
1 kleine Zwiebel
1 Teel. Weizenkeimöl
75 g schwarze Linsen
3/4 l Gemüsebrühe (Rezept Seite 18)
300 g Kartoffeln (festkochende Sorte)
150 g Sahne
Salz
schwarzer Pfeffer, frisch gemahlen
je 1 kleines Bund Bohnenkraut
und Schnittlauch

Preiswert

Pro Portion etwa:
1000 kJ/240 kcal
7 g Eiweiß · 13 g Fett
24 g Kohlenhydrate
5 g Ballaststoffe

• Zubereitungszeit:
etwa 50 Minuten

1. Die Zwiebel schälen und fein hacken. Das Öl erhitzen, die Zwiebel und die Linsen darin bei mittlerer Hitze unter Rühren einige Sekunden anbraten.

2. Die Gemüsebrühe hinzugießen, einmal aufkochen und zugedeckt bei schwacher Hitze in etwa 20 – 30 Minuten garen, bis die Linsen halbweich sind.

3. Während die Linsen kochen, die Kartoffeln schälen, waschen und würfeln. Die Kartoffelwürfel zu den Linsen geben, erneut aufkochen und die Suppe in weiteren 10 – 15 Minuten garen, bis die Linsen und die Kartoffeln weich sind.

4. Die Sahne hinzugießen und bis knapp unter den Siedepunkt erhitzen. Die Suppe mit Salz und Pfeffer abschmecken und auf vorgewärmten Tellern verteilen.

5. Das Bohnenkraut und den Schnittlauch waschen, trockentupfen und fein zerkleinern. Die Suppe damit bestreuen.

Gemüsesuppe mit Curry

Eine herzhaft gewürzte Suppe als leichte appetitanregende Vorspeise. Vom Cayennepfeffer sollten Sie gerade soviel nehmen, daß die Suppe zwar angenehm scharf schmeckt, das Aroma des Gemüses aber noch gut zur Geltung kommen kann. Wenn Sie die verschiedenen Currygewürze nicht einzeln kaufen wollen, verwenden Sie fertig gemischtes Currypulver von guter Qualität und dosieren Sie nach eigenem Geschmack.

Zutaten für 4 Personen:
250 g Lauch (Porree)
1 Knoblauchzehe
1 Eßl. Maiskeimöl
je 1/2 Teel. Gelbwurz (Kurkuma),
Kreuzkümmel (Kumin),
gemahlener Koriander, Ingwerpulver
und Safranfäden
Cayennepfeffer
Salz
3/4 l Gemüsebrühe
2 Tomaten (etwa 400 g)
2 kleine Zucchini (etwa 200 g)
1 Bund Petersilie

Raffiniert • Schnell

Pro Portion etwa:
280 kJ/67 kcal
4 g Eiweiß · 3 g Fett
7 g Kohlenhydrate
4 g Ballaststoffe

• Zubereitungszeit:
etwa 25 Minuten

1. Den Lauch putzen, waschen und in dünne Ringe schneiden. Die Knoblauchzehe schälen und hacken.

2. Das Öl erhitzen. Den Lauch und den Knoblauch hinzugeben und unter ständigem Wenden bei schwacher bis mittlerer Hitze etwa 1 Minute anbraten. Die Gewürze, den Cayennepfeffer und das Salz dazugeben und einige Sekunden rösten.

3. Die Gemüsebrühe dazugießen, einmal aufkochen und zugedeckt bei schwacher Hitze 5 Minuten kochen.

4. Die Tomaten würfeln. Die Zucchini waschen, von den Stiel- und Blütenansätzen befreien und in dünne Stifte schneiden. Die Petersilie waschen, trockentupfen und hacken.

5. Die Hälfte der Tomaten und der Zucchini in der Brühe aufkochen. Die Brühe in Teller geben und das restliche Gemüse und die Petersilie darauf verteilen.

Im Bild hinten: Zum Sattessen – Linsensuppe mit Kartoffeln und Kräutern.
Im Bild vorne: Exotisch – Gemüsesuppe mit Curry.

Currysuppe mit Kokos

Zutaten für 4 Personen:
je 1 Teel. Korianderkörner, Kreuz-
kümmel und Senfkörner
2 Gewürznelken
2 Kardamomkapseln (nur die
schwarzen Kerne)
2 Eßl. Butterschmalz
1/2 Teel. Bockshornkleesamen
(Asienladen oder Reformhaus)
1 Lorbeerblatt · 1/2 Zimtstange
2 getrocknete rote Chilischoten
2 Zwiebeln · 3 Knoblauchzehen
2 Stangen Staudensellerie
2 Eßl. Mehl
2 Teel. Kurkumapulver
3/4 l Hühnerbrühe
75 g Kokospaste (Asienladen)
300 g Joghurt (3,5% Fett) · Salz
Pfeffer, frisch gemahlen
100 g Putenbrust-Aufschnitt
100 g frisches Kokosnußfleisch

Raffiniert

Pro Portion etwa:
1100 kJ/260 kcal
11 g Eiweiß · 19 g Fett
13 g Kohlenhydrate

- Zubereitungszeit:
  etwa 50 Minuten
- Kühlzeit: 1 Stunde

1. Koriander, Kreuzkümmel, Senfkörner, Nelken und Kardamomkerne im Mörser grob zerstoßen. Das Butterschmalz zerlassen. Die Gewürze, die Bockshornkleesamen, den Lorbeer, den Zimt und die Chilischoten darin bei schwacher Hitze etwa 10 Minuten anbraten.

2. Inzwischen die Zwiebeln und die Knoblauchzehen pellen, hacken und zu den Gewürzen geben. Den Staudensellerie waschen und in dünne Streifen schneiden, dazugeben und andünsten. Das Mehl darüber stäuben, das Kurkumapulver dazugeben und die Brühe angießen. Alles aufkochen, dann etwa 30 Minuten zugedeckt bei schwacher Hitze köcheln lassen.

3. Die Suppe durch ein Sieb gießen, die Rückstände fest ausdrücken und wegwerfen. Die Suppe wieder in den Topf geben, aufkochen lassen und die Kokospaste darin auflösen. Die Suppe zugedeckt abkühlen lassen.

4. Kurz vor dem Servieren den Joghurt in einer Suppenschüssel cremig schlagen, die Suppe unterrühren. Mit Salz und Pfeffer abschmecken. Die Putenbrust in Streifen schneiden, unter die kalte Suppe rühren. Das Kokosnußfleisch grob raspeln und getrennt dazu servieren.

Zitronensuppe mit Muskat

Zutaten für 4 Personen:
1 l Fleisch- oder Gemüsebrühe
1/2 Bund glatte Petersilie
1 unbehandelte Zitrone
3 Pimentkörner
4 Eigelb
1/4 Teel. Muskatblüte (Macis)

Gelingt leicht · Schnell

Pro Portion etwa:
330 kJ/79 kcal
3 g Eiweiß · 6 g Fett
2 g Kohlenhydrate

- Zubereitungszeit: etwa 20 Minuten

1. Die Brühe erhitzen. Die Petersilie waschen und fein hacken. Die Zitrone heiß abwaschen, trocknen. Etwa 1 Eßlöffel von der Schale mit dem Zestenreißer abraspeln. Die Zitrone auspressen. Die Pimentkörner im Mörser fein zerstoßen.

2. Jeweils 1 Eigelb in einen Suppenteller geben, mit Piment und Muskat bestreuen, Zitronensaft, Schalenraspel und Petersilie darüber verteilen, mit einer Gabel kräftig aufschlagen und die heiße Brühe darüber schöpfen. Die Suppe sofort servieren.

Im Bild vorne:
Currysuppe mit Kokos
Im Bild hinten:
Zitronensuppe mit Muskat

Gorgonzola-rahmsuppe mit Nashis

Zutaten für 6 Personen:

2 Nashis

1/8 l Sherry fino (oder Geflügelbrühe)

2 Zwiebeln

3 Stangen Staudensellerie

1 Eßl. Kokosfett

1 l Geflügelbrühe

(frisch oder Instant-Brühe)

200 g Gorgonzola

200 g Sahne

Salz

frisch gemahlener weißer Pfeffer

Für Gäste

Pro Portion etwa:
1100 kJ/260 kcal
8 g Eiweiß · 21 g Fett
7 g Kohlenhydrate

• Zubereitungszeit: etwa
40 Minuten

1. Die Nashis waschen, abtrocknen, schälen, vierteln, vom Kerngehäuse befreien und die Viertel in Spalten schneiden. Das Obst mit dem Sherry beträufeln und zugedeckt beiseite stellen.

2. Die Zwiebeln schälen und klein würfeln. Den Sellerie waschen, putzen und in Scheibchen schneiden; das Selleriegrün kleinschneiden und zugedeckt beiseite stellen.

3. Das Kokosfett erhitzen und die Zwiebeln darin glasig braten. Den Sellerie dazugeben, mit der Brühe auffüllen und alles zugedeckt etwa 15 Minuten kochen lassen.

4. Den Gorgonzola mit einer Gabel zerdrücken, mit der Sahne vermengen und unter die Suppe rühren. Die Nashis ebenfalls in die Suppe geben und etwa 5 Minuten bei schwacher Hitze darin leicht kochen lassen.

5. Die Suppe mit etwas Salz und Pfeffer abschmecken und vor dem Servieren mit dem Selleriegrün bestreuen.

Maiscreme-suppe mit Papaya

Zutaten für 4 Personen:

1 Zwiebel

1 Eßl. Öl

400 g Maiskörner aus der Dose

3/4 l Gemüsebrühe

(frisch oder Instant-Brühe)

1 nicht zu reife Papaya

250 g saure Sahne

Salz

1 Prise Chilipulver

2 Eßl. Schnittlauchröllchen

Gelingt leicht

Pro Portion etwa:
2500 kJ/600 kcal
13 g Eiweiß · 30 g Fett
27 g Kohlenhydrate

• Zubereitungszeit: etwa
35 Minuten

1. Die Zwiebel schälen, würfeln und in dem Öl glasig braten. Die Maiskörner und die Gemüsebrühe hinzufügen und alles zugedeckt etwa 3 Minuten schwach kochen lassen.

2. Die Papaya waschen, abtrocknen, schälen, halbieren und die schwarzen Kerne aus dem Fruchtfleisch entfernen. Die Papaya würfeln und zugedeckt beiseite stellen.

3. Die Brühe im Mixer pürieren, durch ein Haarsieb streichen, mit der sauren Sahne verrühren und mit etwas Salz und dem Chilipulver abschmecken. Die Suppe erhitzen, aber nicht mehr kochen lassen.

4. Die Suppe anrichten, die Papayawürfel und den Schnittlauch darüber streuen.

Bild oben:
Gorgonzolarahmsuppe mit Nashis
Bild unten:
Maiscremesuppe mit Papaya

Maiscreme mit Tomaten

Zutaten für 4 Personen:

2 Frühlingszwiebeln

1 Teel. Öl

2 Dosen Maiskörner (je 400 g)

3/4 l Brühe

100 g Sahne

Salz

schwarzer Pfeffer, frisch gemahlen

2 kleine, feste Tomaten

Preiswert

• Zubereitungszeit: etwa 40 Minuten

Pro Portion etwa:
1200 kJ/290 kcal
7 g Eiweiß · 12 g Fett
34 g Kohlenhydrate

1. Die Frühlingszwiebeln waschen und putzen, die weißen Teile klein würfeln und das Grün in feine, schräge Ringe schneiden.

2. Das Öl in einen Topf geben, die weißen Zwiebelteile darin unter Rühren bei schwacher Hitze anschwitzen.

3. 4 Eßlöffel von den Maiskörnern beiseite legen, die restlichen mitsamt dem Sud aus den Dosen im Mixer pürieren. Zu den Zwiebeln in den Topf umgießen und bei mittlerer Hitze unter Rühren erwärmen.

4. Die Brühe und die Sahne angießen, einmal aufkochen lassen. Die Suppe mit Salz und Pfeffer abschmecken.

5. Die Tomaten waschen, die Kerne entfernen. Das feste Fruchtfleisch klein würfeln, mit den beiseite gelegten Maiskörnern und dem Zwiebelgrün mischen, auf die Suppe geben und diese servieren.

Kalte Gemüsesuppe

Zutaten für 4 Personen:

500 g vollreife Tomaten

1 gelbe Paprikaschote

2 Zwiebeln

1 kleine Salatgurke

2 Knoblauchzehen

6 Scheiben Weißbrot

2 Eßl. Rotweinessig

4 Eßl. Olivenöl

Salz

schwarzer Pfeffer, frisch gemahlen

1 Teel. Butter

Gelingt leicht

• Zubereitungszeit: etwa 45 Minuten
• Kühlzeit: über Nacht

Pro Portion etwa:
1000 kJ/240 kcal
6 g Eiweiß · 12 g Fett
28 g Kohlenhydrate

1. Die Tomaten kreuzweise einschneiden, kurz in kochendheißes Wasser legen, dann häuten. Die Paprikaschote halbieren und waschen, dabei Trennwände und Kerne entfernen. Die Zwiebeln und die Gurke schälen. Alles geputzte Gemüse in grobe Würfel schneiden.

2. Die Knoblauchzehen schälen, zusammen mit dem gewürfelten Gemüse im Mixer pürieren.

3. 4 Scheiben von dem Weißbrot mit dem Essig und knapp 1/4 l Wasser beträufeln und kurz ziehen lassen. Zusammen mit dem Öl zum Gemüse geben, alles zusammen cremig pürieren. Mit Salz und Pfeffer abschmecken und über Nacht zudeckt im Kühlschrank durchziehen lassen.

4. Zum Servieren die beiden übrigen Weißbrotscheiben würfeln. Die Butter in einer Pfanne aufschäumen lassen, die Brotwürfel darin goldbraun rösten. Auf die Suppe streuen.

Im Bild hinten:
Maiscreme mit Tomaten
Im Bild vorne:
Kalte Gemüsesuppe

Schweden-milchsuppe

Sauermilchsuppen schmecken gut gekühlt, aber nicht eiskalt am besten.

Zutaten für 4 Personen:
750 g Schwedenmilch (Sauermilch)
100 g Doppelrahm-Frischkäse
1 Eßl. Zitronensaft
Salz
weißer Pfeffer, frisch gemahlen
1 rote Paprikaschote
1 Eßl. Pflanzenöl
75 g Nordseekrabben
1/2 Bund Basilikum

Gelingt leicht

Pro Portion etwa:
960 kJ/230 kcal
11 g Eiweiß · 13 g Fett
11 g Kohlenhydrate

- Zubereitungszeit: etwa 25 Minuten

1. Die Schwedenmilch und den Frischkäse mit einem Pürierstab oder dem Schneebesen schaumig schlagen, mit dem Zitronensaft, Salz und Pfeffer abschmecken. Kühl stellen.

2. Die Paprikaschote waschen, Stielansatz und Trennwände entfernen, Fruchtfleisch fein würfeln. In einer Kasserolle das Öl erhitzen und die Paprikawürfel dünsten, bis sie gar sind, aber noch Biß haben.

3. Die Paprikawürfel unter die Schwedenmilch rühren. Die Suppe in kleinen Suppentassen anrichten.

4. Die Krabben kurz in der Kasserolle im verbliebenen Öl heißschwenken, mit Salz und Pfeffer würzen und über die Suppe streuen. Mit Basilikumblättchen garnieren.

Kalte Gurken-suppe

Zutaten für 4 Personen:
1 1/2 Salatgurken
1 Bund Dill
1 Zitrone
4 Becher Bulgarajoghurt (à 175 g)
250 g Sauermilch
2 Knoblauchzehen
6 schwarze Oliven
Salz
weißer Pfeffer, frisch gemahlen

Ganz einfach

Pro Portion etwa:
350 kJ/83 kcal
4 g Eiweiß · 3 g Fett
9 g Kohlenhydrate

- Zubereitungszeit: etwa 25 Minuten

1. Die Salatgurken waschen, schälen und längs halbieren. Mit einem Teelöffel die Kerne auskratzen, das Gurkenfleisch fein würfeln.

2. Den Dill waschen, trockenschütteln und fein hacken. Die Zitrone auspressen. Den Joghurt mit der gut gekühlten Sauermilch verquirlen.

3. Die Knoblauchzehen schälen und durch die Presse zur Joghurtmilch drücken. Von den Oliven das Fruchtfleisch sorgfältig in Streifen von den Kernen schneiden.

4. Joghurtmilch mit Gurkenwürfeln, Zitronensaft und Dill verrühren, mit Salz und Pfeffer abschmecken. Mit den Olivenstreifen bestreut gut gekühlt servieren.

Variante:
Weißer Gazpacho
Dafür nimmt man die kalte Gurkensuppe als Grundlage, braucht aber nur etwa 1/2 Salatgurke, würfelt sie klein und stellt sie zur Seite. Etwa 100 g geschälte Mandeln werden mit dem Blitzhacker oder im Mixer püriert und unter den Joghurt gerührt. Durch die Presse gedrückten Knoblauch nicht vergessen. Zu der gut gekühlten Suppe serviert man in einzelnen Schälchen Gurkenwürfel, dazu Gemüsezwiebel, gehäutete und entkernte Tomaten, gelbe und grüne Paprikaschoten – alles klein gewürfelt – sowie in Butter gebratene Weißbrotwürfel. Das kann an heißen Tagen eine ganze Mahlzeit ersetzen.

Im Bild oben: Schwedenmilchsuppe
Im Bild unten: Kalte Gurkensuppe

Salate und Rohkost

Genießer haben schon lange entdeckt,
daß Salate nicht nur gesund sind,
sondern ein kulinarisches Vergnügen
für alle, die Lust auf Frisches haben.
Mit knackigen Zutaten und delikaten
Saucen zaubern Sie reizvolle Vorspeisen, feine Beilagen oder kleine
Sommermahlzeiten.

Bunter Wintersalat

Zutaten für 4 Personen:

100 g Feldsalat
300 g Chicorée
3 Frühlingszwiebeln
200 g Zucchini
1 kleiner Apfel
2 Kiwis
200 g Maiskörner aus der Dose
4 Eßl. Mascarpone (italienischer Frischkäse)
2 Eßl. Zitronensaft
3 Teel. Ahornsirup
Salz
frisch gemahlener weißer Pfeffer
1 Eßl. Olivenöl
3 Eßl. Schnittlauchröllchen

Gelingt leicht

Pro Portion etwa:
980 kJ/230 kcal
15 g Eiweiß · 18 g Fett
13 g Kohlenhydrate

• Zubereitungszeit: etwa 35 Minuten

1. Den Feldsalat waschen, putzen und abtropfen lassen. Vom Chicorée die schlechten Blätter abnehmen, die Stauden waschen, am Wurzelende den bitteren Keil herausschneiden und die Stauden in Streifen schneiden.

2. Die Frühlingszwiebeln putzen, waschen und in Ringe schneiden. Die Zucchini halbieren oder vierteln und in Scheibchen schneiden.

3. Den Apfel schälen, vierteln, entkernen und in Scheibchen schneiden. Die Kiwis schälen, vierteln, die Stielansätze aus-schneiden und die Viertel in Scheiben schneiden. Alle Salat-zutaten mit den Maiskörnern mischen.

4. Den Mascarpone mit dem Zitronensaft, dem Sirup, etwas Salz und Pfeffer und dem Öl verrühren, unter den Salat heben und mit dem Schnittlauch bestreuen.

Sommerlicher Gemüsesalat

Zutaten für 4 Personen:

je 1 kleine gelbe, grüne und rote Paprikaschote
1 kleine Salatgurke
1 Knolle Kohlrabi
400 g Tomaten
100 g Mangold
100 g enthülste Erbsen
1 Zwiebel
3 Knoblauchzehen
3 Eßl. Aceto balsamico
Salz
frisch gemahlener weißer Pfeffer
6 Eßl. Olivenöl
4 Eßl. Kerbelblättchen

Preiswert

Pro Portion etwa:
1300 kJ/310 kcal
7 g Eiweiß · 23 g Fett
17 g Kohlenhydrate

• Zubereitungszeit: etwa 50 Minuten

1. Das gesamte Gemüse waschen, trockenreiben oder abtropfen lassen.

2. Die Paprikaschoten vierteln, sorgfältig die weißen Rippen und die Kerne entfernen. Danach die Schoten in nicht zu kleine Streifen schneiden.

3. Die Gurke nach Bedarf schälen, längs vierteln und die Viertel in Scheiben schneiden. Den Kohlrabi schälen, achteln und in Scheiben schneiden.

4. Die Tomaten achteln und die Stielansätze ausschneiden. Vom Mangold die Blätter abtrennen und in Stücke reißen. Die weißen Mittelrippen in Streifen schneiden.

5. Die Erbsen mit dem vorbe-reiteten Gemüse mischen. Die Zwiebel würfeln und unter die Salatzutaten mengen, den Knoblauch in eine Schüssel pressen.

6. Den Essig mit dem Knob-lauch, etwas Salz und Pfeffer und dem Öl verrühren, unter den Salat heben und diesen mit dem Kerbel bestreuen.

Bild oben: Bunter Wintersalat
Bild unten: Sommerlicher Gemüse-salat

Tomatensalat mit Käse und Alfalfa

Alfalfasprossen schmecken zart und aromatisch und harmonieren besonders gut mit der fruchtigen Säure der Tomaten.

Zutaten für 4 Personen:
650 g vollreife Tomaten
1/2 weiße Zwiebel
150 g schnittfester Schafkäse
100 g Alfalfasprossen
(etwa 20 g Trockengewicht)
1/4 Bund frischer Thymian
2 Eßl. Weißweinessig
Salz
schwarzer Pfeffer, frisch gemahlen
3 Eßl. Olivenöl, kaltgepreßt

Schnell

Pro Portion etwa:
1100 kJ/260 kcal
8 g Eiweiß · 21 g Fett
6 g Kohlenhydrate
4 g Ballaststoffe

• Zubereitungszeit: etwa
  20 Minuten

1. Die Tomaten waschen und in Achtel schneiden, dabei die Stielansätze entfernen. Die Zwiebelhälfte in feine Scheiben schneiden. Den Schafkäse würfeln. Die Alfalfasprossen in einem Sieb kalt abspülen und abtropfen lassen. Den Thymian waschen und die Blättchen von den Stielen streifen.

2. Für die Marinade den Essig mit Salz und Pfeffer in einer Schüssel verrühren. Das Öl teelöffelweise unterrühren.

3. Die Tomaten mit der Zwiebel, dem Schafkäse, den Alfalfasprossen und dem Thymian in einer Schüssel mischen. Das Dressing vorsichtig untermengen.

Feldsalat mit Kürbiskernsprossen

Zutaten für 3 Personen:
200 g Feldsalat
150 g Champignons oder Egerlinge
1 Eßl. Zitronensaft
50 g Kürbiskernsprossen
(etwa 25 g Trockengewicht)
1 Bund Schnittlauch
1 Teel. scharfer Senf
(zum Beispiel Dijon-Senf)
Salz
weißer Pfeffer, frisch gemahlen
1 1/2 Eßl. Aceto balsamico
(Balsamessig)
4 Eßl. Olivenöl, kaltgepreßt
1 kleine Knoblauchzehe

Ohne tierisches Eiweiß

Pro Portion etwa:
1300 kJ/310 kcal
7 g Eiweiß · 31 g Fett
3 g Kohlenhydrate
3 g Ballaststoffe

• Zubereitungszeit: etwa
  30 Minuten

1. Den Feldsalat von allen welken Blättern befreien und in stehendem kaltem Wasser mehrmals gründlich waschen. Dann gut abtropfen lassen. Die Pilze putzen und eventuell kurz kalt abspülen, dann blättrig schneiden. Die Pilze mit dem Zitronensaft mischen, damit sie sich nicht zu stark verfärben. Die Sprossen in einem Sieb kalt abspülen und abtropfen lassen. Den Schnittlauch waschen und in feine Röllchen schneiden.

2. Für das Dressing in einer Schüssel den Senf mit Salz, Pfeffer und dem Aceto balsamico verrühren. 3 Eßlöffel von dem Olivenöl teelöffelweise unterrühren.

3. Die Marinade mit dem Feldsalat mischen und auf Tellern anrichten.

4. Die Knoblauchzehe schälen und sehr fein hacken.

5. Das restliche Olivenöl in einer Pfanne erhitzen und die Pilze darin bei mittlerer bis starker Hitze etwa 3 Minuten unter Rühren braten, bis sie leicht gebräunt sind. Den Knoblauch untermischen und kurz anschwitzen.

6. Die Pilze auf dem Feldsalat verteilen und mit den Kürbiskernsprossen und dem Schnittlauch bestreut servieren.

Im Bild oben:
Tomatensalat mit Käse und Alfalfa
Im Bild unten:
Feldsalat mit Kürbiskernsprossen

Rucola-Melonen-Salat mit Alfalfa

In Italien haben Sie sie wahrscheinlich schon einmal serviert bekommen, die wunderbar aromatische Rucola, auch Salatrauke oder Roquette genannt. Inzwischen ist Rucola auch bei uns immer häufiger auf den Märkten zu finden.

Zutaten für 4 Personen:
150 g Rucola
1/2 Netzmelone (etwa 400 g)
150 g Alfalfasprossen
(etwa 30 g Trockengewicht)
1 Teel. scharfer Senf
2 Eßl. Aceto balsamico (Balsamessig)
1 Eßl. Weißweinessig
Salz
weißer Pfeffer, frisch gemahlen
1 Prise Muskatnuß, frisch gerieben
4 Eßl. Olivenöl, kaltgepreßt
1 Eßl. Sonnenblumenkerne

Raffiniert
Ohne tierisches Eiweiß

Pro Portion etwa:
1200 kJ/290 kcal
5 g Eiweiß · 28 g Fett
6 g Kohlenhydrate
2 g Ballaststoffe

- Zubereitungszeit: etwa 30 Minuten

1. Die Rucola verlesen, in stehendem kaltem Wasser waschen und gut abtropfen lassen oder trockenschleudern. Die Melone von den Kernen befreien und das Fruchtfleisch aus der Schale lösen. Das Melonenfleisch klein würfeln. Die Sprossen in einem Sieb kalt abspülen und gründlich abtropfen lassen. Die Rucola mit der Melone und den Sprossen in einer Schüssel mischen.

2. Für das Dressing den Senf mit den beiden Essigsorten, Salz, Pfeffer und dem Muskat verrühren. Das Olivenöl teelöffelweise unterrühren.

3. Das Dressing über dem Salat verteilen.

4. Die Sonnenblumenkerne in einer trockenen Pfanne bei mittlerer Hitze unter Rühren rösten, bis sie würzig duften. Den Salat mit den Sonnenblumenkernen bestreuen.

Sprossensalat mit Kräutern

Zutaten für 4 Personen:
je 50 g Leinsamen-, Roggen-, Rettich-, Weizen- und Buchweizensprossen
(insgesamt etwa 100 g Trockengewicht)
100 g Spinat
3 Tomaten
50 g gemischte Kräuter
(zum Beispiel Zitronenmelisse, Petersilie, Basilikum und Schnittlauch)
1 Knoblauchzehe
2 Eßl. Joghurt
1 Teel. scharfer Senf
2 Eßl. Kräuteressig
Salz
weißer Pfeffer, frisch gemahlen
3 Eßl. Olivenöl, kaltgepreßt

Gelingt leicht

Pro Portion etwa:
1200 kJ/290 kcal
9 g Eiweiß · 24 g Fett
6 g Kohlenhydrate
4 g Ballaststoffe

- Zubereitungszeit: etwa 30 Minuten

1. Die Sprossen in einem Sieb gründlich kalt abspülen und abtropfen lassen. Den Spinat verlesen, in stehendem kaltem Wasser waschen, abtropfen lassen und grob zerkleinern. Die Tomaten waschen und würfeln, dabei die Stielansätze herausschneiden. Die Kräuter waschen, trockenschwenken und ohne die groben Stiele fein zerkleinern.

2. Die Sprossen, den Spinat, die Tomaten und die Kräuter in einer Schüssel mischen.

3. Für das Dressing die Knoblauchzehe durch die Presse drücken. Dann mit dem Joghurt, dem Senf, dem Essig, Salz und Pfeffer verrühren. Das Olivenöl teelöffelweise unterrühren.

4. Das Dressing unter den Sprossensalat mischen.

Im Bild oben:
Rucola-Melonen-Salat mit Alfalfa
Im Bild unten:
Sprossensalat mit Kräutern

Gemischter Salat mit Mais

Zutaten für 4 Personen:
1 Kopf Lollo rosso (etwa 400 g)
1 gelbe Paprikaschote
100 g Zucchini
1 Zwiebel
1 unbehandelte Zitrone
150 g Sahnejoghurt
Salz
1/2 Teel. Zucker
200 g Maiskörner aus der Dose
1 Bund Basilikum

Gelingt leicht

Pro Portion etwa:
350 kJ/83 kcal
4 g Eiweiß · 1 g Fett
14 g Kohlenhydrate

• Zubereitungszeit: etwa 35 Minuten

1. Den Salat putzen, waschen, trockenschleudern und die Blätter klein reißen.

2. Die Paprikaschote waschen, putzen und in Streifen schneiden. Die Zucchini waschen und würfeln.

3. Die Zwiebel in Ringe schneiden, mit den vorbereiteten Salatzutaten und den Maiskörnern mischen. Die Zitrone waschen, die Hälfte dünn schälen, die Schale in feine Streifen schneiden und die Zitrone auspressen.

4. Die Salatsauce aus dem Zitronensaft, dem Joghurt, etwas Salz und dem Zucker mischen und unter den Salat heben. Die Basilikumblättchen streifig schneiden und mit der Zitronenschale über den Salat streuen.

Lollo-rosso-Salat

Lollo rosso ist ein kugeliger, krausblättriger Salatkopf mit grünen Blättern, deren Ränder kräftig rot gefärbt sind. Sein milder Geschmack erlaubt allerlei Kombinationen. Von Juni bis September wird dieser italienische Salat häufig angeboten, danach nur noch sporadisch. Nach Möglichkeit sollten Sie kleinere Köpfe auswählen, da große viele faserige Außenblätter haben, die Sie wegwerfen müssen.

Zutaten für 4 Personen:
1 Kopf Lollo rosso (etwa 400 g)
150 g Zucchini
2 Frühlingszwiebeln
1 unbehandelte Zitrone
150 g Sahnejoghurt
Salz
1/2 Teel. Zucker
6 Zweige Zitronenmelisse
grob gemahlener schwarzer Pfeffer

Schnell

Pro Portion etwa:
140 kJ/33 kcal
3 g Eiweiß · 0,5 g Fett
4 g Kohlenhydrate

• Zubereitungszeit: etwa 30 Minuten

1. Die äußeren schlechten Blätter vom Salatkopf entfernen, den Rest in einzelne Blätter zerlegen, waschen und abtropfen lassen.

2. Die Zucchini waschen, schälen und würfeln. Die Frühlingszwiebeln waschen, vom Wurzelende, den laschen grünen Teilen, den Deckblättern und den Häutchen befreien und in Ringe schneiden.

3. Die Zitrone waschen und ungefähr die halbe Frucht dünn schälen. Die Schale in feine Streifen schneiden. Die Zitrone auspressen.

4. Den Lollo rosso in kleine Stücke reißen und mit den Zucchiniwürfeln, den Zwiebelringen und dem Zitronensaft mischen und auf Portionstellern anrichten.

5. Den Joghurt mit etwas Salz, Pfeffer und dem Zucker verrühren, über den Salat träufeln. Die Melisseblättchen waschen, trockentupfen, kleinschneiden und mit der Zitronenschale auf den Salat streuen.

Im Bild vorne: Gemischter Salat mit Mais
Im Bild hinten: Lollo-rosso-Salat

Eisbergsalat mit Radieschen

Eisbergsalat – auch Eissalat genannt – hat hellgrüne, glänzende Blätter, die des sogenannten »blauen« Eisbergsalats haben rostrote Ränder. Beide Sorten unterscheiden sich geschmacklich kaum voneinander. Ihre Konsistenz läßt sich mit den Herzen von grünem Kopfsalat vergleichen.

Zutaten für 4 Personen:
1 Kopf Eisbergsalat
(etwa 400 g)
1 große rote Zwiebel
2 Bund Radieschen
200 g saure Sahne
1–2 Teel. scharfer Senf
Salz
1 Messerspitze Zucker
frisch gemahlener weißer Pfeffer
einige Tropfen Zitronensaft
3 Eßl. Schnittlauchröllchen

Gelingt leicht

Pro Portion etwa:
130 kJ/31 kcal
3 g Eiweiß · 1 g Fett
4 g Kohlenhydrate

• Zubereitungszeit: etwa 30 Minuten

1. Vom Eisbergsalat die äußeren schlechten Blätter entfernen, den Salat waschen und trockenschleudern. Das Wurzelende abschneiden, den Salatkopf quer in vier möglichst gleich dicke Scheiben schneiden und diese auf Tellern anrichten.

2. Die Zwiebel schälen, in dünne Ringe schneiden und auf den Salatportionen anrichten.

3. Die Radieschen waschen, abtrocknen, würfeln und über die Salatportionen streuen.

4. Die saure Sahne zunächst mit 1 Teelöffel Senf, etwas Salz, dem Zucker und etwas Pfeffer verrühren, mit dem Zitronensaft abschmecken und nach Bedarf noch vom übrigen Senf untermischen.

5. Die Sauce über die Salatportionen gießen und den Schnittlauch darüber streuen.

Römischer Salat mit Gorgonzola

Er wird auch unter den Bezeichnungen Romana, Bindesalat oder Sommerendivien angeboten und ist mit der Endivie verwandt.

Zutaten für 4 Personen:
1 Kopf Römischer Salat
(etwa 300 g)
100 g Radicchio
100 g Zucchini
2 Schalotten
40 g Gorgonzola
3 Eßl. Sahne
3 Eßl. Magerquark
1–2 Eßl. Sherryessig
etwas Orangensaft
Salz
4 Zweige Portulak oder
1/2 Bund Petersilie

Schnell

Pro Portion etwa:
230 kJ/55 kcal
3 g Eiweiß · 4 g Fett
2 g Kohlenhydrate

• Zubereitungszeit: etwa 30 Minuten

1. Von beiden Salaten die Blätter vom Strunk lösen, waschen, trockenschleudern, in Stücke reißen und in eine Salatschüssel geben.

2. Die Zucchini waschen, trockenreiben und würfeln. Die Schalotten kleinhacken und mit den Zucchiniwürfeln unter den Salat mengen.

3. Den Käse mit einer Gabel zerdrücken, mit der Sahne, dem Quark und dem Essig cremig rühren und soviel Orangensaft dazugeben, bis die Sauce flüssig ist. Die Sauce mit Salz und eventuell noch etwas Essig abschmecken und unter den Salat heben.

4. Den Portulak abbrausen, trockentupfen, die Blättchen von den Stielen zupfen, kleinschneiden und über den Salat streuen.

Im Bild vorne: Eisbergsalat mit Radieschen
Im Bild hinten: Römischer Salat mit Gorgonzola

Radicchio mit Mandelsauce

Zutaten für 4 Personen:
3 Eßl. gehobelte Mandeln
5 Eßl. geschälte gemahlene Mandeln
1/4 l Milch
Salz
schwarzer Pfeffer, frisch gemahlen
1–2 Teel. scharfer Senf
einige Tropfen Tabasco
1 Bund glatte Petersilie
350 g Radicchio (1–2 Köpfe)
2 Eßl. Apfelessig
4 Eßl. Sonnenblumenöl

Gelingt leicht

Pro Portion etwa:
800 kJ/190 kcal
5,6 g Eiweiß · 15 g Fett
4,3 g Kohlenhydrate

• Zubereitungszeit: etwa
40 Minuten

1. Die gehobelten Mandeln in einer trockenen Pfanne goldbraun rösten, herausnehmen und beiseite stellen.

2. Die gemahlenen Mandeln in der Pfanne goldgelb rösten. Die Milch dazugießen und die Sauce leicht cremig einkochen lassen. Die Sauce in eine Schüssel umfüllen, etwas abkühlen lassen und mit Salz, Pfeffer, dem Senf und dem Tabasco abschmecken.

3. Die Petersilie waschen. Die Blättchen von den Stielen zupfen und etwa 1 Eßlöffel davon fein hacken. Den Radicchio putzen, waschen, trockenschüt-

teln und in mundgerechte Stücke zupfen. Den Essig mit dem Öl aufschlagen und mit Salz und Pfeffer würzen. Den Radicchio und die Petersilienblättchen in der Essig-Öl-Sauce wenden.

4. Den Salat mit dem Mandeldressing auf vier Tellern anrichten. Die gehobelten Mandeln und die gehackte Petersilie darüber streuen.

Rohkost mit Radieschen-vinaigrette

Zutaten für 4 Personen:
200 g Möhren
1 mittelgroßer Kohlrabi
50 g kleine Champignons
3 Eßl. Zitronensaft
2 Frühlingszwiebeln
1 Bund Radieschen
1 Eßl. Apfeldicksaft
3 Eßl. Apfelessig
4 Eßl. Sonnenblumenöl
4 Eßl. Olivenöl, kaltgepreßt
Salz
schwarzer Pfeffer, frisch gemahlen
2 Eßl. Sonnenblumenkerne

Preiswert

Pro Portion etwa:
1000 kJ/240 kcal
5 g Eiweiß · 19 g Fett
11 g Kohlenhydrate

• Zubereitungszeit: etwa
40 Minuten

1. Die Möhren und den Kohlrabi waschen, putzen, schälen

und grob raspeln. Die Champignons putzen, wenn nötig, waschen, blättrig schneiden und mit 1 Eßlöffel Zitronensaft beträufeln. Die Frühlingszwiebeln waschen, putzen und in feine schräge Ringe schneiden.

2. Die Radieschen waschen und putzen, dabei ein paar Stengel zartes Grün beiseite legen. Die Hälfte der Radieschen in Scheiben schneiden, die restlichen grob raspeln.

3. Das Radieschengrün hacken und mit dem restlichen Zitronensaft, dem Apfeldicksaft und dem Essig verrühren. Die beiden Ölsorten darunterschlagen. Die Radieschenraspel unter das Dressing mischen und alles mit Salz und Pfeffer abschmecken.

4. Die Möhren, den Kohlrabi, die Champignons, die Frühlingszwiebeln und die Radieschenscheiben auf Tellern anrichten. Die Vinaigrette darüber träufeln und die Sonnenblumenkerne darüber streuen.

Bild oben:
Radicchio mit Mandelsauce
Bild unten:
Rohkost mit Radieschenvinaigrette

Chicorée-Feldsalat mit Basilikum

Ein fruchtig-frischer Wintersalat, als Vorspeise oder Beilage.

Zutaten für 4 Personen:
500 g Chicorée
200 g Feldsalat
1 säuerlicher Apfel
Saft von 1 Zitrone
150 g Bulgara-Joghurt (1 Becher)
Salz
weißer Pfeffer, frisch gemahlen
3 Eßl. Sonnenblumenöl
1 Bund Basilikum
50 g Haselnußblättchen

Gelingt leicht

Pro Portion etwa:
800 kJ/190 kcal
5 g Eiweiß · 14 g Fett
13 g Kohlenhydrate

● Zubereitungszeit: etwa
30 Minuten

1. Vom Chicorée den Wurzelansatz abschneiden, den bitteren Strunk herausschneiden und in 1 cm breite Streifen schneiden. Den Feldsalat verlesen und sehr gründlich waschen, abtropfen lassen. Den Apfel schälen, vierteln, Kerngehäuse entfernen. Die Apfelspalten in feine Scheibchen schneiden. Mit etwas von dem Zitronensaft beträufeln.

2. Den Chicorée, den Feldsalat und die Apfelspalten vorsichtig mischen. Den Joghurt glattrühren und mit dem restlichen Zitronensaft, Salz, Pfeffer und Öl verquirlen. Das Basilikum fein hacken und untermischen. Die Kräutersauce über den Salat gießen.

3. Die Haselnußblättchen in einer trockenen Pfanne leicht anrösten und über den Salat streuen. Gleich servieren.

Lollo mit Stachelbeeren

Stachelbeeren mit ihrer herben Süße passen gut zu grünen Salaten.

Zutaten für 4 Personen:
1 Kopf Lollo rosso
1 rote Zwiebel
200 g Stachelbeeren
Saft von 1 Zitrone
Salz
weißer Pfeffer, frisch gemahlen
1 Teel. Senf
4 Eßl. Sonnenblumenöl
50 g gemischte Nüsse
1 Bund Schnittlauch

Raffiniert

Pro Portion etwa:
820 kJ/200 kcal
3 g Eiweiß · 16 g Fett
10 g Kohlenhydrate

● Zubereitungszeit: etwa
30 Minuten

1. Den Salat gründlich waschen, in Stücke zerreißen und abtropfen lassen. Die Zwiebel in Ringe schneiden. Von den Stachelbeeren die Stengel und Blütenansätze entfernen, die Früchte längs halbieren. Alles locker mischen.

2. Eine Salatsauce aus dem Zitronensaft, Salz, Pfeffer, dem Senf und dem Öl rühren. Die Nüsse grob hacken und untermischen. Den Schnittlauch in feine Röllchen schneiden.

3. Die Sauce über den Salat gießen, den Schnittlauch dazugeben und locker vermischen. Gleich servieren.

Tip!

Statt der Nüsse können Sie für diese Salate auch körnigen Frischkäse nehmen, den Sie mit fein gehackten Kräutern vermischen und zum Schluß über den Salat streuen.

Im Bild hinten:
Lollo mit Stachelbeeren
Im Bild vorne: Chicorée-Feldsalat

Fruchtiger Fenchelsalat

Zutaten für 4 Personen:

4 Fenchelknollen (etwa 600 g)

250 g blaue Weintrauben

4 Orangen

Saft von 1 Limette (ersatzweise

Saft von 1 Zitrone)

1 Eßl. Anisschnaps (ersatzweise

Traubensaft)

weißer Pfeffer, frisch gemahlen

2–3 Spritzer Tabasco

3 Eßl. Öl

4 Stiele Zitronenmelisse

1 Eßl. Kürbiskerne

Gelingt leicht

Pro Portion etwa:
825 kJ/195 kcal
5 g Eiweiß · 9 g Fett
25 g Kohlenhydrate

- Zubereitungszeit: etwa
  30 Minuten

1. Den Fenchel waschen, putzen und in feine Streifen schneiden. Das Fenchelgrün aufbewahren. Die Weintrauben waschen, halbieren und entkernen. Die Orangen schälen, dabei auch die weiße Haut entfernen und die Spalten filetieren. Dabei über einer Schüssel arbeiten und den Saft auffangen. Die Trennhäutchen ausdrücken.

2. Den aufgefangenen Orangensaft mit dem Limettensaft, dem Anisschnaps, Pfeffer und dem Tabasco verrühren. Das Öl nach und nach darunterschlagen. Die vorbereiteten Zutaten dazugeben und mischen.

3. Die Zitronenmelisse abspülen, trocknen und in Streifen schneiden. Das Fenchelgrün hacken. Mit den Kürbiskernen über den Salat streuen.

Tip!

So filetieren Sie Zitrusfrüchte richtig: Zuerst die Zitrusfrüchte wie einen Apfel schälen, dabei die weiße Haut entfernen. Dann mit einem Messer entlang den Trennhäutchen schneiden und die Fruchtspalten herauslösen.

Salat mit Spargel und Rauke

Rauke heißt auch Roquette oder Rucola. Sie hat einen intensiv herben Geschmack, deshalb sollten Sie sie besser mit anderen Salaten mischen.

Zutaten für 4 Personen:

4 kleine Schalotten

3 Eßl. Estragonessig

1 Teel. mittelscharfer Senf

1 Eigelb

Salz

weißer Pfeffer, frisch gemahlen

1 Prise Korianderpulver

1 Prise Zucker

4–5 Eßl. Öl

500 g weißer Spargel

100 g Rauke

1 Blattsalat (zum Beispiel Lollo rosso)

1 Eßl. Sonnenblumenkerne

Raffiniert • Gelingt leicht

Pro Portion etwa:
710 kJ/170 kcal
6 g Eiweiß · 16 g Fett
4 g Kohlenhydrate

- Zubereitungszeit: etwa
  45 Minuten

1. Die Schalotten schälen und würfeln. Mit dem Essig, dem Senf, dem Eigelb, Salz, Pfeffer, dem Koriander und dem Zucker verrühren. Das Öl nach und nach darunterschlagen.

2. Den Spargel schälen und die Enden abschneiden. Den Spargel schräg in dünne Scheiben schneiden. In die Salatsauce geben und etwa 30 Minuten durchziehen lassen.

3. Die Rauke und den Blattsalat waschen und gut abtropfen lassen. Die Raukeblätter von den Stielen zupfen. Die zarten Stiele fein hacken. Den Blattsalat in mundgerechte Stücke zupfen.

4. Den Salat mischen und in eine flache Schüssel geben. Den Spargel mit der Marinade darauf geben und mit den Sonnenblumenkernen bestreuen.

Im Bild oben:
Salat mit Spargel und Rauke
Im Bild unten:
Fruchtiger Fenchelsalat

Fenchel-Apfel-Salat mit Orangensauce

Zutaten für 2 Personen:
75 g Sahne · 100 g Joghurt
1 Teel. mittelscharfer Senf
Saft von je 1/2 Orange und Zitrone
Meersalz
250 g Fenchel
1 großer rotschaliger, säuerlicher Apfel · 6 Walnußkerne

**Preiswert
Gelingt leicht**

Pro Portion etwa:
1500 kJ/360 kcal
8 g Eiweiß · 24 g Fett
26 g Kohlenhydrate
8 g Ballaststoffe

• Zubereitungszeit: etwa 20 Minuten

1. Für die Sauce die Sahne halbsteif schlagen. Den Joghurt, den Senf, den Orangen- und den Zitronensaft unterrühren und die Sauce mit Salz abschmecken.

2. Den Fenchel waschen und putzen. Etwas Fenchelgrün beiseite legen. Die Fenchelknolle längs teilen, dann quer in sehr dünne Scheiben schneiden. Den Apfel gründlich waschen, vierteln, entkernen und in dünne Scheiben schnitzeln.

3. Die Sauce unter den Salat heben. Den Salat mit den halbierten Walnüssen und dem abgezupften Fenchelgrün garnieren.

Tip!

Mischen Sie zerkleinerte Salatzutaten immer sofort mit der Sauce beziehungsweise etwas Essig oder Zitronensaft und Öl, und decken Sie die Schüssel zu. So bleiben licht- und sauerstoffempfindliche Vitamine am besten erhalten.

Frischkostplatte mit Käsedressing

Zutaten für 2 Personen:
100 g weicher Blauschimmelkäse
1/8 l Buttermilch
1–2 Eßl. Kräuter (zum Beispiel Petersilie, Estragon, Zitronenmelisse), frisch gehackt
1/4 Kopf Endiviensalat
1 reife Birne · 150 g Knollensellerie
150 g Kürbis
2 Teel. Zitronensaft
2 reife, feste Tomaten
2 Teel. Schnittlauchröllchen
1 Eßl. Walnußkerne, grobgehackt

Raffiniert

Pro Portion etwa:
1600 kJ/380 kcal
19 g Eiweiß · 22 g Fett
24 g Kohlenhydrate
10 g Ballaststoffe

• Zubereitungszeit: etwa 25 Minuten

1. Den Käse mit dem Pürierstab pürieren oder mit einer Gabel fein zerdrücken. Die Buttermilch dazugießen und alles zu einer glatten Sauce schlagen. Die Kräuter unterrühren.

2. Den Endiviensalat waschen, trockenschleudern, in feine Streifen schneiden und auf einer Platte ausbreiten. Die Birne waschen, vierteln, entkernen und in schmale Spalten teilen. Den Sellerie unter fließendem Wasser sauber bürsten, nur wenn nötig, schälen und in schmale Stifte schneiden. Das Kürbisfleisch ebenfalls stifteln und mit dem Zitronensaft beträufeln. Die Tomaten waschen und in Scheiben schneiden, dabei den Stielansatz entfernen.

3. Alle Salatzutaten dekorativ auf dem Endiviensalat anordnen. Die Tomaten mit dem Schnittlauch und den Kürbis mit den Walnüssen bestreuen. Die Sauce zum Salat servieren.

Bild oben: Fenchel-Apfel-Salat mit Orangensauce
Bild unten: Frischkostplatte mit Käsedressing

Wirsing mit Fenchel und Tomaten

Zutaten für 2 Personen:

1 kleine Zwiebel

1 Eßl. Apfelessig

1 Eßl. Weißweinessig

1/4 Teel. Kräutersalz

3 Eßl. Sonnenblumenöl, kaltgepreßt

150 g Wirsing

150 g Fenchel

2 reife, aromatische Tomaten

1 Eßl. Petersilie, frisch gehackt

Schnell

Pro Portion etwa:
1100 kJ/260 kcal
6 g Eiweiß · 18 g Fett
12 g Kohlenhydrate
7 g Ballaststoffe

- Zubereitungszeit: etwa 20 Minuten

1. Für die Vinaigrette die Zwiebel sehr fein hacken.

2. Die beiden Essigsorten und das Salz verrühren. Das Öl eßlöffelweise unterschlagen. Die Zwiebelwürfel unterrühren.

3. Den Wirsing waschen, in schmale Streifen hobeln und auf Tellern ausbreiten. Den Fenchel waschen und putzen. Wenn nötig, harte Fäden abziehen. Den Fenchel vierteln und in feine Streifen schneiden (das geht am gleichmäßigsten mit dem elektrischen Allesschneider). Den Fenchel so auf dem Wirsing verteilen, daß ein grüner Rand sichtbar bleibt.

4. Die Tomaten waschen, in kleine Würfel schneiden und in die Mitte setzen. Den Salat mit der Vinaigrette beträufeln und die Petersilie darüber streuen.

Tip!

Kräutersalz enthält etwa 15 % getrocknete Kräuter und 85 % Koch- oder Meersalz. Es salzt und würzt zugleich. Besser ist es natürlich, wenn Sie frische Kräuter verwenden und mit Meersalz sparsam salzen.

Selleriesalat mit Möhren und Zucchini

Zutaten für 2 Personen:

75 g Sahne

75 g Joghurt

1 Teel. mittelscharfer Senf

2 Eßl. Zitronensaft

Meersalz

150 g Knollen- oder Staudensellerie

150 g junge Zucchini

100 g Möhren

2 Eßl. Kräuter (zum Beispiel Petersilie, Schnittlauch, Zitronenmelisse, Estragon), frisch gehackt

3 Eßl. grüne Kürbiskerne

Gelingt leicht

Pro Portion etwa:
1200 kJ/290 kcal
11 g Eiweiß · 21 g Fett
11 g Kohlenhydrate
7 g Ballaststoffe

- Zubereitungszeit: etwa 30 Minuten

1. Die Sahne mit dem Joghurt, dem Senf, dem Zitronensaft und 1 Prise Salz sehr cremig schlagen.

2. Den Knollensellerie unter fließendem Wasser sauber abbürsten und nur wenn nötig, schälen. Dann in die Sauce raspeln. 2 zarte Selleriestengel und -blättchen fein schneiden und dazugeben. Oder den Staudensellerie waschen und in Streifen schneiden. Die Zucchini und die Möhren putzen, waschen und in Stifte hobeln oder raspeln.

3. Die Kräuter zum Salat geben und alles vorsichtig mischen. Die Sauce darübergeben. Die Kürbiskerne darüber streuen.

Variante:
Den Sellerie können Sie durch feingeschnittenen Endiviensalat ersetzen und statt Kürbiskernen gehackte Haselnüsse über den Salat streuen.

Im Bild vorne:
Selleriesalat mit Möhren und Zucchini
Im Bild hinten:
Wirsing mit Fenchel und Tomaten

Spinatsalat

Spinach Salad

Zutaten für 4 Personen:
1 kleine Knoblauchzehe
1 kleines Stück Ingwer
Salz
schwarzer Pfeffer, frisch gemahlen
1 Teel. Currypulver
1/2 Teel. Zucker
1 1/2 Eßl. Weißweinessig
75 ml trockener Weißwein oder
Gemüsebrühe
80 ml neutrales Öl
1 kleiner milder Apfel
50 g getrocknete Aprikosen
250 g junger Blattspinat
40 g Mandelsplitter

Raffiniert

Pro Portion etwa:
1300 kJ/310 kcal
4 g Eiweiß · 26 g Fett
14 g Kohlenhydrate

• Zubereitungszeit: etwa
  30 Minuten

1. Den Knoblauch und den Ingwer schälen und hacken, mit etwas Salz und Pfeffer sowie dem Currypulver, dem Zucker, dem Essig und dem Wein oder der Brühe im Mixer fein pürieren.

2. Nach und nach das Öl tropfenweise unter die Knoblauchmischung mixen, bis eine Creme entstanden ist.

3. Die Salatcreme in eine Schüssel umfüllen. Den Apfel schälen und ohne das Kerngehäuse sehr fein würfeln. Die Aprikosen ebenfalls sehr fein würfeln. Beides unter die Salatcreme rühren, diese mit Salz und Pfeffer abschmecken.

4. Den Spinat gründlich waschen und verlesen, grobe Stiele entfernen. Den Spinat abtrocknen, in eine große Salatschüssel geben und vorsichtig mit der Hälfte der Salatcreme vermengen. Die restliche Creme leicht darüber träufeln.

5. Die Mandelsplitter in einer trockenen Pfanne goldbraun rösten, über den Salat streuen und diesen sofort servieren.

Krautsalat mit Limetten-dressing

Cabbage Salad with Lemon

Zitrusaromen sind typisch für kalifornische Salate. Hier wird es für das Dressing verwendet und mit Minze und Koriandergrün abgerundet.

Zutaten für 4 Personen:
2 Knoblauchzehen · Salz
schwarzer Pfeffer, frisch gemahlen
1/2 Teel. Zucker
etwa 4 Eßl. Limettensaft
3 Zweige frische Minze
etwas frisches Koriandergrün
etwas frischer Dill
7 Eßl. Olivenöl, kaltgepreßt
300 g Weißkohl
3 Eßl. Rosinen

Preiswert

Pro Portion etwa:
730 kJ/170 kcal
2 g Eiweiß · 14 g Fett
11 g Kohlenhydrate

• Zubereitungszeit: etwa
  30 Minuten
• Marinierzeit: 30 Minuten

1. Den Knoblauch schälen und in eine große Schüssel pressen. Etwas Salz und Pfeffer sowie den Zucker und den Limettensaft dazugeben, alles verrühren.

2. Die Kräuter waschen, hacken und unter das Dressing rühren. Dann das Olivenöl mit einem Schneebesen gründlich darunterschlagen.

3. Den Weißkohl waschen, putzen und in sehr feine Streifen schneiden oder grob raspeln. Den Kohl in dem Dressing wenden, den Salat abschmecken und zugedeckt etwa 30 Minuten durchziehen lassen. Mit den Rosinen bestreut servieren.

Bild oben: Spinatsalat
Bild unten:
Krautsalat mit Limettendressing

Möhrenroh-kost mit Hafer

Diese Rohkost ist ganz schnell zubereitet. Wenn Sie sie einmal etwas abwandeln möchten, können Sie statt Hafersprossen gekeimte Sonnenblumenkerne oder Buchweizensprossen verwenden.

Zutaten für 4 Personen:
500 g junge Möhren
2 Eßl. Zitronensaft
100 g Hafersprossen
(etwa 40 g Trockengewicht)
2 Bund Schnittlauch
1 Eßl. Sahnejoghurt
2 Eßl. Kräuteressig
1 Messerspitze flüssiger Honig
Salz
weißer Pfeffer, frisch gemahlen
1 Prise gemahlener Kreuzkümmel
4 Eßl. Maiskeimöl

Preiswert

Pro Portion etwa:
930 kJ/220 kcal
4 g Eiweiß · 16 g Fett
15 g Kohlenhydrate
6 g Ballaststoffe

- Zubereitungszeit: etwa 25 Minuten

1. Die Möhren waschen, schälen oder abschaben und auf der Rohkostreibe fein raspeln. Die Möhren in einer Schüssel mit dem Zitronensaft mischen.

2. Die Hafersprossen in einem Sieb kalt abspülen und abtropfen lassen. Den Schnittlauch waschen und in feine Röllchen schneiden. Beides unter die Möhrenraspeln mischen.

3. Den Joghurt mit dem Essig, dem Honig, Salz, Pfeffer und dem Kreuzkümmel verrühren. Das Öl teelöffelweise unterrühren.

4. Das Dressing unter die Möhrenrohkost mischen.

Rettichrohkost mit Kürbiskernen

Sie können diese Rohkost auch nur mit Radieschen zubereiten. Sie brauchen dann je nach Größe 3–4 Bund. Planen Sie in diesem Fall etwas mehr Zeit ein, denn Radieschen lassen sich schlecht raspeln.

Zutaten für 4 Personen:
1 weißer Rettich
1 Bund Radieschen
Salz
50 g Kürbiskernsprossen
(etwa 25 g Trockengewicht)
1 Bund Schnittlauch
2 Eßl. Zitronensaft
1 Messerspitze scharfer Senf
100 g Sahne
1 Prise Zuckerrohrgranulat
weißer Pfeffer, frisch gemahlen
1 Eßl. Sonnenblumenöl

Gelingt leicht

Pro Portion etwa:
770 kJ/180 kcal
5 g Eiweiß · 16 g Fett
4 g Kohlenhydrate
3 g Ballaststoffe

- Zubereitungszeit: etwa 25 Minuten

1. Den Rettich schälen und auf der Rohkostreibe fein raspeln. Die Radieschen waschen, putzen und in Stifte schneiden. Den Rettich und die Radieschen in einer Schüssel mit Salz mischen und etwa 5 Minuten ziehen lassen.

2. Inzwischen die Kürbiskernsprossen kalt abspülen und abtropfen lassen, dann grob zerkleinern. Den Schnittlauch waschen, trockenschwenken und in feine Röllchen schneiden.

3. In einer Schüssel den Zitronensaft mit dem Senf, der Sahne, dem Granulat und Pfeffer verrühren. Das Öl teelöffelweise unterrühren.

4. Die Flüssigkeit, die sich in der Schüssel mit den Rettich- und Radieschenraspeln gesammelt hat, abgießen. Die Rettich- und Radieschenraspeln mit dem Dressing mischen. Die Rohkost mit den Kürbiskernsprossen und dem Schnittlauch bestreut servieren.

Im Bild oben:
Möhrenrohkost mit Hafer
Im Bild unten:
Rettichrohkost mit Kürbiskernen

Chicorée-Orangen-Salat mit Rettich

Die Kombination aus Chicorée und Orangen fand ich schon immer faszinierend, und sie ist bis heute eine meiner liebsten Salatvarianten geblieben. Mit den zartwürzigen Rettichsprossen vermischt, schmeckt dieser frische Salat noch aromatischer.

Zutaten für 4 Personen:
500 g Chicorée
500 g saftige Orangen
100 g Rettichsprossen
(etwa 25 g Trockengewicht)
1 Bund Schnittlauch
1 Eßl. Weißweinessig
Salz
1 Prise Zuckerrohrgranulat
2 Eßl. Weizenkeimöl

Schnell
Ohne tierisches Eiweiß

Pro Portion etwa:
710 kJ/170 kcal
4 g Eiweiß · 11 g Fett
14 g Kohlenhydrate
5 g Ballaststoffe

- Zubereitungszeit: etwa 20 Minuten

1. Den Chicorée von den äußeren Blättern befreien, waschen und in etwa fingerbreite Scheiben schneiden. Die Orangen schälen und in kleine Stücke schneiden. Die Rettichsprossen in einem Sieb kalt abspülen und abtropfen lassen. Den Schnittlauch waschen und in feine Röllchen schneiden.

2. Den Chicorée mit den Orangen, den Rettichsprossen und dem Schnittlauch in einer Schüssel mischen.

3. Für das Dressing den Essig mit Salz und dem Zuckerrohrgranulat vermischen. Das Öl teelöffelweise unterrühren. Das Dressing unter den Chicoréesalat mischen.

Rote-Bete-Sellerie-Rohkost mit Sesam

Zutaten für 4 Personen:
300 g junge rote Bete
4–5 Stangensellerie
1/2 säuerlicher Apfel
75 g Sesamsamen
(etwa 35 g Trockengewicht)
2 Eßl. Kräuteressig
150 g saure Sahne
Salz
weißer Pfeffer, frisch gemahlen
1 Prise gemahlener Koriander
1 Prise Zuckerrohrgranulat
1 Eßl. Olivenöl, kaltgepreßt
1 Bund Petersilie

Preiswert

Pro Portion etwa:
800 kJ/190 kcal
6 g Eiweiß · 12 g Fett
13 g Kohlenhydrate
9 g Ballaststoffe

- Zubereitungszeit: etwa 25 Minuten

1. Die roten Beten schälen und auf der Rohkostreibe fein raspeln. Den Stangensellerie waschen und von den harten Fasern befreien. Den Sellerie mit dem Selleriegrün fein zerkleinern. Den Apfel schälen, vom Kerngehäuse befreien und fein raspeln. Die Sesamsprossen in einem Sieb kalt abspülen und abtropfen lassen.

2. In einer Schüssel die roten Beten mit dem Sellerie, dem Apfel und den Sesamsprossen mischen.

3. Für das Dressing den Essig mit der sauren Sahne, Salz, Pfeffer, dem Koriander und dem Zuckerrohrgranulat verrühren. Das Olivenöl teelöffelweise unterrühren. Das Dressing mit den Salatzutaten mischen.

4. Die Petersilie waschen, trockenschwenken und ohne die groben Stiele fein hacken. Die Rohkost mit der Petersilie bestreut servieren.

Varianten:
Statt der roten Beten schmecken auch Möhren in dieser Rohkost sehr gut. Den Sellerie können Sie auch einmal durch Kohlrabi oder Kürbis ersetzen.

Bild oben:
Chicorée-Orangen-Salat mit Rettich
Bild unten:
Rote-Bete-Sellerie-Rohkost mit Sesam

Rote-Bete-Salat mit Frischkäse

Zutaten für 4 Personen:
100 g Feldsalat
400 g rote Beten (möglichst kleine Knollen)
1 Zwiebel
1 säuerlicher Apfel
4 Teel. Zitronensaft
1 Eßl. Zucker
100 g Doppelrahm-Frischkäse
8 Eßl. Milch
Salz
1 Messerspitze gemahlener Kümmel
2 Teel. geriebener Meerrettich
2 Zweige Thymian

Raffiniert

Pro Portion etwa:
490 kJ/120 kcal
16 g Eiweiß · 2 g Fett
18 g Kohlenhydrate

• Zubereitungszeit: etwa 50 Minuten

1. Den Feldsalat waschen, putzen und abtropfen lassen. Die roten Beten unter fließendem Wasser bürsten, trockentupfen und wie einen Apfel schälen. In Scheiben hobeln, diese in feine Stifte schneiden und in eine Schüssel geben.

2. Die Zwiebel klein würfeln und mit den roten Beten mischen. Den Apfel schälen, vierteln, das Kerngehäuse entfernen, in Stifte schneiden und mit 1 Teelöffel Zitronensaft beträufeln.

3. In einem kleinen Topf den Zucker mit 2 Teelöffeln Wasser unter ständigem Rühren erhitzen, bis der Zucker sich aufgelöst hat und goldgelb karamelisiert ist. Dann sofort vom Herd nehmen.

4. Den Frischkäse mit so viel Milch verrühren, daß eine cremige Masse entsteht. Diese mit dem Salz, dem Kümmel, dem übrigen Zitronensaft, dem Meerrettich und dem Karamel pikant abschmecken.

5. Eine Salatplatte mit dem Feldsalat auslegen. Die roten Beten mit dem Apfel unter die Käsecreme heben und neben dem Feldsalat anordnen. Den Thymian waschen, die Blättchen abzupfen, etwas kleinschneiden und über den Salat streuen.

Bataviasalat mit Croûtons

Batavia schmeckt würziger als grüner Kopfsalat. Man findet ihn in hellgelblichen und satten Grüntönen, oft auch mit rötlichen Batträndern. Seine Saison sind die Wintermonate.

Zutaten für 4 Personen:
1 Kopf Bataviasalat (etwa 400 g)
1 große Zwiebel
4 mittelgroße Tomaten
2 Scheiben Toastbrot
2 Eßl. Weißweinessig
Salz
4 Eßl. Walnußöl
1 Eßl. Butter
1 große Knoblauchzehe
1 Eßl. gehackte Petersilie

Für Gäste

Pro Portion etwa:
900 kJ/210 kcal
6 g Eiweiß · 13 g Fett
19 g Kohlenhydrate

• Zubereitungszeit: etwa 45 Minuten

1. Vom Bataviasalat gleich nach dem Einkauf die äußeren schlechten Blätter entfernen, das Wurzelende abschneiden, den Kopf in stehendem lauwarmem Wasser waschen, in ein Tuch einschlagen und bis zum Zubereiten ins Gemüsefach des Kühlschranks legen.

2. Die Zwiebel klein würfeln. Die Tomaten waschen, vierteln und die Stielansätze ausschneiden. Das Brot würfeln.

3. Den Essig mit etwas Salz und dem Öl verrühren. Den Bataviasalat in kleine Stücke reißen und in eine Schüssel geben.

4. Die Butter in einer Pfanne zerlassen, den Knoblauch dazupressen, mit der Butter und den Brotwürfeln mischen und unter Wenden goldgelb braten.

5. Den Salat mit der Marinade und den Zwiebelwürfeln vermengen, die Tomaten, die Croûtons und die Petersilie darauf verteilen.

Im Bild vorne: Bataviasalat mit Croûtons
Im Bild hinten: Rote-Bete-Salat mit Frischkäse

Glasnudel-salat

Falls Sie keinen Koriander bekommen, kaufen Sie Basilikum

Zutaten für 4 Personen:
100 g Glasnudeln
1 doppeltes Hühnerbrustfilets (etwa 250 g)
1 mittelgroße rote Chilischote (frisch oder getrocknet)
1/2 Bund frischer Koriander
1 Bund Frühlingszwiebeln
2 Eßl. Erdnußöl
etwa 3 Eßl. Zitronensaft (oder Limettensaft)
etwa 3 Eßl. Fischsauce (Asienladen)
1 Eßl. Zucker

Exotisch • Festlich

Pro Portion etwa:
870 kJ/210 kcal
18 g Eiweiß · 6 g Fett
20 g Kohlenhydrate

• Zubereitungszeit: etwa 20 Minuten

1. Die Glasnudeln in lauwarmem Wasser einweichen. Das Hühnerfleisch waschen, trockentupfen und in dünne Streifen schneiden. Die Chilischote längs aufschlitzen, vom Stielansatz und den Kernen befreien, waschen, trockentupfen und in feine Streifen schneiden. Den Koriander waschen, trockentupfen und mit den Stielen grob hacken. Die Frühlingszwiebeln putzen, waschen und mit dem zarten Grün in feine Ringe schneiden.

2. Das Erdnußöl in einer Pfanne erhitzen. Das Hühnerfleisch darin rundherum unter Rühren anbraten, bis es hell und leicht gebräunt ist. Die Chilischote und die Frühlingszwiebeln dazugeben und kurz mitbraten. Die Glasnudeln abtropfen lassen, in die Pfanne geben und ganz kurz mitbraten. Alles in eine Schüssel füllen.

3. Den Zitronensaft mit der Fischsauce, mit Zucker und dem Koriander verrühren und unter den Salat mischen. Den Salat abkühlen lassen. Vor dem Servieren eventuell noch mit etwas Fischsauce und/oder Zitronensaft abschmecken.

Tip!

Viele Zutaten für diesen Salat können Sie immer vorrätig haben: Glasnudeln, Chilischoten (getrocknet), Erdnußöl, Fischsauce und Zitronen. Bei den übrigen können Sie improvisieren: Verwenden Sie Gemüse, das Sie gerade zu Hause haben, statt Hühnerfleisch, Garnelen aus dem Glas, Tofu oder auch feine Schinkenstreifen.

Mozzarella-Rucola-Salat

Zutaten für 4 Personen:
2 Bund Rucola (etwa 100 g)
300 g schnittfeste Tomaten
1 Kugel Büffelmilch-Mozzarella (etwa 250 g)
1 Eßl. Aceto Balsamico
Salz
weißer Pfeffer, frisch gemahlen
2 Eßl. Olivenöl, kaltgepreßt

Schnell

Pro Portion etwa:
840 kJ/200 kcal
13 g Eiweiß · 14 g Fett
4 g Kohlenhydrate

• Zubereitungszeit: etwa 10 Minuten

1. Den Rucola waschen, trockenschwenken und nicht zu klein zerzupfen. Die Tomaten waschen und in Schnitze schneiden, dabei die Stielansätze entfernen. Den Mozzarella abtropfen lassen und in kleine Würfel schneiden.

2. Den Rucola mit den Tomaten und dem Mozzarella auf Tellern anrichten.

3. Den Aceto Balsamico mit Salz und Pfeffer verrühren. Das Olivenöl darunterschlagen. Den Salat mit der Sauce beträufeln und sofort servieren. Dazu paß Weißbrot.

Bild oben: Glasnudelsalat
Bild unten: Mozzarella-Rucola-Salat

Taboulé-Salat

Ein vitaminreicher Salat, der von Nordafrika bis Südafrika sehr beliebt ist.

Zutaten für 4 Personen:

2 Tassen Bulgur (vorgegarter Hartweizengrieß)

Salz

6 mittelgroße Tomaten

1 grüne Chilischote

4 Frühlingszwiebeln

4 Bund Petersilie (etwa 300 g)

1 Bund Pfefferminze

3 Zitronen

8 Eßl. Olivenöl

15 grüne Oliven

schwarzer Pfeffer, frisch gemahlen

eventuell Salatblätter zum

Anrichten

Ganz einfach

Pro Portion etwa:
2200 kJ/520 kcal
10 g Eiweiß · 24 g Fett
68 g Kohlenhydrate

● Zubereitungszeit: etwa 45 Minuten

1. Den Bulgur in 4 Tassen Salzwasser einrühren und aufkochen, zugedeckt in etwa 15 Minuten ausquellen, dann abkühlen lassen.

2. Inzwischen die Tomaten würfeln, die Chilischote längs halbieren, die Kerne entfernen (Vorsicht, scharf!), die Schote in feine Streifen schneiden.

3. Die Frühlingszwiebeln in 1/2 cm dicke Scheiben schneiden. Die Petersilienblättchen grob hacken. Die Pfefferminze-Blättchen fein hacken. die Tomaten, die Chili, die Frühlingszwiebeln und die Kräuter mischen.

4. Den ausgequollenen Bulgur unterheben. Von den Zitronen vier dünne Scheiben aus der Mitte schneiden, zur Seite legen. Die Zitronenhälften auspressen, den Saft über den Salat gießen. Das Olivenöl und die Oliven unterheben. Mit Salz und Pfeffer abschmecken.

5. In einer flachen Schüssel auf Salat anrichten, mit den Zitronenscheiben garnieren.

Brotsalat aus Umbrien

Zutaten für 4 Personen:

200 g (italienisches) Weißbrot vom Vortag

7 Eßl. Olivenöl

1/2 Salatgurke

3 Stangen Staudensellerie

2 Fleischtomaten (etwa 350 g)

2 rote Zwiebeln

2 Bund Basilikum

3 Eßl. Kapern

3 Eßl. Rotweinessig

Salz

schwarzer Pfeffer, frisch gemahlen

Gelingt leicht

Pro Portion etwa:
1300 kJ/310 kcal
6 g Eiweiß · 19 g Fett
31 g Kohlenhydrate

● Zubereitungszeit: etwa 45 Minuten

1. Das Weißbrot würfeln und in 3 Eßlöffeln von dem Olivenöl hell rösten. Auf Küchenpapier abtropfen lassen. Die Salatgurke streifig schälen, längs halbieren, entkernen und in Scheiben schneiden.

2. Den Staudensellerie in Scheibchen schneiden. Die Tomaten überbrühen, häuten, quer halbieren, Stielansätze und Kerne entfernen und die Tomaten würfeln.

3. Die Zwiebeln halbieren, in Streifen schneiden. Die Basilikumblättchen abzupfen, einen Teil grob hacken, einige Blättchen zum Garnieren zur Seite legen.

4. Das Gemüse mit den Kapern (und etwas Kapernlake) mischen. Den Rotweinessig mit Salz, Pfeffer und dem restlichen Olivenöl verquirlen, über den Salat gießen.

5. Die Brotwürfel und das gehackte Basilikum dazugeben und vorsichtig mischen. Mit den Basilikumblättchen garniert servieren.

Im Bild hinten: Taboulé-Salat
Im Bild vorne: Brotsalat aus Umbrien

Kleine warme Gerichte

Die bunte Vielfalt der Gemüsesorten
eignet sich besonders gut für leichte
Zwischenmahlzeiten. Kombiniert
mit Käse oder Eiern, gewürzt mit
Kräutern oder Zwiebeln, gedünstet
oder überbacken – hier finden Sie
originelle, unkomplizierte Rezepte für
den kleinen Hunger.

Topinambur in Käsesauce

Nach diesem Rezept können Sie auch Knollensellerie zubereiten.

Zutaten für 2 Personen:
400 g Topinambur
2 Teel. gekörnte Gemüsebrühe
2 Teel. Zitronensaft
2 Eßl. Walnußkerne
50 g Schalotten
2 Teel. Butter
100 g Gorgonzola
2 Eßl. Sahne
2 Prisen Schabzigerklee
weißer Pfeffer, frisch gemahlen
eventuell Meersalz
1 Eßl. Petersilie, frisch gehackt

Gelingt leicht

Pro Portion etwa:
1700 kJ/400 kcal
16 g Eiweiß · 32 g Fett
11 g Kohlenhydrate
24 g Ballaststoffe

• Zubereitungszeit: etwa 40 Minuten

1. Die Topinamburknollen unter fließendem Wasser sauber bürsten und ungeschält in fingerdicke Streifen oder Würfel schneiden.

2. Inzwischen 200 ccm Wasser mit der gekörnten Brühe und dem Zitronensaft zum Kochen bringen. Das Gemüse darin zugedeckt bei schwacher Hitze in 12–15 Minuten bißfest kochen.

3. Die Nüsse grob hacken. Die Schalotten fein würfeln und in der Butter glasig dünsten. 8 Eßlöffel Topinamburbrühe dazugießen, aufkochen lassen und den Topf von der Kochstelle nehmen.

4. Den Käse in kleine Stücke teilen, in die Brühe geben und unter Rühren schmelzen lassen. Die Sahne untermischen. Falls die Sauce zu dick ist, noch etwas Brühe darunterschlagen. Mit Schabzigerklee, Pfeffer und eventuell wenig Salz würzen.

5. Das Gemüse mit dem Schaumlöffel in eine vorgewärmte Schüssel füllen. Die Sauce unterheben. Das Gemüse mit den Nüssen und der Petersilie bestreuen. Dazu schmecken Kartoffeln.

Buntes Sommergemüse

Zutaten für 4 Personen:
200 g Lauch
375 g grüne Paprikaschoten
400 g Gemüsegurken oder Zucchini
500 g reife, aromatische Tomaten
4 Eßl. Olivenöl, kaltgepreßt
1/2 Eßl. Rosmarinnadeln, frisch gehackt
2 Knoblauchzehen
1 1/2 Teel. Steinpilzbrühe
40 g Butter
1 Eßl. Crème fraîche
reichlich Kräuter (viel Majoran, Thymian, Petersilie, Liebstöckel), frisch gehackt
Meersalz

Gelingt leicht

Pro Portion etwa:
1200 kJ/290 kcal
4 g Eiweiß · 24 g Fett
11 g Kohlenhydrate
6 g Ballaststoffe

• Zubereitungszeit: etwa 40 Minuten

1. Das Gemüse putzen und waschen. Den Lauch in schmale Streifen schneiden. Die Paprikaschoten vierteln, entkernen und in Streifen schneiden. Die Gurken oder Zucchini schälen, längs halbieren und die Kerne entfernen. Die Gurken oder Zucchini in Würfel schneiden. Die Tomaten halbieren, das Innere herausnehmen und zerkleinern. Das Fruchtfleisch würfeln.

2. Das Öl und das Tomateninnere in einer großen Pfanne erhitzen. Den Lauch, die Paprikastreifen, die Gurken oder Zucchini und den Rosmarin darin zugedeckt bei schwacher Hitze etwa 10 Minuten dünsten.

3. Den Knoblauch dazupressen. Die Tomatenwürfel und die Steinpilzbrühe untermischen und kurz ziehen lassen. Die Butter, die Crème fraîche und die Kräuter unterziehen. Mit wenig Salz abschmecken. Dazu schmecken Kartoffeln, Naturreis, Getreidebratlinge und Getreideaufläufe.

Im Bild oben:
Topinambur in Käsesauce
Im Bild unten:
Buntes Sommergemüse

Kräuterfrittata

Die Frittata ist die italienische Schwester der spanischen Tortilla. Sie sind beide so variabel, daß sie sich mit den unterschiedlichsten Zutaten zubereiten lassen und deshalb auch für Überraschungsbesuch ideal sind. Vorausgesetzt, Sie haben genügend Eier im Haus.

Zutaten für 4 Personen:
300 g gemischte Kräuter (zum Beispiel Borretsch, Majoran, Rucola und Sauerampfer oder auch Spinat)
2 mittelgroße Zwiebeln
4 Eßl. Olivenöl, kaltgepreßt
8 Eier
Salz
weißer Pfeffer, frisch gemahlen

Preiswert • Gelingt leicht

Pro Portion etwa:
1800 kJ/430 kcal
28 g Eiweiß · 32 g Fett
5 g Kohlenhydrate

• Zubereitungszeit: etwa 30 Minuten

1. Die Kräuter waschen und gründlich trockenschwenken. Von den groben Stielen befreien und hacken. Die Zwiebeln schälen und fein hacken.

2. 2 Eßlöffel Öl in einer größeren Pfanne erhitzen. Die Zwiebeln darin glasig braten. Die Kräuter zu den Zwiebeln geben und etwa 5 Minuten bei mittlerer Hitze unter Rühren anbraten. Die Pfanne von der Herdplatte nehmen und die Kräutermischung etwas abkühlen lassen.

3. Die Eier in einer Schüssel schaumig schlagen und mit Salz und Pfeffer pikant würzen. Die Kräutermasse untermischen.

4. Das restliche Öl in der Pfanne erhitzen. Die Eiermasse hineingießen, gleichmäßig verteilen und bei schwacher Hitze in etwa 10 Minuten stocken lassen. Dann auf einen Teller gleiten lassen, auf einen zweiten Teller stürzen und mit der ungebackenen Seite nach unten wieder in die Pfanne geben. Die Frittata weitere 3 Minuten backen, dann heiß oder lauwarm servieren. Dazu schmeckt gemischter Salat.

Tip!

Besonders hübsch sieht die Frittata aus, wenn Sie sie zum Servieren wie eine Torte aufschneiden.

Varianten:
Zwiebelfrittata
300 g weiße Zwiebeln und 2 Knoblauchzehen schälen und fein hacken. In 2 Eßlöffeln Öl etwa 5 Minuten anbraten, mit der Eiermasse mischen und wie beschrieben fertig garen.

Kartoffelfrittata
400 g festkochende Kartoffeln schälen und in dünne Scheiben schneiden. 10 Salbeiblätter waschen und trockentupfen. Die Kartoffeln mit dem Salbei in 2 Eßlöffeln Öl etwa 10 Minuten braten, bis sie fast weich sind. Die Eiermasse darüber gießen und wie beschrieben fertig garen.

Gemüsefrittata
1 Paprikaschote, 1 Fenchelknolle und 1 Zucchino waschen, putzen und klein würfeln. Mit 1 gehackten Zwiebel in 2 Eßlöffeln Öl etwa 5 Minuten dünsten. Die Eiermasse darüber gießen und wie beschrieben fertig garen.

Artischockenfrittata
4 kleine italienische Artischocken, die im Ganzen gegessen werden können, von den äußeren Blättern und den Blattspitzen befreien und in dünne Scheiben schneiden. In 3 Eßlöffeln Olivenöl fast weich braten. 2 gehackte Knoblauchzehen und 3 Eßlöffel gehackte Petersilie hinzufügen. Die Eiermasse darüber gießen und wie beschrieben fertig garen.

Die Kräuterfrittata können Sie sowohl im Rahmen eines kompletten Menüs servieren, als auch allein als leichtes Zwischengericht.

Omelette à l'oseille

Omelette mit Sauerampfer

Omelettes werden in Frankreich sehr häufig als Vorspeise gereicht.

Zutaten für 4 Personen:
2 Handvoll frischer Sauerampfer
1 Eßl. Öl
1 Teel. Butter
6 Eier
Salz
Pfeffer, frisch gemahlen
1 Eßl. Gänseschmalz

Preiswert · Schnell

Pro Portion etwa:
780 kJ/190 kcal
10 g Eiweiß · 16 g Fett
0 g Kohlenhydrate

- Zubereitungszeit: etwa
  40 Minuten

1. Den Sauerampfer gründlich waschen und abtupfen. Die Blätter von der mittleren Rippe abstreifen oder abschneiden.

2. In einer Kasserolle das Öl und die Butter erhitzen. Wenn das Fett zu rauchen beginnt, die Sauerampferblätter in den Topf geben. Die Hitze reduzieren und die Blätter unter häufigem Umwenden zusammenfallen lassen. Wenn der Sauerampfer weich geworden ist, vom Herd nehmen und warm stellen.

2. Die Eier aufschlagen, 1 Eßlöffel kaltes Wasser dazugeben, salzen und pfeffern. Mit einer Gabel oder einem Schneebesen gründlich zu einer homogenen Masse schlagen.

3. In einer Bratpfanne das Schmalz sehr hoch erhitzen. Die Eier hineingeben. Mit einer Gabel immer wieder zur Mitte hin schieben, wenn sie zu stocken beginnen. Die Pfanne einige Male rütteln, damit die Omelette nicht anlegt.

4. Wenn die Masse gestockt, aber oben noch leicht flüssig ist, den Sauerampfer obenauf legen. Die Omelette auf eine Platte gleiten lassen und dabei zusammenklappen.

Variante:
Omelette mit Tomaten
3–4 kleine reife Tomaten überbrühen, häuten, quer halbieren und ohne die Kerne fein würfeln. In etwa 20 g Butter andünsten. Salzen, pfeffern. Die Omelette wie oben beschrieben bereiten und mit den Tomaten servieren.

Omelette froide à la ciboulette

Kalte Omelette mit Schnittlauch

Zutaten für 4 Personen:
6 Eier
Salz
Pfeffer, frisch gemahlen
1 Bund Schnittlauch
Butter zum Braten
1 Eßl. Sahne

Läßt sich gut vorbereiten

Pro Portion etwa:
800 kJ/190 kcal
10 g Eiweiß · 16 g Fett
1 g Kohlenhydrate

- Zubereitungszeit: etwa
  20 Minuten

1. Die Eier aufschlagen, salzen und pfeffern. Mit einer Gabel zu einer homogenen Masse, jedoch nicht schaumig schlagen.

2. Den Schnittlauch waschen, trockenschütteln und in sehr feine Ringe schneiden. Zu der Eimasse geben, alles noch einmal gut mischen und leicht schlagen.

3. Die Butter in einer Pfanne erhitzen und die Eimasse dazugeben. Bei mittlerer Hitze stocken lassen, dabei mit einem Pfannenwender immer wieder zur Mitte schieben. Wenn die Omelette die gewünschte Konsistenz erreicht hat, die Sahne dazugeben. Noch einmal kurz erhitzen, bis die Sahne und die Eier eine homogene Masse bilden.

4. Die Omelette auf eine Platte gleiten lassen. Abkühlen lassen, jedoch nicht in den Kühlschrank stellen. Kalt servieren.

Im Bild vorne:
Omelette froide à la ciboulette
Im Bild hinten: Omelette à l'oseille

Zucchini mit Tomaten und Mozzarella

Gemüsegratin in Portionsförmchen: paßt sehr gut zu Kalbs- oder Putenschnitzel.

Zutaten für 4 Personen:
4 Zucchini (etwa 800 g)
Salz
schwarzer Pfeffer, frisch gemahlen
200 g Mozzarella
200 g Cocktailtomaten
1 Teel. getrockneter Oregano
3 Eßl. Olivenöl
1 Bund Basilikum oder Petersilie

Gelingt leicht · Raffiniert

Pro Portion etwa:
910 kJ/220 kcal
14 g Eiweiß · 15 g Fett
6 g Kohlenhydrate

- Zubereitungszeit: etwa
  50 Minuten

1. Die Zucchini waschen und längs halbieren. Das Zucchinifleisch bis auf einen etwa 1 cm breiten Rand herauskratzen, anderweitig verwenden. Die Zucchini salzen und pfeffern.

2. Den Backofen auf 225° vorheizen. Den Mozzarella vierteln, dann in dünne Scheiben schneiden. Die Tomaten waschen und quer zum Blütenansatz in Scheiben teilen.

3. Abwechselnd je 1 Scheibe Tomate und Mozzarella fächerartig überlappend in die ausgehöhlten Zucchini legen. Mit Salz, Pfeffer und dem Oregano bestreuen.

4. Eine ofenfeste Form mit 2 Eßlöffeln Olivenöl einstreichen und die Zucchini hineinsetzen. Mit dem übrigen Olivenöl beträufeln. Im Backofen (Mitte, Gas Stufe 4, Umluft 200°) 10–15 Minuten gratinieren. Das Basilikum oder die Petersilie waschen, trockenschütteln, abzupfen und auf die Zucchini streuen.

Lauch-Gratin in Champignons

Zutaten für 4 Personen:
8 große Champignons (etwa 500 g)
Saft von 1/2 Zitrone
1 Stange zarter Lauch (etwa 250 g)
1 Eßl. Butter
Salz
schwarzer Pfeffer, frisch gemahlen
1 Ei
40 g Crème fraîche
30 g Gruyère (oder mittelalter Gouda)
Für die Form: Fett

Preiswert

Pro Portion etwa:
610 kJ/150 kcal
7 g Eiweiß · 11 g Fett
4 g Kohlenhydrate

- Zubereitungszeit: etwa
  45 Minuten (davon
  15 Minuten Backzeit)

1. Die Champignons abwaschen, trockentupfen und die Stiele entfernen. Die Köpfe leicht aushöhlen und mit dem Zitronensaft beträufeln.

2. Den Lauch putzen, waschen und in feine Ringe schneiden, die Champignonstiele fein hacken. Zusammen mit dem Lauch in der Butter etwa 3 Minuten dünsten, salzen und pfeffern.

3. Den Backofen auf 200° vorheizen. Eine flache ofenfeste Form einfetten. Die Champignons hineinsetzen und mit der Lauchmischung füllen.

4. Das Ei mit der Crème fraîche verquirlen. Den Käse fein raffeln und daruntermischen. Die Käse-Ei-Sahne über die gefüllten Champignons gießen und im heißen Ofen (Mitte, Gas Stufe 3, Umluft 180°) etwa 15 Minuten überbacken. Heiß oder lauwarm servieren, zum Beispiel zu kurz gebratenem Schweine- oder Rindfleisch.

Bild oben:
Zucchini mit Tomaten und Mozzarella
Bild unten:
Lauch-Gratin in Champignons

Pilze auf griechische Art

Zutaten für 4 Personen:

500 g Champignons

1 Eßl. Zitronensaft

2 Tomaten

8 Schalotten oder kleine Zwiebeln

2 Eßl. Olivenöl

¼ l trockener Weißwein, ersatz-weise Hühnerbrühe

1 Eßl. grüne Pfefferkörner, frisch oder aus dem Glas

Salz

1 Prise Gewürznelkenpulver

1 Prise Zimtpulver

Gelingt leicht

Pro Portion etwa:
410 kJ/ 100 kcal
4 g Eiweiß · 4 g Fett
5 g Kohlenhydrate

- Zubereitungszeit: etwa 45 Minuten

1. Die Pilze putzen, eventuell kurz abspülen. Größere Pilze halbieren oder vierteln. Die Pilze mit dem Zitronensaft mischen.

2. Die Tomaten mit kochendem Wasser überbrühen, kalt abschrecken und häuten. Die Tomaten klein würfeln, dabei die Stielansätze entfernen. Die Schalotten schälen.

3. Das Olivenöl in einem Topf erhitzen. Die Schalotten darin unter Rühren bei mittlerer Hitze etwa 2 Minuten braten.

4. Die Pilze dazugeben und kurz mitbraten. Die Tomaten,

den Weißwein und die Pfefferkörner untermischen. Die Pilze mit Salz, den Gewürznelken und dem Zimt würzen und zugedeckt bei mittlerer Hitze etwa 15 Minuten schmoren.

5. Eventuell noch mit Salz abschmecken, in eine Schüssel geben und abkühlen lassen.

Mangold-röllchen

Zutaten für 4 Personen:

1 Zwiebel

2 Eßl. Olivenöl

50 g Langkornreis

25 g Korinthen

25 g Pinienkerne

etwa ⅛ l Gemüsebrühe

4 große Mangoldblätter (etwa 200 g)

Salz

einige Blätter frische Minze und Petersilie

weißer Pfeffer, frisch gemahlen

½ Teel. Honig

Saft von ½ Zitrone

100 ml trockener Weißwein, ersatz-weise Gemüsebrühe

Küchengarn

Läßt sich gut vorbereiten

Pro Portion etwa:
760 kJ/180 kcal
3 g Eiweiß · 8 g Fett
18 g Kohlenhydrate

- Zubereitungszeit: etwa 50 Minuten

1. Die Zwiebel schälen und fein hacken.

2. In einem Topf 1 Eßlöffel Öl erhitzen. Die Zwiebel darin glasig dünsten. Den Reis, die Korinthen und die Pinienkerne hinzufügen und andünsten. Die Brühe angießen und zum Kochen bringen. Zugedeckt bei schwacher Hitze in etwa 20 Minuten ausquellen lassen.

3. Inzwischen die Mangold-blätter waschen und vierteln. Die dicken Stielteile flach-schneiden. Die Blätter in kochendem Salzwasser etwa 1 Minute blanchieren. Dann kalt abschrecken und abtropfen lassen.

4. Die Kräuter waschen, trockenschwenken und fein hacken. Den Reis etwas abkühlen lassen, dann mit den Kräutern, Salz, Pfeffer und dem Honig abschmecken.

5. Die Reismischung auf den Mangoldblättern verteilen. Die Blätter an den Längsseiten ein-schlagen und aufrollen. Mit Küchengarn zusammenbinden.

6. In dem Topf das übrige Oli-venöl mit dem Zitronensaft und dem Wein zum Kochen brin-gen. Die Röllchen hineingeben und zugedeckt bei mittlerer Hitze etwa 10 Minuten garen. Dabei einmal vorsichtig wen-den. Lauwarm oder abgekühlt servieren.

Im Bild vorne:
Mangoldröllchen
Im Bild hinten:
Pilze auf griechische Art

Karibische Möhren

Caribbean carrots

Vegetarier reichen dieses aromatische Gericht zu Kartoffelpüree.

Zutaten für 4 Personen:
500 g Möhren
1 kleine Zwiebel
1 Stück Ingwer (etwa 2 cm)
2 Knoblauchzehen
20 g Butter · Salz

Preiswert

Pro Portion etwa:
350 kJ/83 kcal
2 g Eiweiß · 5 g Fett
9 g Kohlenhydrate

• Zubereitungszeit: etwa
  30 Minuten

1. Die Möhren waschen, schälen und in etwa 1/2 cm dicke Scheiben schneiden. Zwiebel und Ingwer schälen und klein würfeln. Den Knoblauch pellen.

2. Die Butter in einem Topf zerlassen. Die Zwiebel und den Ingwer darin 3–4 Minuten bei schwacher Hitze andünsten, aber nicht braun werden lassen. Den Knoblauch dazupressen und die Möhrenscheiben hinzufügen. Alles salzen und etwa 5 Minuten bei schwacher Hitze dünsten.

3. 100 ml Wasser angießen. Alles zugedeckt bei schwacher Hitze etwa 10 Minuten garen.

Auberginen-Kürbis-Gemüse

Eggplant and pumpkin

Zutaten für 4–6 Personen:
400 g Kürbis
1 Aubergine (etwa 400 g)
1 kleine rote Paprikaschote
1 Zwiebel
4 Knoblauchzehen
3 Tomaten (etwa 300 g)
3 Eßl. Öl
200 ml Hühner- oder Gemüsebrühe
Salz
schwarzer Pfeffer, frisch gemahlen
1/2 Teel. Piment, gemahlen
1/2 Bund Petersilie
nach Belieben etwas Tabasco

Raffiniert

Bei 6 Personen pro Portion etwa:
380 kJ/90 kcal
3 g Eiweiß · 4 g Fett
10 g Kohlenhydrate

• Zubereitungszeit: etwa
  40 Minuten

1. Den Kürbis dick schälen, Kerne und Fasern herauskratzen. Das Kürbisfleisch in 2–3 cm große Stücke schneiden. Die Aubergine waschen, schälen und ebenfalls in 2–3 cm große Stücke schneiden. Die Paprikaschote waschen, vom Kerngehäuse befreien und in etwa 1 cm große Würfel schneiden. Die Zwiebel pellen und klein würfeln. Den Knoblauch pellen. Die Tomaten kreuzweise einschneiden, mit kochendem Wasser überbrühen, häuten, entkernen und kleinschneiden, dabei die Stielansätze entfernen.

2. Das Öl in einem Topf erhitzen und die Zwiebelwürfel darin goldbraun braten. Den Knoblauch dazupressen und kurz mitbraten. Kürbis, Paprika und Aubergine hinzufügen. Alles unter Wenden 1–2 Minuten bei mittlerer Hitze braten.

3. Die Tomatenstückchen und die Brühe dazugeben. Alles mit Salz, Pfeffer und Piment würzen und zugedeckt bei schwacher Hitze etwa 10 Minuten dünsten. Das Gemüse soll gar, aber noch bißfest sein.

4. Die Petersilie waschen, die Blättchen hacken und über das Gemüse streuen. Wer es scharf mag, kann einige Spritzer Tabasco hinzufügen.

Im Bild vorne: Karibische Möhren
Im Bild hinten:
Auberginen-Kürbis-Gemüse

Austernpilze mit Sellerie

Zutaten für 4 Personen:

500 g Austernpilze

2 Stangen Bleichsellerie

4 Frühlingszwiebeln

125 g Cherrytomaten

4 Eßl. kaltgepreßtes Olivenöl

4 Eßl. trockener Weißwein

Salz

weißer Pfeffer, frisch gemahlen

1–2 Teel. Balsamessig

1 Prise Zucker

Gelingt leicht
Raffiniert

Pro Portion etwa:
1200 kJ/290 kcal
3 g Eiweiß · 25 g Fett
4 g Kohlenhydrate

- Zubereitungszeit: etwa
  35 Minuten

1. Die Austernpilze mit einem Tuch abreiben. Die harten Stiele abschneiden. Die Pilze, je nach Größe, im Ganzen lassen, halbieren oder vierteln.

2. Den Bleichsellerie putzen, waschen und abtropfen lassen. Das Grün abschneiden, grob hacken und beiseite stellen. Die Stiele quer in etwa 2 cm dicke Scheiben schneiden.

3. Die Frühlingszwiebeln putzen und schräg in dünne Ringe schneiden. Die Cherrytomaten waschen, abtropfen lassen und quer halbieren.

4. Das Öl im Wok erhitzen. Die Pilze, den Bleichsellerie und die Frühlingszwiebeln hin-

eingeben und unter Rühren etwa 2 Minuten braten. Den Wein angießen und das Gemüse unter häufigem Wenden solange dünsten, bis die Flüssigkeit fast verdunstet ist. Erst dann mit Salz, Pfeffer, dem Essig und dem Zucker abschmecken.

5. Die Cherrytomaten zufügen und ganz kurz erwärmen. Das Gemüse mit dem Selleriegrün bestreuen. Als Beilage zu pochiertem Fisch oder hellem Fleisch oder als Einzelgericht in einem mehrgängigen Menü servieren.

Rosenkohl-Apfel-Gemüse

Zutaten für 4 Personen:

800 g Rosenkohl

75 g Butter

1/8 l Gemüsebrühe

500 g säuerliche Äpfel (z.B. Boskop)

1/2 Teel. geschroteter Koriander

1 Teel. geschälte Sesamsamen

6 Eßl. trockener Weißwein

Salz

weißer Pfeffer, frisch gemahlen

1 Prise Zucker

Raffiniert

Pro Portion etwa:
1500 kJ/360 kcal
18 g Eiweiß · 21 g Fett
21 g Kohlenhydrate

- Zubereitungszeit: etwa
  35 Minuten

1. Den Rosenkohl putzen, waschen, abtropfen lassen und

an den Stielenden über Kreuz einschneiden.

2. 30 g von der Butter im Wok erhitzen und den Rosenkohl unter Rühren 2–3 Minuten andünsten. Die Gemüsebrühe angießen und zugedeckt etwa 15 Minuten garen.

3. Die Äpfel schälen, vierteln, von Kerngehäusen, Blüten- und Stengelansätzen befreien und quer halbieren.

4. Den Rosenkohl mit der Garflüssigkeit aus dem Wok nehmen. Die restliche Butter im Wok erhitzen. Den Koriander und die Sesamsamen darin etwa 1 Minute rösten.

5. Die Äpfel zufügen und etwa 1 Minute andünsten, dabei häufig wenden. Mit dem Wein begießen und zugedeckt etwa 5 Minuten schmoren.

6. Den abgetropften Rosenkohl mit den Äpfeln mischen und unter Rühren in etwa 1 Minute heiß werden lassen, mit Salz, Pfeffer und dem Zucker abschmecken.

Im Bild hinten:
Austernpilze mit Sellerie
Im Bild vorne:
Rosenkohl-Apfel-Gemüse

Pellkartoffeln mit Sprossen-Quark

Zutaten für 4 Personen:
1 kg mehligkochende Kartoffeln
500 g Quark
150 g saure Sahne
100 g Sahne
1 Teel. scharfer Senf
2 Teel. Olivenöl, kaltgepreßt
Salz
weißer Pfeffer, frisch gemahlen
1 Bund Radieschen
100 g junge Möhren
je 75 g Kürbiskern- und
Kressesprossen (insgesamt
etwa 45 g Trockengewicht)
1 Bund Schnittlauch

Gelingt leicht

Pro Portion etwa:
2500 kJ/600 kcal
31 g Eiweiß · 32 g Fett
48 g Kohlenhydrate
9 g Ballaststoffe

• Zubereitungszeit: etwa
  40 Minuten

1. Die Kartoffeln gründlich waschen, dann mit wenig Wasser bei mittlerer Hitze in etwa 30 Minuten weich garen.

2. Inzwischen in einer Schüssel den Quark mit der sauren Sahne und der Sahne verrühren und mit dem Senf, dem Öl, Salz und Pfeffer würzen.

3. Die Radieschen waschen und in Stifte schneiden. Die Möhren schälen und fein raspeln. Die Sprossen kalt abspülen und abtropfen lassen. Den Schnittlauch in Röllchen schneiden.

4. Die Radieschen, die Möhren, die Sprossen und den Schnittlauch unter den Quark mischen. Den Quark zu den Pellkartoffeln servieren.

Gemüse mit Senfsprossen

Zutaten für 3 Personen:
1 Fenchelknolle
250 g Möhren
250 g grüne Bohnen
je 1 rote und gelbe Paprikaschote
1 Zwiebel
1 Knoblauchzehe
1 Stück frische Ingwerwurzel
(etwa 1 cm lang)
1 Eßl. Olivenöl, kaltgepreßt
1/8 l Gemüsebrühe
150 g Senfsprossen
(etwa 50 g Trockengewicht)
1/2 Teel. Kurkuma
1/2 Teel. gemahlener Kreuzkümmel
Salz
weißer Pfeffer, frisch gemahlen
200 g Crème fraîche
1 Bund Schnittlauch

Gelingt leicht

Pro Portion etwa:
1900 kJ/450 kcal
10 g Eiweiß · 35 g Fett
22 g Kohlenhydrate
12 g Ballaststoffe

• Zubereitungszeit: etwa
  40 Minuten

1. Den Fenchel putzen, waschen und in Streifen schneiden. Die Möhren schälen und in Stifte schneiden. Die Bohnen putzen, waschen und halbieren. Die Paprikaschoten waschen, putzen und in Streifen schneiden.

2. Die Zwiebel und den Knoblauch fein hacken. Den Ingwer schälen und fein hacken.

3. Das Öl erhitzen. Die Zwiebel, den Knoblauch und den Ingwer darin glasig dünsten. Den Fenchel, die Möhren und die Bohnen dazugeben und kurz mitbraten. Die Gemüsebrühe angießen. Das Gemüse zugedeckt bei mittlerer Hitze etwa 5 Minuten garen.

4. Inzwischen die Sprossen kalt abspülen und abtropfen lassen.

5. Die Paprikaschoten, die Sprossen, den Kurkuma und den Kreuzkümmel dazugeben. Mit Salz und Pfeffer würzen und zugedeckt in weiteren 5 Minuten bißfest garen. Die Crème fraîche untermischen.

6. Den Schnittlauch in Röllchen schneiden. Das Gemüse damit bestreut servieren.

Bild oben:
Pellkartoffeln mit Sprossen-Quark
Bild unten:
Gemüse mit Senfsprossen

Sprossen in Sahnesauce

Zutaten für 3–4 Personen:
400 g gemischte Sprossen (zum Beispiel Roggen, Linsen, Mungobohnen und Buchweizen; insgesamt etwa 130 g Trockengewicht)
50 g Alfalfasprossen (etwa 10 g Trockengewicht)
1 Knoblauchzehe
1 Schalotte
1 Eßl. Butter
200 g Sahne
Salz
weißer Pfeffer, frisch gemahlen
1 Teel. Zitronensaft
1 Bund Petersilie

Gelingt leicht

Bei 4 Personen pro Portion etwa:
1200 kJ/290 kcal
5 g Eiweiß · 21 g Fett
21 g Kohlenhydrate
5 g Ballaststoffe

• Zubereitungszeit: etwa 20 Minuten

1. Die gemischten Sprossen kalt abspülen, abtropfen lassen. Die Alfalfasprossen getrennt waschen und abtropfen lassen.

2. Den Knoblauch und die Schalotte fein hacken.

3. Die Butter in einem Topf erhitzen. Die Schalotte und den Knoblauch darin glasig dünsten. Die gemischten Sprossen hinzufügen und kurz anbraten.

4. Die Sahne angießen und alles offen bei mittlerer Hitze etwa 5 Minuten garen, bis die Sauce etwas eingekocht ist. Das Gericht dann mit Salz, Pfeffer und dem Zitronensaft abschmecken.

5. Die Petersilie waschen und kleinschneiden. Das Gemüse mit der Petersilie bestreuen und servieren. Das Gemüse schmeckt gut zu Kartoffelgerichten oder Getreidepflänzchen.

Gratinierte Sprossen mit Tomaten

Zutaten für 3–4 Personen:
150 g gemischte Sprossen (zum Beispiel Gerste, Buchweizen und Sesam; insgesamt etwa 75 g Trockengewicht)
400 g Tomaten
4 Frühlingszwiebeln
Salz
weißer Pfeffer, frisch gemahlen
150 g Sahne
150 g Mozzarella
50 g gekeimte Sonnenblumenkerne (etwa 25 g Trockengewicht)
1 Bund Basilikum

Gelingt leicht

Bei 4 Personen pro Portion etwa:
1600 kJ/380 kcal
16 g Eiweiß · 31 g Fett
9 g Kohlenhydrate
5 g Ballaststoffe

• Zubereitungszeit: etwa 45 Minuten

1. Die Sprossen in einem Sieb kalt abspülen und abtropfen lassen. Die Tomaten mit kochendem Wasser überbrühen, kurz darin ziehen lassen, kalt abschrecken und häuten. Die Tomaten in kleine Würfel schneiden, dabei die Stielansätze entfernen. Die Frühlingszwiebeln waschen, putzen und mit dem zarten Grün in feine Ringe schneiden.

2. Die Sprossen mit den Tomaten und den Frühlingszwiebeln in einer feuerfesten Form mischen und mit Salz und Pfeffer abschmecken. Die Sahne seitlich angießen. Den Mozzarella abtropfen lassen, in Scheiben schneiden und auf den Zutaten in der Form verteilen.

3. Die Form in den Backofen (Mitte) stellen. Den Ofen auf 220° schalten und das Gratin etwa 30 Minuten garen, bis der Käse zerlaufen und gebräunt ist.

4. Kurz vor Ende der Garzeit die gekeimten Sonnenblumenkerne in einem Sieb kalt abspülen und abtropfen lassen. Das Basilikum waschen, trockenschwenken, von den groben Stielen befreien und fein hakken.

5. Das Gratin mit den Sonnenblumenkernen und dem Basilikum bestreut servieren. Schmeckt gut zu Pellkartoffeln.

Im Bild oben:
Sprossen in Sahnesauce
Im Bild unten:
Gratinierte Sprossen mit Tomaten

Sprossen-gemüse provenzalisch

Welche Sprossen Sie für dieses Gericht verwenden, bleibt ganz Ihrem persönlichen Geschmack überlassen. So können Sie statt der angegebenen Sorten beispielsweise auch Linsen, Azukibohnen, Hafer und Buchweizen verwenden.

Zutaten für 4 Personen:
300 g Tomaten
2 junge Zucchini
1 kleine Aubergine
1 weiße Zwiebel
1 Knoblauchzehe
400 g gemischte Sprossen (zum Beispiel Kichererbsen, Mungobohnen, Roggen und Gerste; insgesamt etwa 150 g Trockengewicht)
3–4 Eßl. Olivenöl, kaltgepreßt
100 ccm Gemüsebrühe
einige Zweige frischer Salbei
Salz
weißer Pfeffer, frisch gemahlen
1 Prise Cayennepfeffer
50 g Kressesprossen
(etwa 10 g Trockengewicht)

Ohne tierisches Eiweiß
Gelingt leicht

Pro Portion etwa:
1300 kJ/310 kcal
13 g Eiweiß · 16 g Fett
27 g Kohlenhydrate
12 g Ballaststoffe

• Zubereitungszeit: etwa 45 Minuten

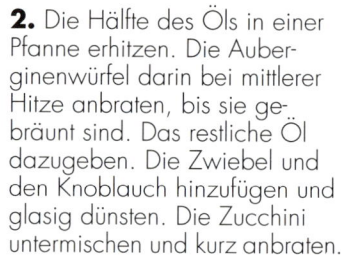

1. Die Tomaten häuten und in kleine Würfel schneiden, dabei die Stielansätze entfernen. Die Zucchini waschen, putzen und in Scheiben schneiden. Die Aubergine waschen, putzen und in kleine Würfel schneiden. Die Zwiebel in Ringe schneiden, den Knoblauch fein hacken. Die Sprossen kalt abspülen und gründlich abtropfen lassen.

2. Die Hälfte des Öls in einer Pfanne erhitzen. Die Auberginenwürfel darin bei mittlerer Hitze anbraten, bis sie gebräunt sind. Das restliche Öl dazugeben. Die Zwiebel und den Knoblauch hinzufügen und glasig dünsten. Die Zucchini untermischen und kurz anbraten.

3. Die Sprossen, die Tomaten und die Gemüsebrühe untermischen. Das Gemüse zugedeckt bei mittlerer Hitze etwa 5 Minuten garen, bis es bißfest ist. Inzwischen den Salbei waschen, trockentupfen und in feine Streifen schneiden.

4. Das Gemüse mit Salz, Pfeffer und dem Cayennepfeffer abschmecken. Den Salbei untermischen. Das Gemüse mit den Kressesprossen bestreut servieren.

Kichererbsen-sprossen mit Spinat

Spinat können Sie fast das ganze Jahr über frisch kaufen. Man unterscheidet den feineren Blattspinat, bei dem die einzelnen Blätter bei der Ernte über den Wurzeln abgeschnitten werden und den gröberen Wurzelspinat, bei dem die ganze Pflanze geerntet wird. Die Vorbereitung von Wurzelspinat macht mehr Arbeit, da zwischen den Blättern meist viel Erde sitzt.

Zutaten für 3 Personen:
300 g Spinat
1 Zwiebel
1 Knoblauchzehe
250 g Kichererbsensprossen
(etwa 125 g Trockengewicht)
1 Eßl. Butter
150 g Sahne
Salz
weißer Pfeffer, frisch gemahlen
1 Prise Muskatnuß, frisch gerieben
1 Bund Basilikum

Gelingt leicht

Pro Portion etwa:
1600 kJ/380 kcal
13 g Eiweiß · 23 g Fett
27 g Kohlenhydrate
8 g Ballaststoffe

- Zubereitungszeit: etwa 25 Minuten

1. Den Spinat verlesen und in stehendem kaltem Wasser gründlich waschen. Den Spinat dann abtropfen lassen und in feine Streifen schneiden. Die Zwiebel und den Knoblauch fein hacken. Die Kichererbsensprossen in einem Sieb kalt abspülen und gründlich abtropfen lassen.

2. Die Butter in einem Topf erhitzen. Die Zwiebel und den Knoblauch darin glasig dünsten. Den Spinat und die Kichererbsensprossen hinzufügen und kurz mitbraten.

3. Die Sahne angießen. Das Gemüse mit Salz, Pfeffer und dem Muskat abschmecken und zugedeckt bei mittlerer Hitze etwa 3 Minuten garen, bis der Spinat zusammengefallen ist.

4. Inzwischen das Basilikum waschen, trockenschwenken und die Blättchen von den Stielen zupfen. Die Blättchen in feine Streifen schneiden, das Gemüse damit bestreut servieren.

Sauerkraut mit Sprossen

Statt Sauerkraut können Sie auch frisches Weißkraut oder Spitzkohl verwenden.

Zutaten für 3 Personen:
1 Zwiebel
1 Knoblauchzehe
1 Eßl. Sonnenblumenöl
250 g Sauerkraut
1 Lorbeerblatt
100 g Weizensprossen
(etwa 40 g Trockengewicht)
150 g saure Sahne
Salz
weißer Pfeffer, frisch gemahlen
1/2 Teel. rosenscharfes Paprikapulver

Preiswert

Pro Portion etwa:
720 kJ/170 kcal
5 g Eiweiß · 11 g Fett
14 g Kohlenhydrate
4 g Ballaststoffe

• Zubereitungszeit: etwa
  30 Minuten

1. Die Zwiebel und den Knoblauch fein hacken.

2. Das Öl in einem Topf erhitzen. Die Zwiebel und den Knoblauch darin glasig dünsten. Das Sauerkraut mit einer Gabel etwas lockern, dann dazugeben und kurz andünsten.

3. Das Lorbeerblatt und etwa 2 Eßlöffel Wasser dazugeben und das Sauerkraut bei schwacher Hitze zugedeckt in etwa 15 Minuten bißfest garen. Dabei gegebenenfalls noch etwas Wasser angießen.

4. Inzwischen die Weizensprossen in einem Sieb kalt abspülen und gründlich abtropfen lassen.

5. Das Lorbeerblatt aus dem Sauerkraut entfernen. Die saure Sahne untermischen und das Kraut mit Salz, Pfeffer und dem Paprikapulver abschmecken.

6. Das Sauerkraut mit den Weizensprossen mischen und servieren. Das Sauerkraut schmeckt gut zu Schupfnudeln.

Lauch-Sprossen-Gemüse

Zutaten für 2 Personen:
400 g Lauch
150 g Erbsensprossen
(etwa 75 g Trockengewicht)
2 Eßl. Maiskeimöl
50 ccm Gemüsebrühe
1 Teel. Zitronensaft
Salz
weißer Pfeffer, frisch gemahlen
1 Bund Petersilie

Ohne tierisches Eiweiß
Preiswert

Pro Portion etwa:
960 kJ/230 kcal
7 g Eiweiß · 16 g Fett
14 g Kohlenhydrate
7 g Ballaststoffe

• Zubereitungszeit: etwa
  20 Minuten

1. Den Lauch putzen, gründlich waschen und mit dem zarten Grün in etwa 2 cm lange Stücke schneiden. Die Erbsensprossen in einem Sieb kalt abspülen und gründlich abtropfen lassen.

2. Das Öl in einer Pfanne erhitzen und die Lauchstücke darin unter Rühren anbraten. Die Erbsensprossen hinzufügen und kurz anbraten. Die Gemüsebrühe angießen.

3. Das Gemüse mit dem Zitronensaft, Salz und Pfeffer abschmecken und zugedeckt bei mittlerer Hitze etwa 5 Minuten garen, bis der Lauch bißfest ist.

4. Inzwischen die Petersilie waschen, trockenschwenken und ohne die groben Stiele fein hacken.

5. Das Sprossengemüse mit der Petersilie bestreut servieren. Es schmeckt gut zu Getreide- oder Tofupflänzchen.

Im Bild oben:
Sauerkraut mit Sprossen
Im Bild unten:
Lauch-Sprossen-Gemüse

Broccoli mit Kokossauce

Brokoli bumbu kelapa

Zutaten für 2–3 Personen:
500 g Broccoli
Salz
1 kleine Zwiebel
1 Knoblauchzehe
2 Eßl. Öl
100 g frisch geraspelte Kokosnuß
(ersatzweise fertige Kokosraspeln)
1/4 Teel. Sambal oelek
Saft von 1 Zitrone
1 Teel. Laospulver

Raffiniert

Bei 3 Portionen pro Portion etwa:
1027 kJ/240 kcal
7 g Eiweiß · 12 g Fett
28 g Kohlenhydrate

- Zubereitungszeit: etwa
  20 Minuten

1. Den Broccoli waschen und in mundgerechte Röschen teilen. Die Röschen in einen Topf geben, fingerbreit Wasser angießen und Salz hinzufügen. Den Broccoli in 10–15 Minuten zugedeckt bei mittlerer Hitze weich kochen.

2. Die Zwiebel schälen und in feine Würfel schneiden. Den Knoblauch schälen und zerdrücken. Das Öl in einer Pfanne erhitzen. Die Kokosraspeln, die Zwiebel, den Knoblauch und das Sambal oelek dazugeben und alles bei mittlerer Hitze braten, bis die Kokosnuß zu bräunen beginnt. 75 ml Wasser und den Zitronensaft

dazugießen. Alles mit dem Laospulver und Salz würzen.

3. Den Broccoli herausnehmen und abtropfen lassen. Mit der Kokossauce auf vier vorgewärmte Teller verteilen.

Tofu mit Süßkartoffeln

Sambal goreng tahu

Zutaten für 4 Personen:
450 g Tofu
500 g Süßkartoffeln (Batate; ersatzweise Kartoffeln)
1 kleine Tomate
1/2 Bund Frühlingszwiebeln
3 Knoblauchzehen
2 Eßl. Öl · 1/2 Teel. Sambal oelek
100 g geschälte Erdnußkerne
2 Eßl. Sojasauce
Saft von 1/2 Zitrone
2 Teel. Palmzucker
1 Teel. gemahlener Koriander
1/2 Teel. Laospulver
2 Eßl. süße Sojasauce (Kecap manis)
Zum Ausbacken: 750 ml raffinertes
Pflanzenöl

Läßt sich gut vorbereiten

Pro Portion etwa:
2600 kJ/620 kcal
17 g Eiweiß · 46 g Fett
35 g Kohlenhydrate

- Zubereitungszeit: etwa
  45 Minuten

1. Den Tofu trockentupfen und in etwa 1 cm große Würfel schneiden. Die Süßkartoffeln waschen, schälen und in etwa

1 cm große Würfel schneiden. Die Tomate waschen und in kleine Würfel schneiden, dabei den Stielansatz entfernen. Die Frühlingszwiebeln waschen, putzen und in Ringe schneiden. Den Knoblauch schälen und zerdrücken.

2. Zum Ausbacken das raffinierte Öl in einem hohen Topf oder in einer Friteuse erhitzen und darin den Tofu in 3–5 Minuten knusprig ausbacken. Vorsicht, Spritzgefahr! Den Tofu mit einem Schaumlöffel aus dem Öl nehmen und auf Küchenpapier abtropfen lassen. Inzwischen die Kartoffeln ausbacken, herausnehmen und ebenfalls abtropfen lassen.

3. Das Öl in einem Wok oder in einer Pfanne erhitzen. Die Frühlingszwiebeln, den Knoblauch, das Sambal oelek und die Erdnußkerne hineingeben und unter Rühren kurz bei mittlerer Hitze anbraten.

4. Die Tomate, die Sojasauce, den Zitronensaft und 50 ml Wasser dazugeben. Alles etwa 2 Minuten bei schwacher Hitze dünsten. Dann die Tofu- und Kartoffelwürfel unterheben. Alles mit dem Palmzucker, dem Koriander, dem Laospulver und der süßen Sojasauce würzen.

Im Bild vorne:
Tofu mit Süßkartoffeln
Im Bild hinten:
Broccoli mit Kokossauce

Gebackene Artischocken

Frittered Artichokes

Das Örtchen Castroville, nördlich von Monterey, gilt als Hauptstadt der Artischocken, und in der Region werden riesige Mengen des Gemüses verarbeitet. Das Distelgemüse haben Italiener nach Kalifornien gebracht, und es erfreut sich heute größter Beliebtheit. Es wird, wie in diesem Rezept, gerne fritiert, aber auch auf allerlei andere Arten zubereitet.

Zutaten für 4 Personen:

1 kleines Ei

2 Eßl. Olivenöl

*75 ml Weißwein oder Mineral-
wasser*

75 g Mehl

1/2–1 Teel. Salz

*2 Gläser Artischockenherzen (je
345 g Abtropfgewicht)*

Zum Ausbacken: neutrales Öl

Zum Garnieren: Zitronenspalten

Raffiniert

Pro Portion etwa:
1200 kJ/290 kcal
8 g Eiweiß · 13 g Fett
30 g Kohlenhydrate

• Zubereitungszeit: etwa 1 Stunde (davon 30 Minuten Ruhezeit)

1. In einer Schüssel das Ei mit dem Olivenöl verquirlen, dann den Wein oder das Mineralwasser, das Mehl und das Salz dazugeben. Alles mit einem Schneebesen zu einem glatten Teig verrühren und etwa 30 Minuten ruhen lassen.

2. Unmittelbar vor dem Zubereiten die Artischockenherzen abtropfen lassen, mit Küchenpapier trockentupfen und längs halbieren.

3. Reichlich Öl zum Ausbacken in einer Friteuse oder einem Topf auf 180° erhitzen. Wenn Sie einen hölzernen Kochlöffelstiel hineinhalten, müssen sofort kleine Bläschen nach oben steigen.

4. Nach und nach die Artischockenböden in den Teig tunken, in das heiße Fett geben und darin in etwa 3 Minuten goldbraun ausbacken. Mit einer Schaumkelle herausheben, auf Küchenpapier abtropfen lassen und bald mit Zitronenspalten garniert servieren.

Tip!

Dazu paßt eine mit Zitronensaft abgeschmeckte Mayonnaise, die nach Belieben mit saurer Sahne verrührt und dadurch etwas leichter gemacht wird.

Variante:
Tempura
Die Japaner brachten dieses Rezept mit nach Kalifornien. Für den Teig 1/4 l eiskaltes Wasser mit 125 g Mehl und 1/2 Teelöffel Salz glattrühren. Gemüse, etwa Broccoli, Zucchini und grüne Bohnen, putzen, mundgerecht zerteilen und in wenig Salzwasser sehr bißfest vorkochen. Später kurz in den Teig tauchen und in heißem Fett knusprig ausbacken. Wer mag, ergänzt das Essen durch geschälte Garnelen, die ebenfalls in Teig getaucht und ausgebacken werden.

Artischocken sind ein sehr beliebtes Gemüse in Kalifornien. In Teig gehüllt und ausgebacken ißt man sie besonders gerne.

Zucchini in Weißwein

Ein leichtes sommerliches Essen, zu dem mit Curry gewürzte Hirse besonders gut schmeckt.

Zutaten für 2 Personen:
500 g Zucchini
100 g Zwiebeln
3 Eßl. Olivenöl, kaltgepreßt
Meersalz
6 Eßl. trockener Weißwein
2 Knoblauchzehen
1 Eßl. Zitronensaft
1/2 Teel. getrockneter Oregano
3 Eßl. Kräuter (viel Basilikum, Thymian, Petersilie, wenig Rosmarin), frisch gehackt
Cayennepfeffer
50 g Parmesan

Raffiniert
Schnell

• Pro Portion etwa:
1600 kJ/380 kcal
14 g Eiweiß · 27 g Fett
11 g Kohlenhydrate
4 g Ballaststoffe

• Zubereitungszeit: etwa
30 Minuten

1. Die Zucchini waschen und in 1 cm breite Stäbchen schneiden. Große Zucchini eventuell schälen und das weiche Innere entfernen.

2. Die Zwiebeln vierteln und in Streifen schneiden. Das Öl in einer mittelgroßen Pfanne bei schwacher Hitze erhitzen und die Zwiebeln darin glasig dünsten. Die Zucchini dazugeben und unter Umwenden etwa 3 Minuten anbraten. Dann salzen, den Wein hinzugießen und das Gemüse zugedeckt bei schwacher Hitze in etwa 5 Minuten bißfest garen.

3. Die Knoblauchzehen fein hacken und mit dem Zitronensaft, dem Oregano und den frischen Kräutern unter die Zucchini rühren. Mit 1 Prise Cayennepfeffer würzen.

4. Mit dem Sparschäler dünne Späne vom Käse abziehen und über das Gemüse streuen. Dazu schmeckt Hirse.

Tip!

Wenn Sie keine frischen, gemischten Kräuter bekommen, können Sie die Zucchini auch mit 1 Teelöffel getrockneten Provence-Kräutern dünsten und zum Schluß frische Petersilie untermischen.

Paprikakraut

Zutaten für 2 Personen:
150 g Zwiebeln
20 g Butter
500 g Sauerkraut
7 Eßl. Sauerkrautsaft oder Wasser
150 g Äpfel
1 Teel. getrockneter Thymian
6 Eßl. süße Sahne
4 Eßl. saure Sahne
2 Teel. Delikateßpaprika
1/2–3/4 Teel. Rosenpaprika
eventuell Meersalz

Schnell
Gelingt leicht

• Pro Portion etwa:
1500 kJ/360 kcal
7 g Eiweiß · 28 g Fett
19 g Kohlenhydrate
9 g Ballaststoffe

• Zubereitungszeit: etwa
30 Minuten

1. Die Zwiebeln halbieren und in Streifen schneiden. Die Butter in einem mittelgroßen Topf bei schwacher Hitze erhitzen und die Zwiebeln darin unter Umwenden hellgelb braten.

2. Das Sauerkraut unter die Zwiebeln mischen. Den Sauerkrautsaft oder das Wasser dazugießen und das Gemüse 12–15 Minuten zugedeckt bei schwacher Hitze dünsten. Es soll dann noch knackig sein.

3. Inzwischen die Äpfel waschen, vierteln, entkernen und in Scheibchen schneiden. Dann mit dem Thymian unter das Kraut mischen. Das Gemüse noch etwa 5 Minuten garen. Die Äpfel dürfen nicht zerfallen.

4. Den Topf von der Kochstelle nehmen, die süße und die saure Sahne unter das Gemüse rühren. Das Kraut mit den beiden Paprikasorten würzen und eventuell leicht salzen. Dazu schmecken Kartoffelwürfel aus der Pfanne mit Thymian gewürzt und Schwarzwurzelfrischkost mit Feldsalat.

Im Bild oben: Zucchini in Weißwein
Im Bild unten: Paprikakraut

Gemüse satt

Es hat sich herumgesprochen, daß vegetarische Küche hervorragend schmeckt und zu jeder Jahreszeit viel kulinarische Abwechslung bietet. Probieren Sie aus, wie leicht sich Zutaten kombinieren lassen und daraus mit raffinierten Gewürzen Schlemmereien zum Sattessen werden.

Kohlrabi mit Sprossen

Zutaten für 2 Personen:
100 g Nacktgerste
500 g Kohlrabi
1 Gemüsebrühwürfel
50 g Haselnüsse
20 g Butter
80 g Crème fraîche
1/2 Teel. Delikata
Muskatnuß, frisch gerieben
weißer Pfeffer, frisch gemahlen
Meersalz
1 Handvoll Kerbel oder Petersilie

Gelingt leicht

Pro Portion etwa:
2600 kJ/620 kcal
15 g Eiweiß · 41 g Fett
44 g Kohlenhydrate
11 g Ballaststoffe

- Keimdauer: 3–4 Tage
- Zubereitungszeit: etwa
  25 Minuten

1. Die Gerste 3–4 Tage keimen lassen.

2. Die Kohlrabi putzen. Die zarten Blättchen beiseite legen. Die Knollen schälen und in 1 cm dicke Stäbchen schneiden.

3. 100 ccm Wasser mit dem Brühwürfel aufkochen. Das Gemüse darin in 3–5 Minuten bei schwacher Hitze zugedeckt bißfest garen.

4. Inzwischen die Sprossen abbrausen und abtropfen lassen. Dann mit den Nüssen im Blitzhacker mittelgrob hacken.

5. Die Butter, die Crème fraîche und die Sprossenmischung unter die Kohlrabi ziehen. Das Gemüse mit dem Delikata, Muskat, Pfeffer und Salz würzen. Vorsichtig auf Eßtemperatur erwärmen.

6. Die Kohlrabiblättchen und den Kerbel oder die Petersilie hacken und unter das Gemüse mischen.

Broccoli-Nudelpfanne

Zutaten für 4 Personen:
4 Eßl. Sonnenblumenkerne
800 g Broccoli
150 g Zwiebeln
2 Eßl. Olivenöl, kaltgepreßt
40 g Butter
4 Teel. gekörnte Gemüsebrühe
200 g kurze Vollkornmakkaroni
2–3 Knoblauchzehen
120 g Sahne
3/4 Teel. Delikata
Muskatnuß, frisch gerieben
schwarzer Pfeffer, frisch gemahlen
Meersalz
3 Eßl. Petersilie, frisch gehackt
100 g Parmesan oder Greyerzer, fein geraspelt

Gelingt leicht

Pro Portion etwa:
2500 kJ/600 kcal
26 g Eiweiß · 36 g Fett
41 g Kohlenhydrate
11 g Ballaststoffe

- Zubereitungszeit: etwa
  50 Minuten

1. Die Sonnenblumenkerne ohne Fett in einer Pfanne unter Wenden goldgelb rösten.

2. Den Broccoli waschen. Die Röschen und die Blätter abtrennen. 2 Handvoll zarte Blätter beiseite legen, die übrigen in breite Streifen schneiden. Die Röschen teilen. Die dicken Stiele schälen, schräg in 1 cm breite Streifen schneiden. Die Zwiebeln grob würfeln.

3. Das Öl und 20 g Butter in einer großen, tiefen Pfanne bei schwacher Hitze erhitzen. Die Zwiebeln darin goldgelb braten. Die Broccolistiele, die gekörnte Brühe und 200 ccm Wasser hinzufügen. Zugedeckt etwa 3 Minuten bei schwacher Hitze dünsten.

4. Gleichzeitig die Nudeln nach Packungsaufschrift kochen. Die Broccoliröschen und die Blätter zu den Stielen in die Pfanne geben und zugedeckt in etwa 3 Minuten bei schwacher Hitze bißfest garen.

5. Den Knoblauch in die Sahne pressen, mit dem Delikata, Muskat, Pfeffer und Salz würzen.

6. Die Nudeln abtropfen lassen und mit der restlichen Butter zum Gemüse geben. Von der Kochstelle nehmen. Die restlichen Broccoliblättchen in feine Streifen schneiden und mit der gewürzten Sahne, der Petersilie und dem Käse unter die Nudeln mischen. Die Sonnenblumenkerne darüber streuen.

Bild oben: Kohlrabi mit Sprossen
Bild unten: Broccoli-Nudelpfanne

Blumenkohl-gemüse mit Mungobohnen

Zutaten für 5 Personen:

350 g Tomaten

1 Blumenkohl

150 g Mungobohnensprossen

(etwa 45 g Trockengewicht)

1 Bund frischer Thymian

1 Eßl. Butter

125 g Crème fraîche

Salz

weißer Pfeffer, frisch gemahlen

1 Bund Schnittlauch

Preiswert

Pro Portion etwa:
860 kJ/200 kcal
8 g Eiweiß · 14 g Fett
12 g Kohlenhydrate
8 g Ballaststoffe

• Zubereitungszeit: etwa
40 Minuten

1. Die Tomaten häuten und würfeln, dabei die Stielansätze entfernen. Den Blumenkohl waschen und putzen, dann in die einzelnen Röschen teilen. Die Mungobohnensprossen in einem Sieb kalt abspülen und abtropfen lassen. Den Thymian waschen, trockenschwenken und die Blättchen von den Stielen streifen.

2. Die Butter in einem Topf erhitzen. Den Thymian darin anschwitzen. Die Blumenkohlröschen dazugeben und kurz anbraten. Die Tomaten und die Crème fraîche untermischen. Das Gemüse mit Salz und Pfeffer abschmecken und zuge-

deckt bei mittlerer Hitze etwa 10 Minuten garen, bis der Blumenkohl bißfest ist.

3. Die Mungobohnensprossen untermischen und alles weitere 3 Minuten garen.

4. Den Schnittlauch waschen und in feine Röllchen schneiden. Das Gemüse mit dem Schnittlauch bestreut servieren.

Hafersprossen mit Mangold

Mangold gibt es nicht immer zu kaufen. Wenn Sie keinen bekommen, nehmen Sie statt dessen Spinat.

Zutaten für 3 Personen:

400 g Mangold

2 Tomaten

1 Zwiebel

1 Knoblauchzehe

250 g Hafersprossen

(etwa 100 g Trockengewicht)

1 Eßl. Olivenöl, kaltgepreßt

100 g Sahne

Salz

weißer Pfeffer, frisch gemahlen

1 Bund Petersilie

Gelingt leicht

Pro Portion etwa:
1500 kJ/360 kcal
11 g Eiweiß · 19 g Fett
35 g Kohlenhydrate
9 g Ballaststoffe

• Zubereitungszeit: etwa
25 Minuten

1. Den Mangold waschen und abtropfen lassen. Die Blätter von den Stielen schneiden und grob hacken. Die Stiele in feine Streifen schneiden. Die Tomaten häuten und würfeln, dabei die Stielansätze entfernen. Die Zwiebel und den Knoblauch fein hacken. Die Hafersprossen in einem Sieb kalt abspülen und gründlich abtropfen lassen.

2. Das Öl in einem großen Topf erhitzen. Die Zwiebel und den Knoblauch darin glasig dünsten. Den Mangold hinzufügen und kurz mitbraten. Die Hafersprossen hinzufügen.

3. Die Sahne und die Tomaten untermischen, alles mit Salz und Pfeffer abschmecken und zugedeckt bei schwacher Hitze etwa 5 Minuten garen, bis die Mangoldstiele bißfest sind.

4. Inzwischen die Petersilie waschen, trockenschwenken und ohne die groben Stiele fein hacken.

5. Das Gemüse mit der Petersilie bestreut servieren.

Im Bild oben:
Blumenkohlgemüse mit Mungobohnen
Im Bild unten:
Hafersprossen mit Mangold

Paprika-Möhren-Gemüse

Zutaten für 2 Personen:
150 g Möhren
300 g grüne Paprikaschoten
100 g Zwiebeln
2 Eßl. Sonnenblumenöl,
kaltgepreßt
1/2 Eßl. gekörnte Gemüsebrühe
1 Teel. Thymianblättchen
1/2 Teel. getrockneter Oregano
1 Eßl. Petersilie, frisch gehackt
Kräutersalz
2–3 Eßl. Crème fraîche

Gelingt leicht

Pro Portion etwa:
1050 kJ/250 kcal
4 g Eiweiß · 20 g Fett
18 g Kohlenhydrate
7 g Ballaststoffe

- Zubereitungszeit: etwa
  35 Minuten

1. Die Möhren unter fließendem Wasser sauber bürsten. Die Paprikaschoten waschen, halbieren und entkernen. Beides in schmale Streifen schneiden. Die Zwiebeln würfeln.

2. Das Öl in einem Topf erhitzen. Die Zwiebeln darin andünsten. Das Gemüse, die gekörnte Brühe, den Thymian und etwa 60 ccm Wasser dazugeben und das Gemüse zugedeckt bei schwacher Hitze in 12–15 Minuten bißfest dünsten.

3. Das Gemüse mit dem Oregano, der Petersilie und Salz würzen und die Crème fraîche darunterziehen. Dazu schmeckt Naturreis oder Hirse, Erbsenpfannkuchen (Rezept Seite 48) oder pikanter Maisauflauf (Rezept Seite 34).

Wirsinggemüse

Zutaten für 2 Personen:
400 g Wirsing
50 g Zwiebeln
30 g Butter
1/4 Teel. Korianderkörner
1/4 Teel. Delikata
1/2 Eßl. gekörnte Gemüsebrühe
2 Teel. Thymianblättchen
2 Liebstöckelblätter, frisch gehackt
Meersalz
1 Eßl. Petersilie, frisch gehackt

Gelingt leicht

Pro Portion etwa:
760 kJ/180 kcal
6 g Eiweiß · 13 g Fett
10 g Kohlenhydrate
8 g Ballaststoffe

- Zubereitungszeit: etwa
  40 Minuten

1. Den Wirsing putzen und waschen. Den Strunk herausschneiden, zarte Teile raspeln und mitverwenden. Die Wirsingblätter in 2 cm breite Streifen schneiden.

2. Die Zwiebeln würfeln und in 15 g Butter andünsten. Den Koriander im Mörser oder mit dem Nudelholz zerdrücken, mit dem Delikata und dem Wirsing zu den Zwiebeln geben und unter Umwenden 1–2 Minuten anbraten.

3. 4 Eßlöffel Wasser, die gekörnte Brühe, den Thymian und den Liebstöckel zum Gemüse geben. Alles zugedeckt bei schwacher Hitze in etwa 15 Minuten bißfest dünsten. Zwischendurch einmal umrühren.

4. Die restlichen 15 g Butter unter das Gemüse ziehen, eventuell leicht salzen und mit der Petersilie bestreuen. Dazu schmecken alle einfachen Getreidegerichte, Nuß-Käse-Kartoffeln (Rezept Seite 52) oder Kartoffelpüree.

Im Bild vorne: Wirsinggemüse
Im Bild hinten:
Paprika-Möhren-Gemüse

Kürbistopf

Colache

Ein altes Rezept, das bereits die Rancher zu »Westernzeiten« zubereiteten.

Zutaten für 4 Personen:
1 große Zwiebel
500 g Kürbisfleisch (geputzt gewogen)
1 grüne Paprikaschote
300 g Tomaten
200 g grüne Bohnen
1 Maiskolben
2 rote Chilischoten
60 ml Olivenöl, kaltgepreßt
1 Knoblauchzehe
350 ml Gemüse- oder Hühnerbrühe
Salz
schwarzer Pfeffer, frisch gemahlen

Preiswert

Pro Portion etwa:
960 kJ/230 kcal
4 g Eiweiß · 16 g Fett
16 g Kohlenhydrate

- Zubereitungszeit: etwa 45 Minuten

1. Die Zwiebel schälen und klein würfeln. Das Kürbisfleisch in etwa 2 cm große Würfel schneiden. Die Paprikaschote halbieren, von Stielansatz, Kernen und Trennhäutchen befreien, waschen und würfeln.

2. Die Tomaten einritzen, überbrühen, häuten und würfeln. Die Bohnen waschen, putzen und kleinschneiden. Den Mais waschen, die Kerne mit einem scharfen Messer vom harten Kolben abschneiden. Die Chilischoten aufschlitzen, entkernen, waschen und hacken.

3. Das Olivenöl in einem großen Topf leicht erwärmen, die Zwiebel darin glasig werden lassen. Den Knoblauch schälen und dazupressen.

4. Das Kürbisfleisch in den Topf geben und unter Rühren bei schwacher Hitze etwa 5 Minuten anschwitzen. Das übrige vorbereitete Gemüse dazugeben und gut unterrühren, dann die Brühe angießen. Alles mit Salz und Pfeffer würzen und zugedeckt bei schwacher Hitze etwa 10 Minuten köcheln lassen.

Sahnebohnen mit Petersilie

Beans with Cream and Parsley

Zutaten für 4 Personen:
600 g grüne Bohnen · Salz
1 Eßl. Butter
1 kleine Knoblauchzehe
2 Teel. Mehl · 200 g Sahne
1 Bund glatte Petersilie
1–2 Teel. Zitronensaft
weißer Pfeffer, frisch gemahlen

Gelingt leicht

Pro Portion etwa:
1100 kJ/260 kcal
5 g Eiweiß · 19 g Fett
12 g Kohlenhydrate

- Zubereitungszeit: etwa 40 Minuten

1. Die Bohnen waschen und putzen, eventuell etwas kleiner schneiden. Wenig Wasser in einem breiten Topf aufkochen lassen, etwas Salz und die Bohnen hineingeben. Die Bohnen zugedeckt bei mittlerer Hitze in 10–15 Minuten gar kochen.

2. Inzwischen in einem Topf die Butter schmelzen lassen. Den Knoblauch schälen und dazupressen. Das Mehl dazustreuen und unter Rühren bei schwacher Hitze goldgelb werden lassen. Nach und nach die Sahne darunterrühren.

3. Die Petersilie waschen, hacken und unter die Sahnesauce rühren. Die Sauce mit Zitronensaft, Salz und Pfeffer abschmecken.

4. Die Bohnen gut abtropfen lassen und in der Sahnesauce wenden, sofort servieren.

Im Bild vorne:
Sahnebohnen mit Petersilie
Im Bild hinten: Kürbistopf

Lauch mit Haselnüssen

Zutaten für 2 Personen:
500 g Lauch
1 Eßl. Sonnenblumenöl, kaltgepreßt
3/4 Eßl. gekörnte Gemüsebrühe
70 g Haselnüsse, grobgehackt
20 g Butter
1/4 – 1/2 Teel. Delikata
1/2 Teel. getrockneter Majoran
2 Eßl. Petersilie, frisch gehackt

Schnell

Pro Portion etwa:
1700 kJ/400 kcal
10 g Eiweiß · 36 g Fett
13 g Kohlenhydrate
8 g Ballaststoffe

- Zubereitungszeit: etwa 25 Minuten

1. Den Lauch putzen, längs einschneiden und gründlich waschen. Dann in 2 cm breite Streifen schneiden. Auch das zarte Grün mitverwenden.

2. Das Öl mit 4 Eßlöffeln Wasser in einem breiten Topf erhitzen. Den Lauch und die gekörnte Brühe dazugeben. Den Lauch zugedeckt bei mittlerer Hitze in 8–10 Minuten bißfest dünsten.

3. Inzwischen die Nüsse in der Butter bei mittlerer Hitze kurz rösten, dann unter den Lauch mischen. Das Gemüse mit dem Delikata und dem Majoran würzen. Die Petersilie darüber streuen. Dazu schmecken alle Getreidearten, Nuß-Käse-Kartoffeln (Rezept Seite 52) und Kartoffelpüree.

Variante:
Sehr gut schmeckt der Lauch, wenn Sie die Butter und die Nüsse weglassen, dafür 4 Eßlöffel Crème fraîche unter das Gemüse rühren.

Fenchel auf italienische Art

Zutaten für 2 Personen:
2 kleine Fenchelknollen
1 grüne Paprikaschote
2 Eßl. Olivenöl, kaltgepreßt
60 ccm Gemüsebrühe
4 Rosmarinnadeln, frisch gehackt
1 Teel. Thymianblättchen
½ Teel. getrockneter Oregano
Meersalz
2 reife, feste Tomaten
1 Knoblauchzehe
1 Eßl. Pinienkerne

Gelingt leicht

Pro Portion etwa:
890 kJ/210 kcal
6 g Eiweiß · 14 g Fett
16 g Kohlenhydrate
8 g Ballaststoffe

- Zubereitungszeit: etwa 35 Minuten

1. Von den Fenchelknollen die Stiele und den Wurzelansatz abschneiden, das Fenchelgrün beiseite legen. Die Knollen waschen, gegebenfalls von harten Fäden auf der Oberseite befreien und vierteln. Die Paprikaschote waschen, von den Kernen und dem Stiel befreien und in Stücke schneiden.

2. Das Öl in einem Topf erhitzen. Den Fenchel und die Paprikawürfel darin anbraten. Mit der Gemüsebrühe auffüllen und mit den Kräutern und Salz würzen. Den Topf zudecken und das Gemüse bei schwacher Hitze in 12–15 Minuten bißfest dünsten.

3. Inzwischen die Tomaten waschen und achteln, dabei die Stielansätze ausschneiden, unter das Gemüse heben und den Knoblauch dazupressen. Noch etwa 5 Minuten ziehen lassen.

4. Inzwischen die Pinienkerne bei mittlerer Hitze in einer trockenen Pfanne unter Rühren anrösten. Das Gemüse mit den Pinienkernen und dem abgezupften Fenchelgrün bestreuen. Dazu schmeckt Naturreis, Polenta, Hirse oder Kartoffeln.

Tip!

Servieren Sie das Fenchelgemüse doch mal lauwarm als Vorspeise oder auf einem kalten Buffet mit Fladenbrötchen!

Im Bild vorne:
Fenchel auf italienische Art
Im Bild hinten:
Lauch mit Haselnüssen

Rosenkohl mit Hirseguß

Wenn Sie den Rosenkohl in einer Servierpfanne zubereiten, ersparen Sie sich das Umfüllen in eine Auflaufform.

Zutaten für 2 Personen:
1 Eßl. gekörnte Gemüsebrühe
120 g Hirse
400 g Rosenkohl
50 g Zwiebeln
25 g Butter
Meersalz
2 Eßl. Kräuter (Petersilie und
2 Liebstöckelblätter), frisch gehackt
Muskatnuß, frisch gerieben
1 großes Ei
6–7 Eßl. Sahne (etwa 80 g)
1 Knoblauchzehe
1/2 Teel. Schabzigerklee
1/4 Teel. Delikata
40 g mittelalter Gouda, grob
geraspelt
1/2 Teel. Sesamsamen
1/2 Bund Schnittlauch

Schnell

Pro Portion etwa:
2900 kJ/690 kcal
26 g Eiweiß · 42 g Fett
52 g Kohlenhydrate
11 g Ballaststoffe

• Zubereitungszeit: etwa
  45 Minuten

Tip!

Ein Drittel des Rosenkohls können Sie auch durch geraspelte Möhren ersetzen, oder Broccoli statt Rosenkohl nehmen.

1. 1/4 l Wasser mit der gekörnten Brühe aufkochen. Inzwischen die Hirse in einem Sieb heiß waschen, dann in die kochende Brühe schütten. Etwa 5 Minuten bei schwacher Hitze kochen und anschließend 10–15 Minuten auf der ausgeschalteten Kochstelle ausquellen lassen.

2. Den Rosenkohl putzen. Den Strunk einschneiden, große Röschen halbieren. Die Zwiebeln würfeln und in 15 g Butter andünsten. Den Kohl und 2 Eßlöffel Wasser hinzufügen, salzen und in 5–8 Minuten zugedeckt bißfest garen. Die Hälfte der Kräuter und die restliche Butter unterziehen. Mit Muskat würzen.

3. Den Backofen auf 200° vorheizen. Das Ei, die Sahne, den durchgepreßten Knoblauch, die Gewürze und die restlichen Kräuter verquirlen. Die Eimischung unter die Hirse rühren. Die Hirse auf dem Rosenkohl verteilen. Den Käse und den Sesam darüber streuen.

4. Die Pfanne etwa 10 Minuten in den Backofen (oben) schieben, bis der Käse goldgelb ist. Oder das Gericht auf der Kochstelle bei schwacher Hitze etwa 10 Minuten ziehen lassen. Den Schnittlauch in 1 cm lange Röllchen schneiden und über die Hirse streuen. Dazu schmeckt Endivien- oder Chicoréesalat.

Gemüseragout mit Kartoffel- kruste

Ohne Kartoffelkruste ist das bunte Gemüseragout auch eine feine Beilage zu Getreidebrat- lingen und -aufläufen, zu wei- ßen Bohnen oder Linsen.

Zutaten für 2 Personen:
350–400 g mehligkochende Kartoffeln
100 g Möhren
1 grüne Paprikaschote (etwa 100 g)
100 g Lauch
200 g Chinakohl oder Blumenkohl
150 g Champignons
3 Teel. Steinpilzbrühe
1 Eßl. Sonnenblumenöl, kaltgepreßt
1 Eigelb
3 Eßl. Sahne
25 g Bergkäse, frisch gerieben
4–5 Eßl. Milch
Muskatnuß, frisch gerieben
Meersalz
1 Teel. getrockneter Majoran
2 Eßl. Petersilie, frisch gehackt
2 Eßl. Crème fraîche
schwarzer Pfeffer, frisch gemahlen

Gelingt leicht

Pro Portion etwa:
2100 kJ/500 kcal
16 g Eiweiß · 32 g Fett
37 g Kohlenhydrate
10 g Ballaststoffe

● Zubereitungszeit: etwa 50 Minuten

1. Die Kartoffeln in wenig Wasser weich kochen. Das Gemüse waschen. Die Möhren in 1–2 mm dicke Scheiben, die Paprikaschote in 1 cm große Quadrate, den Lauch und den Chinakohl in 2 cm breite Strei- fen oder den Blumenkohl in kleine Röschen teilen. Die Pilze mit Küchenkrepp säubern und in dicke Scheiben schneiden.

2. Die Steinpilzbrühe mit 3 Eß- löffeln Wasser und dem Öl in einem Topf verrühren. Die Möh- ren, den Paprika und den Lauch und eventuell den Blu- menkohl darin etwa 5 Minuten dünsten. Den Chinakohl hinzu- fügen und weitere 3 Minuten garen. Die Champignons unter- mischen, noch etwa 2 Minuten köcheln lassen.

3. Die Kartoffeln schälen und durchpressen. Das Eigelb, die Sahne, den Käse und so viel Milch unterrühren, daß sich die Masse gut spritzen läßt. Mit Muskat und Salz abschmecken. Den Majoran, die Petersilie und die Crème fraîche unter das Gemüse rühren, mit Pfeffer und Salz würzen. Das Gemüse in eine flache Auflaufform geben.

4. Die Kartoffelmasse in einen Spritzbeutel mit großer Stern- tülle füllen und dekorativ auf das Gemüse spritzen. Dann un- ter dem Grill in 4–5 Minuten leicht bräunen lassen.

Gemüsecurry mit Mandeln

Zutaten für 4 Personen:

50 g Mandeln

600 g Weißkohl

250 g reife, aromatische Tomaten

250 g grüne Paprikaschoten

150 g Zwiebeln

4 Eßl. Sonnenblumenöl, kaltgepreßt

2 Teel. Currypulver

200 g säuerliche Äpfel

4 Eßl. saure Sahne

2 Prisen Cayennepfeffer

2 Teel. abgeriebene unbehandelte Zitronenschale

4 Teel. Zitronensaft

Meersalz

Gelingt leicht

Pro Portion etwa:
1200 kJ/290 kcal
6 g Eiweiß · 22 g Fett
17 g Kohlenhydrate
8 g Ballaststoffe

- Zubereitungszeit: etwa 50 Minuten

1. Die Mandeln kurz in kochendes Wasser legen, dann häuten und ohne Fett in einer Pfanne unter Rühren hellgelb rösten.

2. Sämtliches Gemüse waschen und putzen. Den Kohlkopf vierteln und den Strunk keilförmig herausschneiden. Den Kohl in etwa 1 cm breite Streifen schneiden. Die Tomaten würfeln, dabei den Stengelansatz entfernen. Die Paprikaschoten vierteln und entkernen; die Viertel zuerst längs in 1 cm breite Streifen, dann schräg in Rauten schneiden.

3. Die Zwiebeln grob würfeln und in dem Öl glasig dünsten. Den Kohl dazugeben und unter Umwenden 2–3 Minuten anbraten. Zuletzt den Curry einige Sekunden mitrösten.

4. Die Paprikarauten und 2 Eßlöffel Wasser hinzufügen. Zugedeckt bei mittlerer Hitze etwa 10 Minuten garen, bis das Gemüse knapp weich ist.

5. Die Äpfel vierteln, entkernen, in Scheibchen schneiden und mit den Tomaten unter das Gemüse mischen. Alles noch etwa 3 Minuten bei schwacher Hitze ziehen lassen.

6. Den Topf von der Kochstelle nehmen. Die saure Sahne und die Mandeln unter das Gemüse heben und mit dem Cayennepfeffer, der Zitronenschale, dem Zitronensaft und Salz würzen. Dazu schmecken Pellkartoffeln oder Getreideschnitten.

Gurken in Kerbelsahne

Zutaten für 4 Personen:

1 kg Gemüsegurken

140 g Zwiebeln

40 g Butter

4 Eßl. süße Sahne

8 Eßl. saure Sahne (etwa 120 g)

1 Knoblauchzehe

1 Teel. Delikata

weißer Pfeffer, frisch gemahlen

2 Teel. gekörnte Gemüsebrühe

50 g Kerbel

Meersalz

Gelingt leicht

Pro Portion etwa:
840 kJ/200 kcal
4 g Eiweiß · 17 g Fett
9 g Kohlenhydrate
3 g Ballaststoffe

- Zubereitungszeit: etwa 40 Minuten

1. Die Gurken waschen, schälen und längs vierteln. Die Kerne mit einem Küchenmesser entfernen. Das Gurkenfleisch schräg in 2 cm dicke Stücke schneiden.

2. Die Zwiebeln würfeln und in 20 g Butter goldgelb braten. Die Gurken dazugeben und zugedeckt bei schwacher Hitze in 8–10 Minuten bißfest dünsten. Dann die Kochstelle ausschalten.

3. Inzwischen die süße und die saure Sahne mischen. Den Knoblauch dazupressen. Mit dem Delikata und 1 Prise Pfeffer verquirlen.

4. Die gekörnte Brühe und die restlichen 20 g Butter zu den Gurken geben. Die Sahnemischung vorsichtig unterheben.

5. Den Kerbel waschen, trockenschütteln und ohne die groben Stiele fein hacken. Den Kerbel unter das Gemüse mischen und mit Salz abschmecken. Dazu schmecken Buchweizenklöße oder Buchweizen- oder Gerstenschrotauflauf.

Im Bild oben:
Gemüsecurry mit Mandeln
Im Bild unten:
Gurken in Kerbelsahne

Mangold mit Crème fraîche

Zutaten für 2 Personen:
400 g Mangold
1 mittelgroße Zwiebel
1 Knoblauchzehe
2 Teel. Butter
1/2 Eßl. gekörnte Gemüsebrühe
3–4 Eßl. Crème fraîche
2 Eßl. Petersilie, frisch gehackt
Muskatnuß, frisch gerieben
Meersalz

Gelingt leicht

Pro Portion etwa:
1100 kJ/260 kcal
6 g Eiweiß · 21 g Fett
11 g Kohlenhydrate
6 g Ballaststoffe

● Zubereitungszeit: etwa
  35 Minuten

1. Die Mangoldblätter von den Stielen trennen, beides waschen. Die Stiele in etwa 2 cm breite Streifen schneiden; breite Stiele vorher längs halbieren. Die Blätter 1–2mal längs teilen, dann quer in 2 cm breite Streifen schneiden.

2. Die Zwiebel würfeln, den Knoblauch fein hacken. Beides in der Butter glasig dünsten. Die Mangoldstiele, 2 Eßlöffel Wasser und die gekörnte Brühe dazugeben. Zugedeckt etwa 3 Minuten bei mittlerer Hitze dünsten.

3. Die Mangoldblätter hinzufügen und 8–10 Minuten mitgaren; zwischendurch einmal umrühren.

4. Den Topf von der Kochstelle nehmen. Die Crème fraîche und die Petersilie unter das Gemüse rühren. Mit Muskat und Salz abschmecken. Dazu schmecken Zwiebel-Nuß-Reis (Rezept Seite 36), Grünkernbratlinge (Rezept Seite 34) oder Kartoffeln.

Kohlrabiragout mit Curryhafer

Zutaten für 2 Personen:
150 g Nackthafer
2 Teel. gekörnte Gemüsebrühe
3/4 Teel. Currypulver
400 g Kohlrabi
125 g Frühlingszwiebeln
15 g Butter
1 1/2 Eßl. Haselnüsse
1 1/2 Eßl. Sonnenblumenkerne
7 Eßl. Sahne
1 Eßl. Petersilie, frisch gehackt
Meersalz

Gelingt leicht

Pro Portion etwa:
2700 kJ/640 kcal
19 g Eiweiß · 36 g Fett
60 g Kohlenhydrate
10 g Ballaststoffe

● Quellzeit: 6–10 Stunden
● Zubereitungszeit: etwa
  40 Minuten

1. Den Hafer kalt abbrausen, dann in 1/4 l Wasser 6–10 Stunden oder über Nacht einweichen. Den Hafer zugedeckt etwa 10 Minuten bei schwacher Hitze kochen. 1 Teelöffel gekörnte Brühe und den Curry unterrühren und den Hafer 10–15 Minuten ausquellen lassen.

2. Inzwischen die Kohlrabi schälen und in 1 cm dicke Stifte schneiden. Die Frühlingszwiebeln schräg in 1 cm breite Ringe schneiden, das obere Drittel beiseite legen.

3. Die Butter mit 4 Eßlöffeln Wasser und der restlichen gekörnten Brühe erhitzen. Das Gemüse hinzufügen, zudecken und bei mittlerer Hitze in etwa 10 Minuten bißfest dünsten.

4. Inzwischen die Nüsse grob hacken und mit den Sonnenblumenkernen in einer Pfanne bei mittlerer Hitze unter Rühren goldgelb rösten.

5. Den Hafer, die Nußmischung, die Sahne und die Petersilie unter das Gemüse mischen, mit wenig Salz abschmecken. Das Zwiebelgrün in Röllchen schneiden und darüber streuen. Dazu schmeckt Eissalat mit Tomaten und Zucchini.

Bild oben:
Mangold mit Crème fraîche
Bild unten:
Kohlrabiragout mit Curryhafer

Stauden-sellerie in Currysauce

Zutaten für 2 Personen:
25 g Mandeln
400 g Staudensellerie
1/2 Gemüsebrühwürfel
2 Eßl. feines Weizenvollkornmehl
100 g Doppelrahm-Frischkäse
1 1/2 Teel. Currypulver
3/4 Teel. abgeriebene unbehandelte
Zitronenschale
1–1 1/2 Eßl. Zitronensaft

Preiswert
Gelingt leicht

Pro Portion etwa:
1200 kJ/290 kcal
11 g Eiweiß · 23 g Fett
9 g Kohlenhydrate
9 g Ballaststoffe

• Zubereitungszeit: etwa
  40 Minuten

1. Die Mandeln in Stifte schneiden und in einer Pfanne ohne Fett unter Umwenden hellgelb rösten.

2. Die Selleriestangen waschen. Wenn nötig, die harten Fäden auf der Außenseite abziehen, die Blättchen beiseite legen. Die Selleriestangen zuerst längs, dann quer halbieren.

3. 200 ccm Wasser mit dem Brühwürfel aufkochen. Den Sellerie darin zugedeckt bei schwacher Hitze in etwa 10 Minuten bißfest garen. Die Brühe absieben. Den Sellerie warm stellen.

4. Das Mehl mit dem Schneebesen kräftig in die Brühe rühren. Unter Umrühren aufkochen und auf der ausgeschalteten Kochstelle etwa 3 Minuten ziehen lassen. Den zerkleinerten Frischkäse, den Curry und die Zitronenschale mit dem Schneebesen in die Sauce rühren. Mit dem Zitronensaft würzen.

5. Die Sauce und die Mandelstifte (bis auf 1/2 Eßlöffel) unter den Sellerie heben. Die Sellerieblättchen in Streifen schneiden und mit den restlichen Mandeln über das Gemüse streuen. Dazu schmecken Pellkartoffeln, Reis oder Hirse.

Frühlings-gemüse mit Kräutersauce

Zutaten für 2 Personen:
200 g Zuckererbsen/Zuckerschoten
125 g Möhren
125 g Kohlrabi
1/2 Teel. gekörnte Gemüsebrühe
Meersalz
15 g Butter
100 g Doppelrahm-Frischkäse
4 Eßl. Joghurt
2 Eßl. Sahne
1 Teel. Zitronensaft
je 4 Stengel Basilikum und Petersilie

Gelingt leicht

Pro Portion etwa:
1500 kJ/360 kcal
12 g Eiweiß · 27 g Fett
14 g Kohlenhydrate
7 g Ballaststoffe

• Zubereitungszeit: etwa
  40 Minuten

1. Die Zuckererbsen waschen und von den Fäden befreien. Die Möhren unter fließendem Wasser sauber bürsten und in dünne Scheiben schneiden. Den Kohlrabi waschen und putzen, die zarten Blättchen beiseite legen. Dann schälen und in 1/2 cm dicke Stäbchen schneiden.

2. 6 Eßlöffel Wasser mit der gekörnten Brühe, 1 Prise Salz und der Butter in einem breiten Topf aufkochen. Das Gemüse untermischen und zugedeckt bei schwacher Hitze in etwa 12 Minuten bißfest garen.

3. Den Frischkäse zerteilen und in einem kleinen Topf bei schwacher Hitze erwärmen. Die Kochbrühe vom Gemüse, den Joghurt, die Sahne und den Zitronensaft dazugeben. Mit dem Schneebesen zu einer glatten Sauce schlagen.

4. Die Kohlrabiblättchen, das Basilikum und die Petersilie ohne die groben Stiele fein hacken. Die Kräuter unter die Sauce rühren und abschmecken. Dazu passen neue Kartoffeln.

Im Bild oben:
Staudensellerie in Currysauce
Im Bild unten:
Frühlingsgemüse mit Kräutersauce

Ananascurry mit Kichererbsensprossen

Zutaten für 4 Personen:

1 Ananas (etwa 1200 g)
1 frische grüne Pfefferschote
1 unbehandelte Zitrone
1 Teel. Bockshornkleesamen
1 Teel. Kurkuma
1/2 Teel. gemahlener Kreuzkümmel
1/2 Teel. gemahlener Koriander
1/4 Teel. Zimtpulver
Salz
1 Eßl. Sonnenblumenöl
1 Bund Frühlingszwiebeln
200 g Kichererbsensprossen
(etwa 100 g Trockengewicht)
1 Bund Schnittlauch
50 g Kressesprossen
(etwa 10 g Trockengewicht)
250 g saure Sahne

Raffiniert • Schnell

Pro Portion etwa:
1600 kJ/380 kcal
9 g Eiweiß · 12 g Fett
21 g Kohlenhydrate
10 g Ballaststoffe

• Zubereitungszeit: etwa
  30 Minuten

1. Die Ananas in Scheiben schneiden. Die Scheiben schälen, dabei auch die »Augen« gründlich herauslösen. Die Ananas in mundgerechte Stücke schneiden. Den härteren Strunk in der Mitte dabei mitverwenden.

2. Die Pfefferschote vom Stielansatz befreien und längs halbieren. Die Kerne gründlich entfernen und die Schotenhälften kalt abspülen. Dann in Streifen schneiden. Die Zitrone heiß waschen und ein Stück Schale abschneiden. Die Schale fein hacken. Die Zitrone dann auspressen.

3. Alle Gewürze mit Salz in einem kleinen Schälchen mischen.

4. Das Öl in einem größeren Topf erhitzen. Die Gewürze und die Pfefferschote darin unter Rühren anrösten. Die Ananas, die Zitronenschale und den -saft dazugeben und alles bei mittlerer Hitze zugedeckt etwa 10 Minuten schmoren.

5. Inzwischen die Frühlingszwiebeln putzen, gründlich waschen und mit dem zarten Grün in feine Ringe schneiden. Die Kichererbsensprossen in einem Sieb kalt abspülen und gründlich abtropfen lassen.

6. Den Schnittlauch waschen und in feine Röllchen schneiden. Die Kressesprossen in einem Sieb kalt abspülen und abtropfen lassen. Die saure Sahne mit einem Schneebesen cremig schlagen, dann mit dem Schnittlauch und der Kresse mischen und mit Salz würzen.

7. Die Kichererbsensprossen und die Frühlingszwiebeln unter das Ananascurry mischen und alles zugedeckt weitere 3 Minuten garen.

8. Das Ananascurry eventuell noch etwas nachwürzen, dann in einer vorgewärmten Schüssel servieren. Die saure Sahne getrennt dazu reichen. Dazu paßt außerdem Fladenbrot oder Vollkornbaguette.

Tip!

Pfefferschoten, auch Peperoncini oder Gewürzpaprika genannt, sind wohl die schärfsten Früchte. Die Schärfe bekommen die Schoten durch Capsaicin, das vor allem in den Samen (Kernen) sitzt. Deshalb sollten Sie die Kerne auch immer gründlich entfernen, die Gerichte werden sonst für den europäischen Gaumen nahezu ungenießbar. Um festzustellen, ob die Schoten sehr oder weniger scharf sind, gibt es eine Faustregel: Je kleiner die Schoten, desto schärfer sind sie. Allerdings gibt es auch von dieser Regel Abweichungen. Ich hatte kürzlich einmal eine sehr große Pfefferschote, die ausgesprochen scharf war. Wenn Sie also empfindlich auf Scharfes reagieren, in jedem Fall vorsichtig dosieren!

Grünes Gemüsecurry

Zutaten für 4–6 Personen:

250 g ganz zarte grüne Bohnen
(Kenia- oder Prinzeßbohnen)

250 g Zuckerschoten

2 grüne Paprikaschoten

4 spitze gelbe Paprikaschoten

1 grüne Pfefferschote

1 Bund Frühlingszwiebeln

4 junge Möhren

3 Knoblauchzehen

1 Stück frische Ingwerwurzel
(etwa 3 cm)

5 Eßl. Erdnuß- oder Sojaöl

1 Teel. helle Senfkörner

1 Teel. geschroteter Koriander

100 g Kokosflocken

1/4 l Gemüsebrühe

Salz

1 Teel. Zucker

150 g Sahnejoghurt

1–2 Eßl. Currypulver

Braucht etwas Zeit

Bei 6 Personen pro Portion etwa:
1700 kJ/400 kcal
15 g Eiweiß · 28 g Fett
26 g Kohlenhydrate

- Zubereitungszeit: etwa
  45 Minuten

1. Die Bohnen und die Zuckerschoten abfädeln, waschen und abtropfen lassen. Prinzeßbohnen einmal brechen.

2. Die grünen Paprikaschoten an den Nahtstellen aufschneiden, von Stengelansätzen und Samensträngen befreien. Die gelben Paprikaschoten und die Pfefferschote längs halbieren, die Stengelansätze abschneiden, die Samenstränge und die Kerne sorgfältig entfernen.

3. Alles abspülen und gründlich abtropfen lassen. Grüne und gelbe Paprika in feine Streifen schneiden, die Pfefferschote sehr fein würfeln.

4. Die Frühlingszwiebeln putzen, die weißen Knollen fein würfeln, die grünen Teile schräg in dünne Ringe schneiden. Die Möhren schälen oder schaben und sehr fein würfeln. Die Knoblauchzehen und den Ingwer schälen und hacken.

5. Das Öl im Wok erhitzen. Den Ingwer und den Knoblauch mit den Senfkörnern und dem Koriander hineingeben und unter Rühren bei nicht zu starker Hitze rösten, bis der Knoblauch glasig ist. Er darf nicht braun werden, dann wird er bitter.

6. Mit den Bohnen beginnend das Gemüse portionsweise ins Öl geben und jeweils etwa 30 Sekunden andünsten, dann zur Seite schieben und die nächste Portion in den Wok geben. Wenn alles Gemüse verbraucht ist, die Kokosflocken

unterrühren und das Gemüse mit der Gemüsebrühe ablöschen.

7. Das Gemüse unter häufigem Wenden 6–8 Minuten garen. Es soll auf jeden Fall noch Biß haben. Erst jetzt mit Salz und dem Zucker würzen. Den Wok vom Herd nehmen und den Joghurt unter das Gemüse rühren. Das fertige Gericht kräftig mit dem Curry abschmekken. Dazu schmeckt Reis.

Ganz in Grün sieht dieses Gemüsecurry nicht nur schön aus, es schmeckt auch toll.

Kokos-Mais-Curry

Mahindi ya nazi na bi zari

Zutaten für 4–6 Personen:
3 Teel. Mohnsamen
1 Teel. Kreuzkümmelsamen
1 Teel. Korianderkörner
1 Teel. Sesamsamen
1 Eßl. Ingwer, frisch gerieben
1 Teel. Cayennepfeffer
Fleisch von 1/2 Kokosnuß
160 g Erdnußkerne
3 Teel. Butter
400 g Maiskörner (aus der Dose)
1 Teel. Salz
etwa 1 1/4 l Kokosmilch (frisch: siehe rechts oder aus der Dose)

Aus Ost-Afrika

Bei 6 Personen pro Portion
etwa: 1400 kJ/330 kcal
11 g Eiweiß · 23 g Fett
22 g Kohlenhydrate

• Zubereitungszeit: etwa
  50 Minuten

1. Alle Gewürze, das Kokosfleisch und die Erdnüsse im Blitzhacker zu einer glatten Paste verarbeiten.

2. Die Butter in einem großen Topf schmelzen lassen. Die Paste dazugeben und unter ständigem Rühren bei mittlerer Hitze 4–5 Minuten braten.

3. Maiskörner, Salz und Kokosmilch hinzufügen. 10–15 Minuten kochen lassen, bis die Sauce relativ dick ist. Gelegentlich umrühren. Zu Reis servieren.

Eine Kokosnuß öffnen

Bevor Sie eine Kokosnuß kaufen, schütteln Sie sie einmal. Spüren Sie eine schwappende Bewegung im Inneren, so ist sie frisch. Sollte es überhaupt kein Geräusch beim Schütteln geben, dann ist vom Kauf dieser Nuß abzuraten. Zum Öffnen die Nuß mit einem Nagel an zwei schwarzen Stellen anbohren. Durch eines der Löcher die Flüssigkeit abtropfen lassen. (Bei Nüssen direkt vom Baum ist diese Flüssigkeit ein Genuß. Bei älteren Nüssen hat sie allerdings einen unangenehmen Nachgeschmack, besonders nach dem Kochen.) Mit einem Hammer rundum fest auf die Nuß klopfen. Anschließend auf eine harte Fläche legen und die Nuß mit einem harten Schlag öffnen. Die braune Schale mit einem Sparschäler vom Fleisch schneiden.
Alternativ können Sie die Nuß bei 175° (Umluft 160°) etwa 1 Stunde in den Backofen legen, bis die Schale anfängt sich zu spalten. Sollte das alles nicht funktio-

nieren, muß man das Fleisch mit einem Messer von den einzelnen Stücken trennen.

Kokosmilch herstellen

Für etwa 3/4 l Kokosmilch benötigen Sie das Fleisch von 1 Kokosnuß und 3/4 l Wasser. Das Kokosfleisch raspeln. Ein sauberes Küchentuch in eine Schüssel legen, so daß es über die Seiten hinausragt. Das Kokosfleisch hineinlegen und etwa 1/4 l kochendes Wasser darüber gießen. Nach 10–15 Minuten das Tuch zusammenfalten und die Flüssigkeit auspressen, in einer Schüssel auffangen. Diesen Vorgang dreimal wiederholen. Die Milch jedesmal separat auffangen. Die erste Flüssigkeit hat die beste Qualität, und bei Rezepten, die nicht allzuviel Milch benötigen, sollten Sie diese erste Flüssigkeit verwenden.

Das Kokos-Mais-Curry schmeckt natürlich am besten mit Fleisch und Milch von frischen Kokosnüssen. Wie man beides gewinnt, ist auf dieser Seite beschrieben.

Wirsingcurry mit Cashew-kernen

Ein Gericht aus der vegetarischen Küche Indiens, wo es allerdings sehr viel schärfer gewürzt wird.

Zutaten für 4 Personen:
1 mittelgroßer Wirsing (etwa 800 g)
2 getrocknete Chilischoten
1 Teel. gelbe Senfkörner
1 kleines Lorbeerblatt
50 g Butterschmalz
100 g Cashewkerne
1/2 Teel. Ingwerpulver
1/8 l Gemüsebrühe
300 g tiefgekühlte Erbsen, aufgetaut
1 Eßl. Currypulver
Salz
1 Prise Zucker
2–3 Eßl. Sahnejoghurt

Preiswert • Raffiniert

Pro Portion etwa:
1800 kJ/430 kcal
23 g Eiweiß · 27 g Fett
26 g Kohlenhydrate

- Zubereitungszeit: etwa 35 Minuten

1. Den Wirsing von den äußeren Blättern befreien, vierteln, waschen und abtropfen lassen. Die Viertel in etwa 2 cm breite Streifen schneiden, dabei den Strunk entfernen.

2. Die Chilischoten, die Senfkörner und das Lorbeerblatt im Mörser zerstoßen. Das Butterschmalz im Wok erhitzen und die Cashewkerne darin unter Rühren goldgelb rösten, dann beiseite stellen. Im Butterschmalz die zerstoßenen Gewürze und das Ingwerpulver unter Rühren etwa 1 Minute anrösten.

3. Den Wirsing zufügen und unter Rühren solange dünsten, bis er ganz zerfallen ist. Erst dann die Gemüsebrühe und die Erbsen zugeben. Alles zugedeckt etwa 8 Minuten schmoren.

4. Das Currypulver einrühren und das Gericht mit Salz und dem Zucker würzen. Ohne Deckel noch etwa 5 Minuten schmoren, damit ein Teil der Flüssigkeit verdampfen kann.

5. Das fertige Gericht mit dem Sahnejoghurt verfeinern und mit den Cashewkernen vermengen. Dazu Reis servieren.

Pilzragout mit Bleichsellerie

Zutaten für 4 Personen:
400 g Austernpilze
250 g Shiitake-Pilze
400 g braune Champignons (Egerlinge), ersatzweise große weiße Champignons
4 Stangen Bleichsellerie
2 Zwiebeln
1/2 Bund glatte Petersilie
40 g Butterschmalz
4 Eßl. trockener Weißwein
4 Eßl. Crème fraîche
Salz
weißer Pfeffer, frisch gemahlen
1/2 Teel. geschroteter Koriander

Schnell • Raffiniert

Pro Portion etwa:
1200 kJ/290 kcal
9 g Eiweiß · 21 g Fett
8 g Kohlenhydrate

- Zubereitungszeit: etwa 25 Minuten

1. Die Austern- und Shiitakepilze mit Küchenpapier abreiben. Von den Austernpilzen die harten Stiele, von den Shiitakepilzen die Stielenden abschneiden. Die Champignons putzen und die Haut von den Hüten abziehen. Alle Pilze in dünne Scheiben schneiden.

2. Den Bleichsellerie putzen und in etwa 2 cm große Stücke schneiden. Die Zwiebeln schälen und fein würfeln. Die Petersilie abspülen, trockenschütteln und hacken.

3. Das Butterschmalz im Wok erhitzen und die Zwiebeln darin glasig braten. Die Pilze und den Bleichsellerie zufügen und unter Rühren etwa 1 Minute braten. Den Wein angießen und alles etwa 3 Minuten schmoren. Dabei immer wieder umrühren. Mit der Crème fraîche verfeinern und erst jetzt mit Salz, Pfeffer und dem Koriander abschmecken. Mit der Petersilie bestreuen und zu Nudeln servieren.

Im Bild hinten: Wirsingcurry mit Cashewkernen
Im Bild vorne:
Pilzragout mit Bleichsellerie

Sellerie-scheiben mit Sesamkruste

Ohne Beilage sind die Sellerie-scheiben auch eine raffinierte Vorspeise oder ein kleiner Imbiß für 4 Personen.

Zutaten für 2 Personen:
500 g Knollensellerie
1 Gemüsebrühwürfel
150 g saure Sahne
1 Teel. mittelscharfer Senf
1 Eßl. Zitronensaft
abgeriebene Schale von
1/2 unbehandelten Zitrone
1 Gewürzgurke (etwa 60 g)
1 Eßl. Schnittlauchröllchen
1 1/2 Eßl. Kerbel oder Petersilie,
frisch gehackt
Meersalz
schwarzer Pfeffer, frisch gemahlen
1 kleines Ei
1 Eßl. Sojasauce
3 Scheiben Sesamknäckebrot
2 Teel. Sesamsamen
2 Eßl. Weizenvollkornmehl
15 g ungehärtetes Kokosfett

Gelingt leicht

Pro Portion etwa:
1600 kJ/380 kcal
15 g Eiweiß · 19 g Fett
38 g Kohlenhydrate
15 g Ballaststoffe

- Zubereitungszeit: etwa 45 Minuten

1. Den Sellerie waschen und putzen. Die Knolle in 4 Scheiben von 1–1 1/2 cm Dicke schneiden und schälen. Gleichzeitig 650 ccm Wasser mit dem Brühwürfel aufkochen. Die Selleriescheiben darin zugedeckt bei schwacher Hitze in etwa 10 Minuten bißfest garen und auf einem Sieb abtropfen lassen.

2. Inzwischen für die Sauce die saure Sahne, den Senf, den Zitronensaft und die Zitronenschale verquirlen. Die Gewürzgurke sehr fein hacken und mit den Kräutern unter die Sauce rühren. Mit Salz und Pfeffer würzen und zugedeckt kühl stellen.

3. Das Ei mit der Sojasauce verquirlen. Das Knäckebrot im Blitzhacker fein zerkleinern und mit den Sesamsamen mischen. Die Selleriescheiben zuerst in dem Mehl, dann im Ei wenden, zuletzt mit dem Knäckebrot panieren.

4. Das Kokosfett in einer großen Pfanne erhitzen, und die Selleriescheiben darin bei schwacher Hitze von beiden Seiten hellbraun braten. Die Sauce dazu servieren. Als Beilage passen Pellkartoffeln und Radicchiosalat mit gelben Paprikastreifen.

Maisküchlein mit Tomaten

Mit einem gemischten Salat sind die Küchlein ein leichter Imbiß für 4 Personen oder eine sättigende Hauptmahlzeit für 2, wenn Sie ein Käserisotto oder Butterreis dazu servieren.

Zutaten für 4 Personen:
2 kleine Eier
3 Eßl. Milch
2 Eßl. Sahne
50 g Weizenvollkornmehl
2 Eßl. mittelalter Gouda, frisch gerieben
1/4 Teel. Delikateßpaprika
1 Prise Kurkuma
Meersalz
300 g reife, aromatische Fleisch-tomaten
2 frische Zuckermaiskolben (etwa 200 g ausgelöste Körner)
15 g ungehärtetes Kokosfett
2 Eßl. Sesamsamen
2–3 Schalotten
20 g Butter
1 Knoblauchzehe
1 Handvoll Basilikum, grob gehackt
schwarzer Pfeffer, frisch gemahlen

Für Gäste
Gelingt leicht

Pro Portion etwa:
1200 kJ/290 kcal
10 g Eiweiß · 19 g Fett
20 g Kohlenhydrate
6 g Ballaststoffe

• Zubereitungszeit: etwa
  1 Stunde

1. Die Eier, die Milch, die Sahne, das Mehl, den Käse, die Gewürze und 1/4 Teelöffel Salz verrühren. Den Teig etwa 30 Minuten ruhen lassen.

2. Inzwischen die Tomaten kurz in kochendes Wasser legen. Dann häuten und in kleine Würfel schneiden; dabei die Stielansätze entfernen.

3. Die Maiskörner mit einem scharfen Messer von den Kolben schneiden und unter den Teig mischen. In einer großen Pfanne etwas Kokosfett erhitzen. Jeweils 1 Eßlöffel Teig hineingeben und mit Sesam bestreuen. Zugedeckt bei mittlerer Hitze hellbraun braten, dann wenden und offen fertigbraten. Nochmals wenden.

4. Gleichzeitig die Schalotten würfeln und in 10 g Butter anbraten. Die Tomaten dazugeben und offen etwa 5 Minuten bei mittlerer Hitze dünsten. Den Knoblauch dazupressen, die restlichen 10 g Butter und das Basilikum unterziehen. Die Tomaten mit Salz und Pfeffer abschmecken und zu den Maisküchlein servieren.

Bunte Gemüse-pfanne

Stir-Fried Vegetables

Gerichte aus der Pfanne oder dem asiatischen Wok sind überall in Kalifornien beliebt, kommt diese Garmethode doch dem Anspruch nach Frische optimal entgegen.

Zutaten für 4 Personen:
2 mittelgroße Zucchini
1 kleine Aubergine
1 rote Paprikaschote
150 g Broccoliröschen
100 g Bohnenkeime
3 Frühlingszwiebeln
1 kleines Stück Ingwer
1 Knoblauchzehe
3 Eßl. neutrales Öl
1/8 l Gemüsebrühe
2–3 Eßl. Fischsauce oder Sojasauce
schwarzer Pfeffer, frisch gemahlen

Gelingt leicht

Pro Portion etwa:
530 kJ/130 kcal
7 g Eiweiß · 7 g Fett
10 g Kohlenhydrate

• Zubereitungszeit: etwa
  30 Minuten

1. Das Gemüse waschen und putzen. Dabei die Zucchini, die Aubergine und die Paprikaschote in kleine Würfel schneiden. Den Broccoli in kleine Röschen zerteilen. Die Bohnenkeime nur abbrausen. Die Frühlingszwiebeln in schräge Ringe schneiden.

2. Den Ingwer und den Knoblauch schälen und hacken. Das Öl in einer großen Pfanne oder in einem Wok erhitzen, den Ingwer, den Knoblauch und die Frühlingszwiebeln darin bei recht starker Hitze unter Rühren etwa 1 Minute anbraten.

3. Das Gemüse dazugeben und alles unter Rühren etwa 5 Minuten braten.

4. Die Brühe und die Keime dazugeben. Mit Fisch- oder Sojasauce und Pfeffer würzen, 1–2 Minuten kochen lassen. Dazu paßt Wildreis.

Spargel mit Pilzen

Asparagus with Mushrooms

Spargel war bereits im letzten Jahrhundert beliebt. Heute werden große Mengen im Delta des Sacramento angebaut.

Zutaten für 4 Personen:
200 g frische Shiitake-Pilze (ersatzweise braune Champignons)
750 g zarter grüner Spargel
1 kleine unbehandelte Orange
1 Eßl. Butter · Salz · Cayennepfeffer

Raffiniert

Pro Portion etwa:
400 kJ/95 kcal
4 g Eiweiß · 3 g Fett
8 g Kohlenhydrate

• Zubereitungszeit: etwa
  50 Minuten

1. Die Shiitake-Pilze kurz waschen und putzen, dann in Scheiben schneiden.

2. Den Spargel waschen, die Stangen im unteren Drittel schälen. Die Stangen in 6–8 cm lange Stücke schneiden.

3. Die Orange heiß abwaschen, die Schale in feinen Spänen abziehen und den Saft auspressen.

4. Die Butter in einem Topf schmelzen lassen. Den Spargel hineingeben und unter Rühren bei mittlerer Hitze etwa 3 Minuten garen. Die Pilze dazugeben und das Gemüse unter Rühren noch etwa 2 Minuten garen.

5. Den Orangensaft und die Orangenschale dazugeben, alles mit Salz und Cayennepfeffer würzen und zugedeckt noch etwa 4 Minuten garen, bis der Spargel bißfest ist.

Tip!

Wenn Sie keinen ganz zarten Spargel bekommen, sollten Sie die Stangen einige Minuten in wenig Salzwasser vorkochen.

Im Bild vorne: Spargel mit Pilzen
Im Bild hinten:
Bunte Gemüsepfanne

Pasta-Variationen

Längst ist das Nationalgericht unserer italienischen Nachbarn auch von unserem Speisezettel nicht mehr wegzudenken. Neben den klassischen Nudelsaucen sind der Phantasie bei Pasta keine Grenzen gesetzt. Probieren Sie auch raffinierte Rezepte – Sie finden bestimmt Ihr Lieblingsgericht.

Bandnudeln mit Pesto

Pesto können Sie auch in einer größeren Menge zubereiten und einige Wochen gut verschlossen im Kühlschrank aufbewahren.

Zutaten für 4 Personen:
4 Knoblauchzehen
3 Bund Basilikum
50 g Pinienkerne
1/8 l Olivenöl, kaltgepreßt
75 g Parmesan, frisch gerieben
Salz
weißer Pfeffer, frisch gemahlen
400 g Vollkorn-Bandnudeln

Gelingt leicht

Pro Portion etwa:
3300 kJ/790 kcal
24 g Eiweiß · 47 g Fett
68 g Kohlenhydrate
9 g Ballaststoffe

• Zubereitungszeit: etwa 40 Minuten

1. Die Knoblauchzehen durch die Presse in einen Mörser drücken. Das Basilikum waschen und fein hacken. Die Pinienkerne fein mahlen.

2. Diese Zutaten im Mörser zu einer feinen Paste zerstoßen. Oder alles im Mixer pürieren. Das Olivenöl teelöffelweise unter die Basilikumpaste mischen. Den Parmesan unterrühren und den Pesto mit Salz und Pfeffer pikant abschmecken.

3. Für die Nudeln reichlich Wasser mit 1 kräftigen Prise Salz zum Kochen bringen. Die Nudeln darin »al dente« garen.

4. Den Pesto mit 1 Eßlöffel von dem Nudelkochwasser verrühren.

5. Die Nudeln abtropfen lassen, dann sofort mit dem Pesto mischen und in vorgewärmte Teller füllen. Eventuell mit etwas Parmesan bestreuen.

Spaghetti mit scharfer Tomatensauce

Zutaten für 4 Personen:
1 kg vollreife Tomaten
1 Schalotte
1 Knoblauchzehe
1 frische rote Pfefferschote
1 Eßl. Olivenöl, kaltgepreßt
Salz
1 Messerspitze Honig
400 g Vollkorn-Spaghetti
100 g schnittfester Ricotta
1 Bund Petersilie

Gelingt leicht

Pro Portion etwa:
1900 kJ/450 kcal
20 g Eiweiß · 9 g Fett
72 g Kohlenhydrate
13 g Ballaststoffe

• Zubereitungszeit: etwa 40 Minuten

1. Die Tomaten häuten und klein würfeln, dabei die Stielansätze entfernen. Die Schalotte und den Knoblauch schälen und fein hacken. Die Pfefferschote vom Stielansatz befreien, längs halbieren und die Kerne entfernen. Die Schotenhälften gründlich abspülen.

2. Das Olivenöl in einem breiten Topf erhitzen. Die Schalotte und den Knoblauch darin glasig dünsten. Die Pfefferschotenhälften und die Tomaten hinzufügen.

3. Die Tomaten mit Salz und dem Honig abschmecken und zugedeckt bei schwacher Hitze etwa 15 Minuten garen.

4. Inzwischen für die Nudeln reichlich Wasser mit 1 kräftigen Prise Salz zum Kochen bringen. Die Nudeln darin »al dente« garen.

5. Den Ricotta in kleine Würfel schneiden. Die Petersilie waschen und fein hacken.

6. Die Pfefferschotenhälften aus der Tomatensauce entfernen. Die Ricottawürfel unter die Tomatensauce mischen und erwärmen.

7. Die Nudeln abtropfen lassen, sofort mit der Tomatensauce mischen und mit der Petersilie bestreut servieren.

Bild oben: Bandnudeln mit Pesto
Bild unten: Spaghetti mit scharfer Tomatensauce

Hörnchen-nudeln mit Radicchio

Radicchio schmeckt leicht bitter. Wenn Sie das nicht so gern mögen, nehmen Sie statt dessen Endiviensalat.

Zutaten für 2 Personen:
200 g Vollkorn-Hörnchennudeln
Salz
1 Zwiebel
1 Knoblauchzehe
100 g Radicchio
1 Eßl. Olivenöl, kaltgepreßt
150 g Sahne
weißer Pfeffer, frisch gemahlen
Muskatnuß, frisch gerieben
1 Eßl. Parmesan, frisch gerieben

Gelingt leicht

Pro Portion etwa:
2700 kJ/640 kcal
20 g Eiweiß · 32 g Fett
68 g Kohlenhydrate
9 g Ballaststoffe

• Zubereitungszeit: etwa 20 Minuten

1. Für die Nudeln reichlich Wasser mit 1 kräftigen Prise Salz zum Kochen bringen. Die Nudeln darin »al dente« garen.

2. Inzwischen die Zwiebel und den Knoblauch schälen und fein hacken. Den Radicchio waschen, trockenschleudern und in feine Streifen schneiden.

3. Das Öl in einem Topf erhitzen. Die Zwiebel und den Knoblauch darin glasig dün-sten. Den Radicchio dazu-fügen und kurz anbraten.

4. Die Sahne angießen und bei starker Hitze unter Rühren etwas einkochen lassen, bis sie sämig ist. Die Sauce mit Salz, Pfeffer und Muskat ab-schmecken. Den Käse unter-rühren und den Topf vom Herd ziehen.

5. Die Nudeln in einem Sieb gründlich abtropfen lassen, dann sofort mit der Sauce mi-schen und in vorgewärmten Tellern servieren.

Nudeln mit Auberginen und Schafkäse

Zutaten für 2 Personen:
1 kleine Aubergine
100 g Schafkäse
200 g Vollkorn-Bandnudeln
Salz
1/2 Bund frischer Thymian
2 Eßl. Olivenöl, kaltgepreßt
weißer Pfeffer, frisch gemahlen

Gelingt leicht

Pro Portion etwa:
2400 kJ/ 570 kcal
24 g Eiweiß · 22 g Fett
68 g Kohlenhydrate
10 g Ballaststoffe

• Zubereitungszeit: etwa 25 Minuten

1. Die Aubergine vom Stielan-satz befreien, waschen und in kleine Würfel schneiden. Den Schafkäse ebenfalls fein würfeln.

2. Für die Nudeln reichlich Wasser mit 1 kräftigen Prise Salz zum Kochen bringen. Die Nudeln darin »al dente« garen.

3. Den Thymian waschen, trok-kenschwenken und die Blätt-chen von den Stielen streifen.

4. Das Öl in einer Pfanne er-hitzen. Die Auberginenwürfel hinzufügen und von allen Sei-ten anbraten. Den Thymian und den Schafkäse unter-mischen und nur warm werden lassen. Das Gemüse mit Salz und Pfeffer abschmecken.

5. Die Nudeln in einem Sieb gründlich abtropfen lassen, dann mit dem Auberginen-gemüse mischen und in vor-gewärmten Tellern servieren.

Im Bild vorne:
Nudeln mit Auberginen und Schafkäse
Im Bild hinten:
Hörnchennudeln mit Radicchio

Nudeln mit Spinat

Zutaten für 4 Personen:

500 g Spinat

1 Schalotte

400 g Vollkorn-Bandnudeln

Salz

1 Eßl. Olivenöl, kaltgepreßt

1/8 l Gemüsebrühe

weißer Pfeffer, frisch gemahlen

1 Bund Schnittlauch

1 Eßl. Meerrettich, frisch gerieben

3 Eßl. saure Sahne

Preiswert

Pro Portion etwa:
1700 kJ/400 kcal
18 g Eiweiß · 7 g Fett
66 g Kohlenhydrate
10 g Ballaststoffe

• Zubereitungszeit: etwa
  40 Minuten

1. Den Spinat putzen und in stehendem kaltem Wasser gründlich waschen, abtropfen lassen, dann grob hacken. Die Schalotte fein hacken.

2. Für die Nudeln reichlich Wasser mit 1 kräftigen Prise Salz zum Kochen bringen. Die Nudeln darin bei starker bis mittlerer Hitze »al dente« garen.

3. Inzwischen das Öl in einem Topf erhitzen. Die Schalotte darin glasig dünsten. Den Spinat hinzufügen und kurz andünsten.

4. Die Gemüsebrühe angießen. Den Spinat mit Salz und Pfeffer würzen und zugedeckt bei mittlerer Hitze etwa 5 Minuten garen, bis er zusammengefallen ist.

5. Inzwischen den Schnittlauch waschen und in feine Röllchen schneiden.

6. Den Meerrettich und die saure Sahne unter den Spinat mischen.

7. Die Nudeln gründlich abtropfen lassen, dann mit dem Spinatgemüse mischen. Mit dem Schnittlauch bestreut servieren.

Bandnudeln mit frischen Feigen

Eine ungewöhnliche Kombination, die mir eine gute Freundin empfahl.

Zutaten für 2 Personen:

4 große frische Feigen

200 g Vollkorn-Bandnudeln

Salz

60 g Butter

1/2 Teel. Currypulver

125 g Sahne

40 g Parmesan, frisch gerieben

weißer Pfeffer, frisch gemahlen

Raffiniert

Pro Portion etwa:
3700 kJ/880 kcal
25 g Eiweiß · 53 g Fett
75 g Kohlenhydrate
10 g Ballaststoffe

• Zubereitungszeit: etwa
  20 Minuten

1. Die Feigen waschen, schälen und in mittelgroße Stücke schneiden.

2. Für die Nudeln reichlich Wasser mit 1 kräftigen Prise Salz zum Kochen bringen. Die Nudeln darin knapp »al dente« garen. Die Nudeln dürfen noch nicht ganz fertig sein, da sie später mit der Sauce noch einmal erwärmt werden.

3. Die Nudeln gut abtropfen lassen, dann mit 20 g Butter mischen und warm halten.

4. Die restliche Butter in einer Pfanne bei mittlerer Hitze schmelzen, aber nicht braun werden lassen. Die Feigenstücke hinzufügen. Das Currypulver darüber stäuben und alles unter Rühren etwa 1 Minute andünsten.

5. Die Nudeln und die Sahne hinzufügen und unter Rühren in 1–2 Minuten heiß werden lassen. Den Parmesan untermischen und schmelzen lassen. Die Nudeln mit Salz und Pfeffer abschmecken und sofort servieren.

Bild oben:
Bandnudeln mit frischen Feigen
Bild unten: Nudeln mit Spinat

Makkaroni mit Zucchini und Käse

Zutaten für 2 Personen:

200 g Vollkorn-Makkaroni

Salz

1 kleiner Zucchino

1/2 Eßl. Butter

200 g Sahne

75 g Parmesan, frisch gerieben

1 Teel. Kapern aus dem Glas

weißer Pfeffer, frisch gemahlen

1 Bund Schnittlauch

Gelingt leicht

Pro Portion etwa:
3500 kJ/830 kcal
32 g Eiweiß · 48 g Fett
69 g Kohlenhydrate
9 g Ballaststoffe

- Zubereitungszeit: etwa
  20 Minuten

1. Für die Nudeln reichlich Wasser mit 1 kräftigen Prise Salz zum Kochen bringen. Die Nudeln darin bei starker bis mittlerer Hitze »al dente« garen. Inzwischen den Zucchino waschen, von Stiel- und Blütenansatz befreien und klein würfeln.

2. Die Butter in einem Topf erhitzen. Die Zucchiniwürfel darin andünsten. Die Sahne nach und nach dazugießen und unter Rühren bei mittlerer bis starker Hitze etwas einkochen lassen.

3. Den Käse und die Kapern unter die Sauce mischen und bei schwacher Hitze unter Rühren erwärmen, bis der Käse geschmolzen ist. Die Hitze darf nicht zu stark sein, sonst klumpt der Käse. Die Sauce mit Salz und Pfeffer abschmecken.

4. Den Schnittlauch waschen, trockenschwenken und in feine Röllchen schneiden. Die Nudeln in einem Sieb abtropfen lassen, dann mit der Sauce mischen und in vorgewärmte Teller füllen. Die Nudeln mit dem Schnittlauch bestreut sofort servieren.

Spaghetti mit Avocado-Tomaten-Sauce

Zutaten für 2 Personen:

200 g Vollkorn-Spaghetti

Salz

1 Avocado

1–2 Eßl. Zitronensaft

1 Tomate

1 Knoblauchzehe

1 Bund Petersilie

50 g Sahne

weißer Pfeffer, frisch gemahlen

Cayennepfeffer

Raffiniert

Pro Portion etwa:
2800 kJ/670 kcal
19 g Eiweiß · 35 g Fett
69 g Kohlenhydrate
13 g Ballaststoffe

• Zubereitungszeit: etwa
  20 Minuten

1. Für die Nudeln reichlich Wasser mit 1 kräftigen Prise Salz zum Kochen bringen. Die Nudeln darin bei starker bis mittlerer Hitze »al dente« garen.

2. Inzwischen die Avocado halbieren, vom Kern befreien und schälen. Das Fruchtfleisch mit einer Gabel fein zerdrücken und mit dem Zitronensaft mischen. Die Tomate waschen und sehr klein würfeln. Den Knoblauch schälen und fein hacken. Die Petersilie waschen und ohne die groben Stiele sehr fein hacken.

3. Das Avocadopüree mit der Tomate, dem Knoblauch, der Petersilie und der Sahne mischen und in einem Topf leicht erwärmen, aber nicht kochen lassen. Die Sauce mit Salz und Cayennepfeffer pikant abschmecken.

4. Die Nudeln in einem Sieb gründlich abtropfen lassen, dann sofort mit der Sauce mischen und in vorgewärmten Tellern servieren.

Spaghetti mit roher Tomaten-Zucchini-Sauce

Die Nudeln sollten sofort nach dem Garen mit der Sauce gemischt werden.

Zutaten für 4 Personen:
300 g vollreife Tomaten
250 g junge Zucchini
1 Knoblauchzehe
1 Bund Dill
Salz
weißer Pfeffer, frisch gemahlen
1 Eßl. Olivenöl, kaltgepreßt
400 g Vollkorn-Spaghetti

**Preiswert
Gelingt leicht**

Pro Portion etwa:
1600 kJ/380 kcal
17 g Eiweiß · 5 g Fett
68 g Kohlenhydrate
10 g Ballaststoffe

• Zubereitungszeit: etwa 35 Minuten

1. Die Tomaten mit kochendem Wasser überbrühen, kurz darin ziehen lassen, kalt abschrekken und häuten. Die Tomaten

in winzige Würfel schneiden, dabei die Stielansätze entfernen. Die Zucchini waschen, von den Stiel- und Blütenansätzen befreien und sehr fein raspeln. Den Knoblauch schälen und durch die Presse drükken. Den Dill waschen, trokkenschwenken und ohne die groben Stiele sehr fein hacken.

2. Die Tomaten mit den Zucchini, dem Knoblauch und dem Dill mischen und mit Salz und Pfeffer pikant abschmecken. Das Olivenöl untermischen.

3. Für die Nudeln reichlich Wasser mit 1 Prise Salz zum Kochen bringen. Die Nudeln darin bei starker bis mittlerer Hitze »al dente« garen.

4. Die Nudeln in einem Sieb abtropfen lassen, sofort mit der Gemüsesauce mischen und in vorgewärmten Tellern servieren.

Kräuternudeln mit Pistaziensauce

Zutaten für 2 Personen:
50 g Pistazienkerne
200 g Hirse-Kräuternudeln
Salz
1 Handvoll frischer Kerbel
200 g Sahne
Cayennepfeffer
2 Teel. Zitronensaft

Raffiniert

Pro Portion etwa:
3400 kJ/810 kcal
23 g Eiweiß · 48 g Fett
71 g Kohlenhydrate
10 g Ballaststoffe

• Zubereitungszeit: etwa 20 Minuten

1. Die Pistazien fein hacken. Den Kerbel verlesen, waschen, trockenschwenken und ohne die groben Stiele fein hacken.

2. Für die Nudeln reichlich Wasser mit 1 kräftigen Prise Salz zum Kochen bringen. Die Nudeln darin bei starker bis mittlerer Hitze »al dente« garen.

3. Die Pistazien in einem Topf ohne Fett bei mittlerer Hitze unter Rühren rösten, bis sie würzig duften. Die Sahne nach und nach dazugießen und unter Rühren bei starker Hitze cremig einkochen lassen.

4. Den Kerbel unter die Sauce mischen. Die Sauce mit Salz, Cayennepfeffer und dem Zitronensaft abschmecken.

5. Die Nudeln in einem Sieb abtropfen lassen, dann sofort mit der Sauce mischen und in vorgewärmten Tellern servieren.

Im Bild vorne:
Kräuternudeln mit Pistaziensauce
Im Bild hinten:
Spaghetti mit roher Tomaten-Zucchini-Sauce

Nudeln mit Tofu und Zuckerschoten

Zutaten für 4 Personen:

250 g Tofu

Salz

weißer Pfeffer, frisch gemahlen

Cayennepfeffer

250 g Zuckerschoten

1 Bund Schnittlauch

400 g Vollkorn-Hörnchennudeln

1 Eßl. Olivenöl, kaltgepreßt

200 g Crème fraîche

Saft von 1/2 Zitrone

Raffiniert

Pro Portion etwa:
2600 kJ/620 kcal
22 g Eiweiß · 28 g Fett
71 g Kohlenhydrate
10 g Ballaststoffe

• Zubereitungszeit: etwa
  40 Minuten

1. Den Tofu abtropfen lassen, dann in kleine Würfel schneiden, mit Salz, Pfeffer und Cayennepfeffer pikant würzen und beiseite stellen.

2. Die Zuckerschoten waschen und putzen. Dann in reichlich sprudelnd kochendem Salzwasser etwa 3 Minuten blanchieren. Die Zuckerschoten in einem Sieb kalt abschrecken und abtropfen lassen.

3. Den Schnittlauch waschen, trockenschwenken und in feine Röllchen schneiden.

4. Für die Nudeln reichlich Wasser mit 1 kräftigen Prise Salz zum Kochen bringen. Die Nudeln »al dente« garen.

5. Inzwischen das Öl in einer Pfanne erhitzen. Die Tofuwürfel dazugeben und unter Rühren bei mittlerer Hitze etwa 5 Minuten braten, bis sie schön gebräunt sind.

6. Die Zuckerschoten und die Crème fraîche hinzufügen. Alles mit dem Zitronensaft, Salz, Pfeffer und Cayennepfeffer abschmecken und in etwa 3 Minuten heiß werden lassen.

7. Die Nudeln gut abtropfen lassen, dann mit der Sauce mischen und mit dem Schnittlauch bestreut servieren.

Spaghetti mit Mungobohnenpaste

Zutaten für 4 Personen:

400 g Vollkorn-Spaghetti

Salz

300 g Mungobohnensprossen

etwa 100 ccm Gemüsebrühe

1/2 frische grüne Pfefferschote

1 Knoblauchzehe

1 Eßl. Zitronensaft

1 Eßl. Sahne

1/2 Teel. gemahlener Kreuzkümmel

1 Bund Dill

Raffiniert

Pro Portion etwa:
1600 kJ/380 kcal
18 g Eiweiß · 5 g Fett
67 g Kohlenhydrate
10 g Ballaststoffe

• Zubereitungszeit: etwa
  20 Minuten

1. Für die Nudeln reichlich Wasser mit 1 kräftigen Prise Salz zum Kochen bringen. Die Nudeln darin »al dente« garen.

2. Die Sprossen kalt abspülen und abtropfen lassen.

3. Die Sprossen mit der Gemüsebrühe in einen Topf geben und zum Kochen bringen, etwa 3 Minuten kochen lassen.

4. Die Pfefferschotenhälfte vom Stielansatz und allen Kernen befreien, dann kalt abspülen. Den Knoblauch schälen.

5. Die Sprossen mit der Garflüssigkeit, die Pfefferschote und den Knoblauch im Mixer fein pürieren. Das Püree mit dem Zitronensaft und der Sahne mischen, mit Salz und dem Kreuzkümmel würzen. Das Püree zugedeckt warm halten.

6. Den Dill waschen, trockenschwenken und fein hacken.

7. Die Nudeln gründlich abtropfen lassen, dann mit dem Sprossenpüree mischen und mit dem Dill bestreut servieren.

Im Bild vorne:
Spaghetti mit Mungobohnenpaste
Im Bild hinten:
Nudeln mit Tofu und Zuckerschoten

Spaghetti mit Erbsen-Safran-Gemüse

Zutaten für 2 Personen:
1 Schalotte
200 g Vollkorn-Spaghetti
Salz
1/2 Eßl. Butter
250 g enthülste Erbsen,
frisch oder tiefgefroren
125 g Sahne
1 Döschen gemahlener Safran
weißer Pfeffer, frisch gemahlen
1 kleines Bund Schnittlauch

Gelingt leicht

Pro Portion etwa:
2800 kJ/670 kcal
24 g Eiweiß · 27 g Fett
80 g Kohlenhydrate
15 g Ballaststoffe

● Zubereitungszeit: etwa
  20 Minuten

1. Die Schalotte fein hacken.

2. Für die Nudeln reichlich Wasser mit 1 kräftigen Prise Salz zum Kochen bringen. Die Nudeln darin »al dente« garen.

3. Inzwischen die Butter in einem Topf schmelzen lassen. Die Schalotte darin glasig dünsten. Die Erbsen hinzufügen und kurz mitbraten.

4. Die Sahne gründlich mit dem Safran verrühren und zu den Erbsen gießen. Die Sauce bei mittlerer Hitze unter Rühren erwärmen und sämig einkochen lassen.

5. Die Sauce mit Salz und Pfeffer abschmecken und warm halten.

6. Den Schnittlauch waschen, trockenschwenken und in feine Röllchen schneiden.

7. Die Nudeln gründlich abtropfen lassen, dann mit der Sauce mischen und servieren.

Bandnudeln mit Mangold

Pinienkerne sollten Sie immer nur in kleinen Mengen kaufen, da sie sehr fetthaltig sind und deshalb schnell ranzig werden.

Zutaten für 2 Personen:
300 g Mangold
1 Bund Frühlingszwiebeln
1 Knoblauchzehe
200 g Vollkorn-Bandnudeln
Salz
1 Eßl. Olivenöl, kaltgepreßt
1 Eßl. Pinienkerne
100 g Sahne
weißer Pfeffer, frisch gemahlen
1 Eßl. Parmesan, frisch gerieben

Gelingt leicht

Pro Portion etwa:
2600 kJ/ 620 kcal
22 g Eiweiß · 27 g Fett
72 g Kohlenhydrate
11 g Ballaststoffe

● Zubereitungszeit: etwa
  30 Minuten

1. Den Mangold waschen und trockenschwenken. Die Blätter von den Stielen streifen und fein hacken, die Stiele in feine Streifen schneiden. Die Frühlingszwiebeln putzen, waschen und mit dem zarten Grün in feine Ringe schneiden. Den Knoblauch schälen und fein hacken.

2. Für die Nudeln reichlich Wasser mit 1 kräftigen Prise Salz zum Kochen bringen. Die Nudeln bei starker bis mittlerer Hitze »al dente« garen.

3. Das Öl in einem Topf erhitzen. Die Frühlingszwiebeln und den Knoblauch darin andünsten. Die Pinienkerne und die Mangoldstiele hinzufügen und kurz anbraten.

4. Die Mangoldblätter und die Sahne hinzufügen. Das Gemüse mit Salz und Pfeffer pikant abschmecken und zugedeckt bei mittlerer Hitze etwa 4 Minuten garen, bis die Mangoldstiele bißfest sind.

5. Den Parmesan unter das Mangoldgemüse mischen und unter Rühren weitergaren, bis der Käse geschmolzen ist.

6. Die Nudeln gründlich abtropfen lassen, dann mit dem Mangold mischen und in vorgewärmten Tellern servieren.

Im Bild vorne:
Bandnudeln mit Mangold
Im Bild hinten:
Spaghetti mit Erbsen-Safran-Gemüse

Spaghetti mit Algen und Spitzkohl

Zutaten für 4 Personen:

15 g getrocknete Iziki-Algen
(auch Hijiki oder Hiziki genannt)
300 g Spitzkohl
1 Zwiebel
1 Eßl. Sonnenblumenöl
etwa 150 ccm Gemüsebrühe
1 Eßl. Sojasauce
nach Belieben 1 Eßl. Sake
(Reiswein)
400 g Vollkorn-Spaghetti
Salz
1 Bund Petersilie
150 g Joghurt

Raffiniert

Pro Portion etwa:
1700 kJ/400 kcal
18 g Eiweiß · 7 g Fett
71 g Kohlenhydrate
10 g Ballaststoffe

• Zubereitungszeit: etwa
40 Minuten

1. Die Algen in eine Schüssel geben, mit lauwarmem Wasser bedecken und etwa 15 Minuten quellen lassen.

2. Inzwischen den Spitzkohl waschen, putzen und in schmale Streifen schneiden. Die Zwiebel schälen und fein hacken.

3. Die Algen in einem Sieb mit kaltem Wasser überspülen und dann gründlich abtropfen lassen.

4. Das Öl in einem Topf erhitzen. Die Zwiebel darin glasig dünsten. Die Algen dazugeben. Die Gemüsebrühe, die Sojasauce und nach Wunsch den Sake angießen. Die Algen zugedeckt bei mittlerer Hitze etwa 20 Minuten garen.

5. Nach etwa 15 Minuten den Spitzkohl unter das Gemüse mischen.

Tip!

Algen schmecken leicht nach Fisch. Sie harmonieren gut mit Gemüse, aber auch mit Nudeln. Probieren Sie dieses Gericht in jedem Fall einmal, auch wenn es Ihnen auf den ersten Blick vielleicht etwas ungewöhnlich erscheint. Statt Spitzkohl schmecken auch rote Beten, Fenchel oder Möhren.
Algen können Sie in asiatischen Lebensmittelgeschäften, inzwischen aber auch in vielen Naturkostläden kaufen.

6. Inzwischen für die Nudeln reichlich Wasser mit 1 kräftigen Prise Salz zum Kochen bringen. Die Nudeln darin bei starker bis mittlerer Hitze »al dente« garen.

7. Die Petersilie waschen, trockenschwenken und ohne die groben Stiele sehr fein hacken. Das Algengemüse mit Salz abschmecken. Den Joghurt und die Petersilie untermischen und bei schwacher Hitze erwärmen, aber nicht mehr kochen lassen.

8. Die Nudeln in einem Sieb gründlich abtropfen lassen, dann sofort mit dem Algengemüse mischen und in vorgewärmten Tellern servieren.

Spaghetti mit Knoblauch- sauce

Zutaten für 4 Personen:

400 g Weizenkeim-Spaghetti

Salz

1 frische rote Pfefferschote

2–3 Knoblauchzehen

10–15 frische Salbeiblätter

4 Eßl. Olivenöl, kaltgepreßt

2 Eßl. Butter

Preiswert

Pro Portion etwa:
2000 kJ/480 kcal
15 g Eiweiß · 17 g Fett
65 g Kohlenhydrate
9 g Ballaststoffe

● Zubereitungszeit: etwa
  15 Minuten

1. Für die Nudeln reichlich Wasser mit 1 kräftigen Prise Salz zum Kochen bringen. Die Nudeln darin bei starker bis mittlerer Hitze »al dente« garen.

2. Inzwischen die Pfefferschote vom Stielansatz befreien und längs halbieren. Die scharfen Kerne herauslösen und die Schotenhälften unter fließendem Wasser gründlich abspülen. Dann in schmale Streifen schneiden. Die Knoblauchzehen schälen und fein hacken. Den Salbei waschen, trockentupfen und in feine Streifen schneiden.

3. Das Öl mit der Butter in einem Topf erhitzen, bis die Butter zerlaufen ist. Den Knob-

lauch, die Pfefferschote und den Salbei dazugeben und bei schwacher Hitze unter Rühren kurz andünsten.

4. Die Spaghetti gut abtropfen lassen, dann in den Topf zur Knoblauchsauce geben und alles gründlich vermischen. Die Nudeln sofort in vorgewärmten Tellern servieren.

Bandnudeln mit Gorgon- zolasauce

Statt Gorgonzola können Sie für dieses beliebte Nudelgericht auch einen anderen Blauschimmelkäse wie zum Beispiel Roquefort oder Bleu d'Auvergne verwenden.

Zutaten für 4 Personen:

400 g Vollkorn-Bandnudeln

Salz

200 g Gorgonzola

1 Zwiebel

1 Knoblauchzehe

1/2 Bund frischer Thymian

1/2 Eßl. Butter

400 g Sahne

weißer Pfeffer, frisch gemahlen

1 Tomate

Gelingt leicht

Pro Portion etwa:
3600 kJ/860 kcal
28 g Eiweiß · 52 g Fett
69 g Kohlenhydrate
9 g Ballaststoffe

● Zubereitungszeit: etwa
  20 Minuten

1. Für die Nudeln reichlich Wasser mit 1 kräftigen Prise Salz zum Kochen bringen. Die Nudeln darin bei starker bis mittlerer Hitze »al dente« garen.

2. Inzwischen den Gorgonzola von der Rinde befreien und in kleine Würfel schneiden. Die Zwiebel und den Knoblauch schälen und fein hacken. Den Thymian waschen, trokkenschwenken und die Blättchen von den Stielen streifen.

3. Die Butter in einem Topf erhitzen. Die Zwiebel, den Knoblauch und den Thymian darin andünsten.

4. Die Sahne und den Käse in den Topf geben und alles bei schwacher bis mittlerer Hitze unter Rühren garen, bis der Käse geschmolzen und die Sauce sämig ist. Die Sauce mit wenig Salz und reichlich Pfeffer abschmecken.

5. Die Tomate waschen und in kleine Würfel schneiden.

6. Die Nudeln gründlich abtropfen lassen, dann mit der Sauce mischen und mit den Tomatenwürfeln bestreut sofort servieren.

Im Bild vorne:
Bandnudeln mit Gorgonzolasauce
Im Bild hinten:
Spaghetti mit Knoblauchsauce

Hörnchen-nudeln mit grünem Spargel

Zutaten für 4 Personen:

1 Schalotte

500 g grüner Spargel

1 Handvoll frischer Kerbel

400 g Vollkorn-Hörnchennudeln

Salz

1/2 Eßl. Butter

200 g Sahne

weißer Pfeffer, frisch gemahlen

Muskatnuß, frisch gerieben

50 g Parmesan, frisch gerieben

Raffiniert

Pro Portion etwa:
2400 kJ/ 570 kcal
23 g Eiweiß · 24 g Fett
68 g Kohlenhydrate
10 g Ballaststoffe

• Zubereitungszeit: etwa
  35 Minuten

1. Die Schalotte fein hacken. Den Spargel waschen und von den holzigen Enden befreien. Die Stangen nur am unteren Ende dünn schälen, dann in etwa 2 cm lange Stücke schneiden. Den Kerbel verlesen, waschen, trockenschwenken und fein hacken.

2. Für die Nudeln reichlich Wasser mit 1 kräftigen Prise Salz zum Kochen bringen. Die Nudeln bei starker bis mittlerer Hitze »al dente« garen.

3. Inzwischen die Butter in einem Topf zerlassen. Die Schalotte darin glasig dünsten. Den

Spargel hinzufügen und alles bei mittlerer Hitze unter Rühren einige Minuten braten.

4. Die Sahne zum Spargel gießen, mit Salz, Pfeffer und Muskat abschmecken und zugedeckt bei mittlerer Hitze etwa 6 Minuten garen, bis der Spargel bißfest ist. Den Käse vorsichtig untermischen und unter Rühren erwärmen, bis er geschmolzen ist.

5. Die Nudeln abtropfen lassen, dann mit dem Spargelgemüse und dem Kerbel mischen und servieren.

Nudeln mit Kräuterbutter und Pilzen

Zutaten für 4 Personen:

je 1/2 Bund Petersilie und Basilikum

2 Knoblauchzehen

100 g weiche Butter

1/2 Eßl. Zitronensaft

1/2 Teel. scharfer Senf

400 g Austernpilze

400 g Sechskorn-Bandnudeln

Salz

2 Eßl. Olivenöl, kaltgepreßt

weißer Pfeffer, frisch gemahlen

Gelingt leicht

Pro Portion etwa:
2500 kJ/600 kcal
17 g Eiweiß . 28 g Fett
66 g Kohlenhydrate
10 g Ballaststoffe

• Zubereitungszeit: etwa
  40 Minuten

1. Für die Kräuterbutter die Kräuter waschen und sehr fein hacken. Die Knoblauchzehen schälen und durch die Presse drücken. Die Butter mit den vorbereiteten Zutaten, dem Zitronensaft und dem Senf in eine Schüssel geben und alles mit einer Gabel gründlich verkneten. Die Butter in den Kühlschrank stellen.

2. Die Austernpilze voneinander trennen, mit einem feuchten Tuch abreiben und von den harten Stielen befreien. Die Pilze in Streifen schneiden.

3. Für die Nudeln reichlich Wasser mit 1 kräftigen Prise Salz zum Kochen bringen. Die Nudeln »al dente« garen.

4. Das Olivenöl in einer Pfanne erhitzen. Die Pilze hinzugen und bei mittlerer Hitze unter Rühren braten, bis sie schön gebräunt sind. Die Pilze mit Salz und Pfeffer abschmecken.

5. Die Butter in kleine Stücke schneiden.

6. Die Nudeln gründlich abtropfen lassen und mit den Pilzen mischen.Die Butterstückchen auf den Nudeln verteilen und sofort servieren.

Im Bild vorne:
Nudeln mit Kräuterbutter und Pilzen
Im Bild hinten:
Hörnchennudeln mit grünem Spargel

Nudeln mit Sojasprossen

Zutaten für 2 Personen:

40 g Mungobohnen
1 Zwiebel
1 Eßl. Olivenöl
100 g Crème fraîche
Salz
schwarzer Pfeffer, frisch gemahlen
2 Eßl. Zitronensaft
25 g Parmesankäse, frisch gerieben
250 g Vollkornnudeln
2 Tomaten
1 Bund Schnittlauch

Gelingt leicht

Pro Portion etwa:
3500 kJ/830 kcal
33 g Eiweiß · 35 g Fett
89 g Kohlenhydrate
15 g Ballaststoffe

- Keimzeit der Mungobohnen: 4 Tage
- Zubereitungszeit: etwa 40 Minuten

1. Die Mungobohnen in ein Glas geben, mit warmem Wasser bedecken und etwa 30 Minuten stehenlassen. Das Glas mit Verbandmull und einem festsitzenden Gummiband verschließen und im Spülbecken umstülpen, damit das Wasser abfließen kann. Das Glas an einen warmen, hellen Platz stellen und die Bohnensamen 4 Tage keimen lassen. Die Bohnen jeden Tag mit warmem Wasser bedecken, einige Minuten stehen lassen und abgießen.

2. Die Zwiebel schälen, hacken und im heißen Öl bei mittlerer Hitze glasig braten. Die Spros-

sen und die Crème fraîche hinzufügen, einmal aufkochen und zugedeckt bei schwacher Hitze in etwa 5 Minuten garen.

3. Die Sprossen mit Salz, Pfeffer, dem Zitronensaft und dem Käse vermischen und zugedeckt warm halten.

4. Die Nudeln in reichlich Salzwasser bißfest garen, abgießen, abtropfen lassen und mit dem Sprossengemüse mischen.

5. Die Tomaten würfeln. Den Schnittlauch waschen, trockentupfen und in feine Röllchen schneiden.

6. Die Nudeln auf vorgewärmten Tellern anrichten. Die Tomaten und den Schnittlauch darüber verteilen.

Nudeln mit Gemüse und Brotbröseln

Zutaten für 4 Personen:

600 g Gemüse
(Kohlrabi, Möhren, Zucchini)
1 Zwiebel
50 g Vollkornbrot
4 Eßl. Olivenöl
Cayennepfeffer
400 g Vollkornnudeln
Salz
2 Eßl. Sahne
50 g Parmesankäse, frisch gerieben
2 Eßl. gemischte Kräuter, frisch gehackt

Preiswert · Gelingt leicht

Pro Portion etwa:
2300 kJ/550 kcal
23 g Eiweiß · 17 g Fett
78 g Kohlenhydrate
12 g Ballaststoffe

- Zubereitungszeit: etwa 40 Minuten

1. Das Gemüse putzen, schälen beziehungsweise waschen und fein zerkleinern. Die Zwiebel schälen und hacken. Das Brot fein zerkrümeln.

2. In einer Pfanne 2 Eßlöffel Öl erhitzen. Die Brotkrümel darin bei schwacher Hitze unter häufigem Wenden knusprig rösten.

3. Das restliche Öl in einem Topf erhitzen. Die Zwiebel darin bei schwacher Hitze glasig braten. Das Gemüse hinzufügen und unter häufigem Wenden gerade eben weich braten, mit Cayennepfeffer würzen und zugedeckt warm halten.

4. Die Nudeln in reichlich Salzwasser bißfest garen. 4 Eßlöffel Nudelwasser, die Sahne und den Käse unter das Gemüse mischen.

5. Die Nudeln abgießen, abtropfen lassen, mit dem Gemüse und dem gerösteten Brot vermischen. Die Gemüsenudeln auf vorgewärmten Tellern anrichten und mit den Kräutern bestreut sofort servieren.

Im Bild hinten: Nudeln mit Sojasprossen.
Im Bild vorne: Nudeln mit Gemüse und Brotbröseln.

Nudeln mit Alfalfa-Zitronen-Sauce

Zutaten für 4 Personen:
1 Bund Frühlingszwiebeln
1 Knoblauchzehe
1 Möhre
150 g Alfalfasprossen
(etwa 30 g Trockengewicht)
400 g Vollkorn-Bandnudeln
Salz
1 Eßl. Butter
200 g Crème fraîche
Saft von 1 kleinen Zitrone
weißer Pfeffer, frisch gemahlen
1 Bund Petersilie

Gelingt leicht

Pro Portion etwa:
2500 kJ/600 kcal
19 g Eiweiß · 28 g Fett
71 g Kohlenhydrate
10 g Ballaststoffe

• Zubereitungszeit: etwa
  30 Minuten

1. Die Frühlingszwiebeln waschen und in Ringe schneiden. Den Knoblauch fein hacken. Die Möhre schälen und fein raspeln. Die Sprossen kalt abspülen und abtropfen lassen.

2. Die Nudeln in reichlich Salzwasser nach Packungsanleitung al dente (bißfest) garen.

3. Die Butter in einem Topf erhitzen. Die Frühlingszwiebeln, den Knoblauch und die Möhre darin glasig dünsten. Die Crème fraîche und den Zitronensaft untermischen und alles bei mittlerer Hitze cremig einkochen lassen. Die Sauce mit Salz und Pfeffer abschmecken.

4. Die Petersilie waschen und ohne die Stiele fein hacken.

5. Die Nudeln abtropfen lassen, dann mit der Zitronensauce, den Alfalfasprossen und der Petersilie mischen.

Nudeln mit Linsensprossen

Zutaten für 4 Personen:
300 g grüner Spargel
Salz
1 Zwiebel
1 Knoblauchzehe
400 g beliebige Vollkornnudeln
1 Eßl. Olivenöl, kaltgepreßt
150 g Linsensprossen
(etwa 40 g Trockengewicht)
1 Handvoll frischer Kerbel
100 g Crème fraîche
weißer Pfeffer, frisch gemahlen
1 Prise Cayennepfeffer

Raffiniert

Pro Portion etwa:
2200 kJ/520 kcal
20 g Eiweiß · 17 g Fett
74 g Kohlenhydrate
12 g Ballaststoffe

• Zubereitungszeit: etwa
  40 Minuten

1. Den Spargel waschen, putzen und nur am unteren Ende dünn schälen. Dann in Stücke schneiden.

2. Den Spargel in wenig kochendem Salzwasser etwa 5 Minuten garen, herausnehmen und abtropfen lassen. Von dem Kochwasser etwa 100 ccm abmessen.

3. Die Zwiebel und den Knoblauch fein hacken.

4. Die Nudeln in Salzwasser nach Packungsanleitung al dente (bißfest) garen.

5. Inzwischen das Öl in einem Topf erhitzen. Die Zwiebel und den Knoblauch darin glasig dünsten.

6. Die Sprossen kalt abspülen, abtropfen lassen und zu der Zwiebel und dem Knoblauch geben. Die Sprossen kurz andünsten, dann das Spargelkochwasser angießen. Die Linsen zugedeckt bei mittlerer Hitze etwa 3 Minuten garen.

7. Den Kerbel verlesen, waschen und fein hacken.

8. Die Crème fraîche und den Spargel unter die Linsensprossen mischen, mit Salz, Pfeffer und dem Cayennepfeffer abschmecken und heiß werden lassen.

9. Die Nudeln abtropfen lassen und mit dem Linsenragout mischen. Mit dem Kerbel bestreut servieren.

Im Bild oben:
Nudeln mit Linsensprossen
Im Bild unten:
Nudeln mit Alfalfa-Zitronen-Sauce

Nudeln mit Maroni und Wirsing

Zutaten für 4 Personen:

250 g Maroni (Eßkastanien)

250 g Wirsingblätter

1 Zwiebel

1 Knoblauchzehe

400 g Vollkorn-Bandnudeln

Salz

1 Eßl. Sonnenblumenöl

1/8 l Gemüsebrühe

150 g Sahne

weißer Pfeffer, frisch gemahlen

Muskatnuß, frisch gemahlen

Raffiniert

Pro Portion etwa:
2500 kJ/600 kcal
19 g Eiweiß · 18 g Fett
91 g Kohlenhydrate
10 g Ballaststoffe

• Zubereitungszeit: etwa
  50 Minuten

1. Die Schale der Maroni mit einem Messer am unteren Ende kreuzweise einschneiden. Die Maroni dann in sprudelnd kochendem Salzwasser in etwa 15 Minuten weich kochen. Dann kalt abschrecken und etwas abkühlen lassen. Die Maroni schälen, die innere dünne Haut entfernen. Die Maroni grob zerkleinern.

2. Die Wirsingblätter waschen und in feine Streifen schneiden, die dicken Blattrippen entfernen. Die Zwiebel und den Knoblauch schälen und fein hacken. Für die Nudeln reichlich Wasser mit 1 kräftigen Prise Salz zum Kochen bringen. Die Nudeln darin bei starker bis mittlerer Hitze »al dente« garen.

3. Inzwischen das Öl in einem Topf erhitzen. Die Zwiebel und den Knoblauch darin glasig dünsten. Den Wirsing dazufügen und kurz anbraten. Die Gemüsebrühe angießen und den Wirsing zugedeckt bei mittlerer Hitze etwa 5 Minuten garen.

4. Die Sahne und die Maroni hinzufügen und die Sauce bei starker Hitze unter ständigem Rühren cremig einkochen lassen. Die Sauce mit Salz, Pfeffer und Muskat abschmecken. Die Nudeln in einem Sieb abtropfen lassen, dann sofort mit der Sauce mischen und in vorgewärmten Tellern servieren.

Spaghetti mit Kartoffeln und Pilzen

Zutaten für 4 Personen:

1 Bund Frühlingszwiebeln
2 Knoblauchzehen
2 festkochende Kartoffeln
(etwa 200 g)
250 g Champignons
400 g Vollkorn-Spaghetti
Salz
1 Eßl. Olivenöl, kaltgepreßt
1/8 l Gemüsebrühe
weißer Pfeffer, frisch gemahlen
Cayennepfeffer
1/2 Bund Basilikum

Raffiniert

Pro Portion etwa:
1700 kJ/400 kcal
18 g Eiweiß · 5 g Fett
73 g Kohlenhydrate
11 g Ballaststoffe

• Zubereitungszeit: etwa
  40 Minuten

1. Die Frühlingszwiebeln putzen, waschen und mit dem zarten Grün in feine Ringe schneiden. Den Knoblauch schälen und fein hacken. Die Kartoffeln schälen, waschen und in dünne Stifte schneiden. Die Pilze putzen und kurz kalt abspülen, dann in hauchdünne Scheiben schneiden.

2. Für die Nudeln reichlich Wasser mit 1 kräftigen Prise Salz zum Kochen bringen. Die Nudeln darin bei starker bis mittlerer Hitze »al dente« garen.

3. Inzwischen das Öl in einer Pfanne erhitzen. Den Knoblauch darin glasig dünsten. Die Kartoffeln und die Frühlingszwiebeln dazugeben und alles bei mittlerer Hitze unter Rühren etwa 2 Minuten anbraten. Dann die Pilze und die Gemüsebrühe hinzufügen und alles mit Salz, Pfeffer und Cayennepfeffer abschmecken.

4. Das Gemüse zugedeckt noch einmal etwa 2 Minuten garen, bis die Kartoffeln weich sind. Das Basilikum waschen, trockenschwenken und ohne die groben Stiele fein hacken. Die Nudeln in einem Sieb abtropfen lassen und sofort mit der Sauce und dem Basilikum mischen und servieren.

Nudeln mit pikanter Käsesauce

Die Sauce wird mit verschiedenen Käsesorten zubereitet und schmeckt deshalb besonders würzig.

Zutaten für 4 Personen:
jeweils 50 g
Greyerzer, Mozzarella, Pecorino,
Fontina (ersatzweise Raclette-Käse)
400 g Vollkorn-Bandnudeln
Salz
200 ccm Gemüsebrühe
1 Eßl. trockener Weißwein
1 Teel. Zitronensaft
weißer Pfeffer, frisch gemahlen

Raffiniert

Pro Portion etwa:
2100 kJ/500 kcal
29 g Eiweiß · 14 g Fett
64 g Kohlenhydrate
8 g Ballaststoffe

- Zubereitungszeit: etwa 20 Minuten

1. Alle 4 Käsesorten in kleine Würfel schneiden.

2. Für die Nudeln reichlich Wasser mit 1 kräftigen Prise Salz zum Kochen bringen. Die Nudeln darin bei starker bis mittlerer Hitze »al dente« garen.

3. Während die Nudeln garen, den Käse mit der Gemüsebrühe und dem Weißwein in einem Topf mischen und bei schwacher bis mittlerer Hitze unter ständigem Rühren erwärmen, bis der Käse geschmolzen ist. Die Sauce mit dem Zitronensaft, Salz und Pfeffer pikant abschmecken.

4. Die Nudeln in einem Sieb abtropfen lassen, dann sofort mit der Käsesauce mischen und in vorgewärmten Tellern servieren.

Nudeln mit Alfalfasauce

Alfalfasprossen können Sie fertig gekeimt in Naturkostläden und Reformhäusern kaufen. Wenn Sie sie selbst keimen wollen, brauchen Sie 20 g Alfalfasamen. Die Samen jeden Tag ein- bis zweimal befeuchten und 4–5 Tage keimen lassen.

Zutaten für 2 Personen:
200 g Vollkorn-Spaghetti
Salz
1 Schalotte
100 g Alfalfasprossen
1/2 Eßl. Butter
100 g Crème fraîche
1/2 Eßl. Zitronensaft
Cayennepfeffer
1/2 Bund Schnittlauch

Gelingt leicht

Pro Portion etwa:
2400 kJ/570 kcal
18 g Eiweiß · 27 g Fett
68 g Kohlenhydrate
10 g Ballaststoffe

- Zubereitungszeit: etwa 20 Minuten

1. Für die Nudeln reichlich Wasser mit 1 kräftigen Prise Salz zum Kochen bringen. Die Nudeln darin bei starker bis mittlerer Hitze »al dente« garen.

2. Während die Nudeln garen, die Schalotte fein hacken. Die Sprossen in einem Sieb kalt abspülen und gründlich abtropfen lassen. Die Sprossen dann mit einer Gabel lockern.

3. Die Butter in einem Topf zerlassen. Die Schalotte darin glasig dünsten. Die Crème fraîche dazugeben. Die Sauce mit dem Zitronensaft, Salz und Cayennepfeffer abschmecken. Die Sprossen untermischen und alles einmal aufkochen. Dann zugedeckt warm halten.

4. Den Schnittlauch waschen, trockenschwenken und in feine Röllchen schneiden.

5. Die Nudeln in einem Sieb gründlich abtropfen lassen, dann mit der Sprossensauce mischen, in vorgewärmte Teller füllen und mit dem Schnittlauch bestreut servieren.

Im Bild vorne:
Nudeln mit Alfalfasauce
Im Bild hinten:
Nudeln mit pikanter Käsesauce

Nudeln mit Tomaten-Mandel-Sauce

Die Sauce schmeckt vor allem im Sommer, wenn Sie die aromatischen Freilandtomaten verwenden können.

Zutaten für 4 Personen:
Salz
500 g Spaghetti
250 g vollreife feste Tomaten
1 Bund Basilikum
2–3 Knoblauchzehen
100 g gehäutete Mandeln
1 Eßl. Olivenöl, kaltgepreßt
weißer Pfeffer, frisch gemahlen

Raffiniert

Pro Portion etwa:
2600 kJ/620 kcal
22 g Eiweiß · 20 g Fett
93 g Kohlenhydrate

• Zubereitungszeit: etwa
  15 Minuten

1. In einem großen Topf reichlich Salzwasser zum Kochen bringen. Die Nudeln darin in etwa 8 Minuten bißfest kochen lassen.

2. Inzwischen die Tomaten mit kochendem Wasser überbrühen, kurz darin ziehen lassen, kalt abschrecken, häuten und grob zerkleinern, dabei die Stielansätze entfernen. Das Basilikum waschen, trockenschwenken und die Blättchen abzupfen. Den Knoblauch schälen.

3. Den Knoblauch und die Mandeln mit Salz im Mixer mittelfein zerkleinern. Die Tomaten, das Basilikum und das Öl hinzufügen und nochmals durchmixen. Mit Salz und Pfeffer abschmecken.

4. Die Nudeln in einem Sieb abtropfen lassen und in vorgewärmte Teller verteilen. Die Sauce hinzufügen und sofort servieren.

Variante:
Ein sommerlicher Salat wird aus diesem Nudelgericht, wenn Sie zusätzlich rohe Tomatenwürfel, noch 1 Eßlöffel Olivenöl und einige Basilikumblätter untermischen.

Penne mit Zucchini

Wenn Sie keine Minze bekommen, nehmen Sie ein großes Bund Petersilie.

Zutaten für 4 Personen:
Salz
500 g Penne
300 g junge Zucchini
200 g schnittfester Schafkäse
4 Zweige frische Minze
3–4 Eßl. Olivenöl, kaltgepreßt
weißer Pfeffer, frisch gemahlen
1 Eßl. Zitronensaft

Gelingt leicht

Pro Portion etwa:
2700 kJ/640 kcal
25 g Eiweiß · 23 g Fett
89 g Kohlenhydrate

• Zubereitungszeit: etwa
  15 Minuten

1. In einem großen Topf reichlich Salzwasser zum Kochen bringen. Die Nudeln darin in etwa 8 Minuten bißfest kochen lassen.

2. Inzwischen die Zucchini waschen, von den Stiel- und Blütenansätzen befreien und in Würfel schneiden. Den Schafkäse ebenfalls würfeln. Die Minze waschen, trockentupfen und die Blättchen abzupfen.

3. Das Öl in einer Pfanne erhitzen. Die Zucchini darin unter Rühren bei mittlerer Hitze etwa 5 Minuten braten, bis sie gebräunt sind. Die Minze untermischen. Die Zucchini mit Salz, Pfeffer und dem Zitronensaft abschmecken.

4. Die Nudeln in einem Sieb abtropfen lassen und mit dem Schafkäse in die Pfanne zu den Zucchini geben. Kurz mischen, dann in vorgewärmten Tellern servieren.

Bild oben
Nudeln mit Tomaten-Mandel-Sauce
Bild unten: Penne mit Zucchini

Spirelli mit buntem Gemüse

Zutaten für 4 Personen:

1 kleine gelbe Paprikaschote
400 g vollreife Tomaten
1 Kohlrabi (etwa 250 g)
1 Bund Frühlingszwiebeln
1 Knoblauchzehe
1/2 Bund frischer Rosmarin
400 g Vollkorn-Spirelli
Salz
2 Eßl. Olivenöl, kaltgepreßt
weißer Pfeffer, frisch gemahlen
Cayennepfeffer
1 Eßl. Sonnenblumenkerne

Preiswert

Pro Portion etwa:
1800 kJ/430 kcal
18 g Eiweiß · 8 g Fett
71 g Kohlenhydrate
11 g Ballaststoffe

• Zubereitungszeit: etwa
45 Minuten

1. Die Paprikaschote waschen, putzen und in Würfel schneiden. Die Tomaten häuten und klein würfeln, dabei die Stielansätze entfernen. Den Kohlrabi schälen, von allen holzigen Stellen befreien und in dünne Stifte schneiden. Die Frühlingszwiebeln putzen, waschen und in feine Ringe schneiden. Den Knoblauch schälen und fein hacken. Den Rosmarin waschen, die Nadeln fein hacken.

2. Für die Nudeln reichlich Wasser mit 1 kräftigen Prise Salz zum Kochen bringen. Die Nudeln »al dente« garen.

3. Inzwischen das Öl in einer Pfanne erhitzen. Die Frühlingszwiebeln und den Knoblauch darin glasig dünsten. Die Paprikawürfel und die Kohlrabistifte hinzufügen, kurz anbraten. Die Tomaten und den Rosmarin untermischen und alles mit Salz, Pfeffer und Cayennepfeffer pikant abschmecken. Das Gemüse zugedeckt bei mittlerer Hitze etwa 6 Minuten garen, bis es bißfest ist.

4. Die Nudeln abtropfen lassen, sofort mit der Sauce mischen und mit den Sonnenblumenkernen bestreut servieren.

Bandnudeln mit Sauerkraut

Zutaten für 4 Personen:

500 g Sauerkraut
1 Zwiebel
1 Knoblauchzehe
1/2 Eßl. Sonnenblumenöl
50 ccm Gemüsebrühe
400 g Vollkorn-Bandnudeln
Salz
1 Bund Petersilie
200 g saure Sahne
weißer Pfeffer, frisch gemahlen
etwa 1 Teel. edelsüßes
Paprikapulver

Raffiniert

Pro Portion etwa:
1800 kJ/430 kcal
19 g Eiweiß · 9 g Fett
69 g Kohlenhydrate
11 g Ballaststoffe

• Zubereitungszeit: etwa
45 Minuten

1. Das Sauerkraut mit zwei Gabeln lockern. Die Zwiebel und den Knoblauch schälen und fein hacken.

2. Das Öl in einem Topf erhitzen. Die Zwiebel und den Knoblauch darin glasig dünsten. Das Sauerkraut hinzufügen und kurz anbraten.

3. Die Gemüsebrühe angießen und das Sauerkraut zugedeckt bei mittlerer Hitze etwa 15 Minuten schmoren.

4. Inzwischen für die Nudeln reichlich Wasser mit 1 kräftigen Prise Salz zum Kochen bringen. Die Nudeln darin bei starker bis mittlerer Hitze »al dente« garen.

5. Die Petersilie waschen und fein hacken.

6. Die Sahne unter das Sauerkraut mischen. Das Kraut mit Salz, Pfeffer und dem Paprikapulver pikant abschmecken.

7. Die Nudeln abtropfen lassen, dann sofort mit dem Kraut mischen und servieren.

Im Bild vorne:
Bandnudeln mit Sauerkraut
Im Bild hinten:
Spirelli mit buntem Gemüse

Kartoffeln, Getreide & Reis

Wer sie nur als Beilage auf den Tisch stellt, bringt sich um viele Genüsse. Denn ob gekocht mit raffinierten Saucen, zu Teig verarbeitet und gebacken oder im Ofen mit einer leckeren Kruste versehen – Kartoffeln, Getreide und Reis können die Basis für wunderbare Köstlichkeiten sein.

Kartoffel-Delikatessen

Die ersten neuen Kartoffeln aus einheimischer Ernte, in der Schale gekocht, mit frischer Butter und Kräutern oder mit einer pikanten Quark- oder Käsecreme sind wirklich eine Delikatesse!

Kochen Sie für 2 Personen 500–600 g vorwiegend festkochende Kartoffeln und servieren Sie eine der folgenden Mischungen und eine große Schüssel dazu gemischten grünen Salat dazu – eine vollwertige Mahlzeit mit einer idealen Eiweißkombination!

Die Zubereitung ist bei allen Rezepten die gleiche: Den Quark mit der Sahne oder der Milch und dem Öl cremig rühren. Die weiteren Zutaten nacheinander daruntermengen. Zuletzt mit den Gewürzen abschmecken und garnieren.

Edelpilz-Käsecreme

Zutaten für 2 Personen:
200 g Quark · 75 g Sahne
200 g Roquefort oder Danablu,
mit der Gabel fein zerdrückt
Zum Garnieren: 4 Walnußkerne

Raffiniert

Pro Portion (ohne Kartoffeln) etwa:
2600 kJ/620 kcal
38 g Eiweiß · 48 g Fett
6 g Kohlenhydrate
1 g Ballaststoffe

- Zubereitungszeit: etwa
  10 Minuten

Kräuterquark

Zutaten für 2 Personen:
250 g Quark · 100 g saure Sahne
1 Teel. Hefeextrakt
1 Knoblauchzehe, durchgepreßt
1 Gewürzgurke, feingewürfelt
reichlich Kräuter (Petersilie oder
Kerbel, Schnittlauch, Zitronen-
melisse, Dill, Borretsch, Liebstöckel,
Basilikum oder junge Wildkräuter),
frisch gehackt
1/2 Teel. Schabzigerklee
Zum Garnieren:
Radieschenscheiben oder Feldsalat

Schnell

Pro Portion (ohne Kartoffeln) etwa:
710 kJ/170 kcal
20 g Eiweiß · 6 g Fett
10 g Kohlenhydrate
1 g Ballaststoffe

- Zubereitungszeit: etwa
  15 Minuten

Selleriequark

Zutaten für 2 Personen:
250 g Quark · 2 Eßl. Milch
2 Eßl. Sonnenblumenöl, kaltgepreßt
100 g Knollensellerie,
feingerieben, oder Staudensellerie,
feingeschnitten
2 Eßl. Küchenkräuter oder
Wildkräuter, frisch gehackt
1 Teel. mittelscharfer Senf
1/2 Teel. Hefeextrakt · Meersalz
3 Teel. Zitronensaft

Gelingt leicht

Pro Portion (ohne Kartoffeln) etwa:
1000 kJ/240 kcal
17 g Eiweiß · 15 g Fett
10 g Kohlenhydrate
1 g Ballaststoffe

- Zubereitungszeit: etwa
  15 Minuten

Paprikaquark

Zutaten für 2 Personen:
250 g Quark · 5 Eßl. Sahne
1 Eßl. feine Zwiebelwürfel
je 50 g rote und grüne Paprika-
schote, feingewürfelt
1 große Gewürzgurke,
feingewürfelt
1/2 Teel. mittelscharfer Senf
1 Knoblauchzehe, durchgepreßt
1 Teel. Delikateßpaprika
1/2 Teel. Rosenpaprika
3/4 Teel. Kräutersalz

Gelingt leicht

Pro Portion (ohne Kartoffeln) etwa:
760 kJ/180 kcal
18 g Eiweiß · 7 g Fett
10 g Kohlenhydrate
1 g Ballaststoffe

- Zubereitungszeit: etwa
  15 Minuten

Im Bild vorne: Edelpilz-Käsecreme
Im Bild Mitte (unten): Kräuterquark
Im Bild Mitte (oben): Selleriequark
Im Bild hinten: Paprikaquark

Pellkartoffeln mit dicker Gemüsesauce

Diese Sauce ist eine ideale Verwertung für Grünzeug, das Sie sonst vielleicht immer weggeworfen haben: Sie schmeckt nämlich mit allen Gemüseblättern – zum Beispiel von Radieschen oder Rettich, Kohlrabi oder Möhren. Außerdem eignen sich Reste von Kräutern, Zwiebel- oder Lauchgrün, Blättchen von Staudensellerie und Fenchel. Beachten Sie bitte die unterschiedlichen Garzeiten: Alle diese Zutaten sind so schnell weich wie Spinat. Nur Kohlrabi- und Möhrenblättchen brauchen etwa 7 Minuten. Wenn Sie keine Blätter übrig haben, nehmen Sie, wie im Rezept angegeben, Spinat.

Zutaten für 2 Personen:
500 g kleine Kartoffeln
500 g Spinat
400 g Tomaten
2 Frühlingszwiebeln
2 Eßl. Distelöl
Salz
weißer Pfeffer, frisch gemahlen
200 g Crème fraîche
1/2 Bund Petersilie

Schnell • Gelingt leicht

Pro Portion etwa:
3000 kJ/710 kcal
16 g Eiweiß · 49 g Fett
49 g Kohlenhydrate
15 g Ballaststoffe

• Zubereitungszeit:
  etwa 25 Minuten

1. Die Kartoffeln unter fließendem Wasser gründlich bürsten und mit der Schale in wenig Salzwasser weich kochen. Das dauert je nach Größe der Kartoffeln 10 – 15 Minuten.

2. Inzwischen den Spinat verlesen, mehrmals gründlich waschen, trockenschwenken und grob hacken. Dabei nach Wunsch auch die härteren Stiele mitverwenden. Die Tomaten häuten (siehe Tip) und würfeln, die Stielansätze entfernen. Die Frühlingszwiebeln waschen, trockenschwenken, von den welken Blättern und den Wurzelansätzen befreien und in etwa fingerbreite Ringe schneiden.

3. Das Öl erhitzen. Alle zerkleinerten Gemüse darin bei mittlerer bis starker Hitze unter ständigem Wenden etwa 2 Minuten anbraten. Das Gemüse mit Salz und Pfeffer würzen.

4. Die Crème fraîche hinzufügen, aufkochen und zugedeckt auf der abgeschalteten Kochstelle etwa 2 Minuten ziehen lassen.

5. Die Petersilie waschen, trockentupfen und fein hacken. Die Kartoffeln abgießen, auf vorgewärmte Teller geben und halbieren. Die Sauce darüber verteilen und mit der Petersilie bestreuen.

Variante:
Den Spinat durch Reste von Möhren, Kohlrabi, Knollensellerie und/oder Zucchini ersetzen. Diese Gemüse auf der Rohkostreibe möglichst fein raspeln und die Sauce wie oben zubereiten.

Tip!

Es ist nicht nötig, Tomaten vor dem Häuten zu überbrühen: Bei wirklich vollreifen Tomaten können Sie die Haut auch so abziehen. Wenn das nicht gelingt, machen Sie es folgendermaßen: Mit der Klinge eines kleinen scharfen Messers fahren Sie über die gesamte Oberfläche. Dabei arbeiten Sie mit kräftigem Druck, halten die Klinge leicht schräg, damit die Haut nicht eingeritzt wird. Die Tomaten mindestens 3 Minuten liegen lassen oder bis Sie die anderen Zutaten vorbereitet haben; dann die Haut mit dem Messer abziehen. Stielansätze und grüne Kerne von Tomaten sollten Sie immer entfernen, denn beides enthält in geringen Mengen schädliches Solanin.

Pellkartoffeln mit dicker Gemüsesauce – besser können Sie übriggebliebene Gemüseblätter und Grünzeug nicht verwenden.

Nußkartoffeln mit Curryquark

Zutaten für 2 Personen:
500 g vorwiegend festkochende oder mehligkochende Kartoffeln
1 Eßl. Butter
250 g Quark
100 g saure Sahne
2 Teel. mittelscharfer Senf
1 1/2 Teel. Curry
3/4 Teel. abgeriebene Zitronenschale (unbehandelt)
1 1/4 Eßl. Zitronensaft
1 1/2 Eßl. Küchenkräuter wie Petersilie, Zitronenmelisse und Zitronenthymian, frisch gehackt
250 g junge Kohlrabi
1 Eßl. Schnittlauchröllchen
30–40 g Haselnüsse

Gelingt leicht

Pro Portion etwa:
1800 kJ/430 kcal · 12 g Eiweiß
22 g Fett · 48 g Kohlenhydrate
9 g Ballaststoffe

• Zubereitungszeit: etwa 45 Minuten

1. Die Kartoffeln unter fließendem Wasser sauber bürsten und in mittelgroße Würfel schneiden. Die Hälfte der Butter mit 2 Eßlöffeln Wasser in einer Deckelpfanne erhitzen. Die Kartoffelwürfel hineingeben. Den Deckel auflegen. Die Kartoffeln kräftig durchschütteln, bei starker Hitze ankochen und bei schwacher Hitze in etwa 15 Minuten fertig garen.

2. Den Quark mit der sauren Sahne und dem Senf cremig rühren. Die Würzzutaten und die Kräuter untermengen.

3. Die Kohlrabi schälen. Die zarten Blättchen in Streifen schneiden, die Knollen fein raspeln. Beides unter den Quark rühren, abschmecken und mit dem Schnittlauch bestreuen.

4. Die Nüsse mittelgrob hacken und über die Kartoffeln streuen. Die restliche Butter dazugeben und alles bei schwacher Hitze unter Umwenden noch 3–4 Minuten durchbraten.

Kartoffelpfanne mit Wintergemüse

Zutaten für 2–3 Personen:
300 g Staudensellerie
200 g Zwiebeln
250 g Möhren
400 g mehligkochende Kartoffeln
1 Eßl. Butter
1 Eßl. Sonnenblumenöl
2–2 1/2 Teel. Kräutersalz
2 Teel. getrockneter Thymian
1 1/2 Teel. getrocknete, gerebelte Liebstöckelblätter
4 Eßl. Schmand (24%ige saure Sahne)
2 Eßl. glatte Petersilie, frisch gehackt

Gelingt leicht

Bei 2 Personen pro Portion etwa:
1700 kJ/400 kcal · 9 g Eiweiß
20 g Fett · 46 g Kohlenhydrate
18 g Ballaststoffe

• Zubereitungszeit: etwa 45 Minuten

1. Den Sellerie putzen und waschen. Das Sellerieherz und das Selleriegrün beiseite legen. Die Stangen in Streifen schneiden. Die Zwiebeln halbieren und in Streifen schneiden. Die Möhren und die Kartoffeln sauber bürsten. Die Möhren in Scheiben schneiden. Die Kartoffeln eventuell schälen und würfeln.

2. Die Butter, das Öl und 1 Eßlöffel Wasser in einer Pfanne erhitzen. Die Zwiebeln und die Kartoffeln darin unter Umwenden 2–3 Minuten anbraten.

3. Die Möhren, den Sellerie, das Salz, die Kräuter und 7 Eßlöffel Wasser unter die Kartoffeln mischen. Zugedeckt bei starker Hitze ankochen und bei schwacher Hitze etwa 15 Minuten garen.

4. Den Schmand mit 3–4 Eßlöffeln Wasser verquirlen und unter das Gemüse rühren. Den zurückbehaltenen Sellerie fein schneiden und unterheben. Das Selleriegrün kleinschneiden. Das Kartoffelragout abschmecken und mit der Petersilie und dem Selleriegrün bestreuen.

Bild oben:
Nußkartoffeln mit Curryquark
Bild unten: Kartoffelpfanne mit Wintergemüse

Sahne-kartoffeln mit Kräutern

Zutaten für 4 Personen:

Zutaten für 4 Personen:
800 g mehligkochende Kartoffeln
100 g Zwiebeln
20 g Butter
4 Teel. gekörnte Gemüsebrühe
2 kleine Lorbeerblätter
1/4 l Wasser
je 2 Eßl. Schnittlauch und Petersilie,
frisch geschnitten
150 g Sahne
Muskatnuß, frisch gerieben

Schnell

Pro Portion etwa:
1300 kJ/310 kcal · 6 g Eiweiß
17 g Fett · 34 g Kohlenhydrate
6 g Ballaststoffe

- Zubereitungszeit: etwa
  45 Minuten

1. Die Kartoffeln unter fließendem Wasser sauber bürsten, eventuell dünn schälen und in Würfel schneiden. Die Zwiebeln schälen und fein hacken.

2. Die Butter in einem großen Topf zerlassen und die Zwiebeln darin goldgelb dünsten. Die Kartoffeln, die gekörnte Brühe, die Lorbeerblätter und das Wasser dazugeben.

3. Die Kartoffeln aufkochen und zugedeckt bei schwacher Hitze in etwa 18 Minuten bißfest garen. Nach etwa 9 Minuten einmal umwenden.

4. Die Kartoffeln in eine vorgewärmte Schüssel füllen, dabei die Lorbeerblätter herausnehmen. Die Kräuter über die Kartoffeln streuen und die Sahne vorsichtig unterrühren, damit die Kartoffeln nicht zerfallen. Die Sahnekartoffeln mit wenig Muskat abschmecken. Dazu schmeckt gedünstetes Gemüse wie Rosenkohl, Broccoli, Möhren, Staudensellerie oder Spargel.

Tip!

Würzen Sie dieses Gericht auch mal mit anderen Kräutern wie Liebstöckel, Bohnenkraut, Thymian, Majoran oder Basilikum.

Kartoffelcurry mit Frühlings-zwiebeln

Zutaten für 2 Personen:
400 g festkochende Kartoffeln
30 g Haselnüsse
25 g Butter
30 g Sonnenblumenkerne
1 Teel. Curry
1/2 Teel. Kurkuma
125 g Frühlingszwiebeln
1 Knoblauchzehe
Meersalz

Gelingt leicht

Pro Portion etwa:
1800 kJ/430 kcal · 11 g Eiweiß
27 g Fett · 38 g Kohlenhydrate
9 g Ballaststoffe

- Zubereitungszeit: etwa
  50 Minuten

1. Die Kartoffeln waschen und in wenig Wasser in etwa 25 Minuten knapp weich kochen.

2. Die Nüsse mittelgrob hacken. 5 g Butter in einer Pfanne zerlassen. Die Nüsse und die Sonnenblumenkerne darin goldgelb rösten. Die Gewürze kurz mitrösten. Die Nußmischung beiseite stellen.

3. Die Kartoffeln schälen und würfeln. Die Frühlingszwiebeln waschen und putzen. Ein Viertel des Zwiebelgrüns abschneiden und aufheben. Die Zwiebeln schräg in Stücke schneiden. Den Knoblauch fein würfeln.

4. Die restliche Butter in einer Pfanne zerlassen. Die Kartoffeln, die Zwiebeln und den Knoblauch hineingeben und salzen. Unter Umwenden bei mittlerer Hitze etwa 5 Minuten braten. Die Nußmischung unter die Kartoffeln heben. Das Kartoffelcurry in eine vorgewärmte Schüssel füllen. Das zurückbehaltene Zwiebelgrün in feine Ringe schneiden und über die Kartoffeln streuen. Dazu schmeckt gedünstetes Gemüse wie Chinakohl, Weißkraut, Sellerie oder Möhren.

Im Bild vorne:
Sahnekartoffeln mit Kräutern
Im Bild hinten:
Kartoffelcurry mit Frühlingszwiebeln

Hirse-Äpfel auf Sahne-kraut

Ein Hauptgericht nicht nur für Hirsefans.

Zutaten für 4 Personen:
1 Zwiebel
2 Eßl. Pflanzenöl
600 g Sauerkraut
100 ml Gemüsebrühe
1 Teel. Honig
70 g Speisehirse
1 Eßl. Butter
300 ml leichte Gemüsebrühe
4 große säuerliche Äpfel
75 g mildwürziger Schnittkäse
(mittelalter Gouda, Edamer, Elbo)
2 Zweige frisches Basilikum
200 g Sahne
1 Teel. Kümmel

Vollwertig

Pro Portion etwa:
2100 kJ/500 kcal
11 g Eiweiß · 31 g Fett
42 g Kohlenhydrate

• **Zubereitungszeit:
etwa 50 Minuten**

1. Die Zwiebel schälen und nicht zu fein würfeln. Im Öl anbraten und leicht bräunen. Das Sauerkraut und die Brühe zugeben, den Honig einrühren. Zugedeckt etwa 20 Minuten garen.

2. Inzwischen die Hirse in der Butter sanft anrösten, die Gemüsebrühe aufgießen, zugedeckt etwa 20 Minuten leise köcheln lassen.

3. Die Äpfel waschen, Kerngehäuse und einen Teil des Fruchtfleisches mit einem Kugelausstecher entfernen, die Apfelschnipsel zum Kraut geben.

4. Den Käse entrinden, würfeln. Das Basilikum waschen, trocknen, Blättchen hacken. Beides unter die Hirse rühren, die Masse in die Äpfel füllen.

5. Die Sahne und den Kümmel zum Kraut geben, die Äpfel darauf setzen. Zugedeckt noch etwa 15 Minuten garen. Auf dem Kraut servieren.

Grünkern-spätzle mit Käse

Fleischloses Hauptgericht

Zutaten für 4 Personen:
300 g Weizenmehl
100 g Grünkernmehl
2 Eier
Salz
200 g Käse (1/3 milder Butterkäse
oder junger Gouda, 1/3 würziger
Schnittkäse wie Raclette, 1/3 Hartkäse
wie Parmesan oder Gruyère)
4 Zwiebeln (etwa 250 g)
3 Eßl. Butter
schwarzer Pfeffer, frisch gemahlen

Vegetarisch

Pro Portion etwa:
2800 kJ/670 kcal
27 g Eiweiß · 29 g Fett
74 g Kohlenhydrate

• **Zubereitungszeit:etwa 50 Min.**

1. Für den Spätzleteig beide Mehlsorten mit 1/4 l Wasser, den Eiern und Salz verrühren. Etwa 30 Minuten quellen lassen.

2. Die Käsesorten raspeln oder in dünne Scheiben hobeln. Die Zwiebeln schälen und in Scheiben schneiden.

3. In einer Pfanne die Butter zergehen lassen. Mit einem Teil davon eine mittelhohe Auflaufform ausfetten, im Rest die Zwiebelringe bei mittlerer Hitze langsam braun braten, leicht salzen, zur Seite stellen.

4. Die Auflaufform in den Backofen stellen, auf 180° erhitzen. Mindestens 2 l Salzwasser zum Kochen bringen.

5. Spätzleteig durchrühren, ein Viertel davon auf ein nasses Brett streichen und mit dem Messer schmale Streifen ins kochende Wasser schaben.

6. Sobald eine Portion davon geschabt ist, mit einer Schaumkelle in die Form heben, mit einem Teil Zwiebeln und Käse bedecken, mit Pfeffer bestreuen. So fortfahren, bis die ganzen Spätzle gekocht sind. Die Form noch etwa 10 Minuten im Ofen lassen, dann auftragen.

Im Bild oben:
Hirse-Äpfel auf Sahnekraut
Im Bild unten:
Grünkernspätzle mit Käse

Grünkernküchlein mit Möhrensauce

Wenn Sie möchten, können Sie als zusätzliche Beilage zu diesem Grünkerngericht Zuckererbsen, Blattspinat oder Zucchini servieren! Anstelle der Möhrensauce paßt auch eine Käsesauce dazu.

Zutaten für 4 Personen:
Für die Küchlein:
1/2 l Wasser
2 Teel. Sojasauce
Salz
1/2 Gemüsebrühwürfel
1 Lorbeerblatt, fein zerrieben
4 Knoblauchzehen
250 g Grünkern, mittelgrob geschrotet
2–3 Teel. Rosmarinnadeln
250 g Zucchini
1 Zwiebel (200 g)
1–2 Eßl. kaltgepreßtes, nicht raffiniertes Olivenöl
weißer Pfeffer, frisch gemahlen
3–4 Eßl. Gomasio
1 Ei
Für die Sauce:
500 g Möhren
1/4 l Gemüsebrühe
100–150 g Sahne
50 g Butter
Salz
Muskatnuß, frisch gerieben
1–2 Teel. frische Thymianblättchen
Zum Braten:
ungehärtetes Kokosfett oder Öl

Raffiniert • Für Gäste

Pro Portion etwa:
3000 kJ/710 kcal
15 g Eiweiß · 47 g Fett
58 g Kohlenhydrate
9 g Ballaststoffe

• Zubereitungszeit: etwa 45 Minuten

1. Das Wasser mit der Sojasauce, 1 Prise Salz, dem Gemüsebrühwürfel und dem Lorbeerblatt verrühren. Die Knoblauchzehen durch die Knoblauchpresse in den Topf drücken. Das Wasser zum Kochen bringen. Den Grünkernschrot einrühren und die Hitze zurückschalten.

2. Die Rosmarinnadeln bis auf einen kleinen Rest fein schneiden. Die Hälfte des Rosmarins zu den Zutaten in den Topf geben. Den Deckel auflegen und den Schrot bei schwacher Hitze oder auf der ausgeschalteten Kochplatte in 20 Minuten zu einer festen Masse ausquellen und dann leicht auskühlen lassen.

3. Die Zucchini waschen, von Stiel- und Blütenansätzen befreien und in feine Stifte (Julienne) schneiden oder hobeln.

4. Die Zwiebel fein würfeln. Das Olivenöl in einer Pfanne erhitzen und die Zwiebel darin goldgelb andünsten. Die Zucchinistifte zu den Zwiebeln geben und für 1–2 Minuten mitdünsten.

5. Den Grünkernschrotbrei mit Salz, Pfeffer und dem Gomasio würzen. Das Ei, den restlichen gehackten Rosmarin sowie die angedünsteten Zwiebeln und Zucchini einrühren und abschmecken. Die Masse soll kräftig schmecken.

6. Mit nassen Händen etwa 24 kleine Küchlein formen. Die Küchlein möglichst in 2 Pfannen in Kokosfett oder Öl auf beiden Seiten bei schwacher bis mittlerer Hitze goldbraun braten.

7. Inzwischen für die Sauce die Möhren waschen, wenn nötig, schälen oder schaben und mittelgrob raspeln oder fein stifteln. Die Möhren mit der Gemüsebrühe in einen hohen Topf geben und 5–7 Minuten zugedeckt bei mittlerer Hitze kochen lassen. Die Sahne angießen, die Butter dazugeben und die Sauce mit einem Mixstab pürieren. Mit Salz und Muskat abschmekken. Den Thymian einrühren.

8. Die restlichen Rosmarinnadeln gegen Ende der Bratzeit zu den Küchlein in die Pfanne geben. Die Küchlein mit der Sauce auf Tellern anrichten und servieren.

Bei vielen gilt Grünkern als eine der aromatischsten Getreidesorten – die Küchlein bestätigen diese Ansicht.

Buchweizen-gnocchi mit Kräutersauce

Zu diesen Gnocchi paßt auch sehr gut Tomatensauce.

Zutaten für 4 Personen:
Für die Gnocchi:
1/2 l Gemüsebrühe
2 Knoblauchzehen
250 g Buchweizen, grießartig geschrotet
100 g Emmentaler, frisch gerieben
2 Eßl. Dinkel oder Weizen, fein gemahlen
1 Ei
Salz
weißer Pfeffer, frisch gemahlen
1/2 Bund Schnittlauch oder Petersilie
Für die Sauce:
20 g Butter
20–30 g Naturreis oder Dinkel, fein gemahlen (2–3 Eßl.)
250–300 ccm Gemüsebrühe
100–150 g Sahne
3–4 Knoblauchzehen
Salz
Streuwürze
1 Prise Schabziegerklee
1–2 Bund Schnittlauch, Petersilie, Dill, eine Sorte oder gemischt

Raffiniert • Für Gäste

Pro Portion etwa:
2200 kJ/520 kcal
21 g Eiweiß · 27 g Fett
54 g Kohlenhydrate
2 g Ballaststoffe

• Zubereitungszeit: etwa 45 Minuten

1. Die Gemüsebrühe zum Kochen bringen. Die Knoblauchzehen durch eine Knoblauchpresse in die Brühe drücken. Den Buchweizenschrot einstreuen, gründlich durchrühren und dann bei schwacher Hitze zugedeckt etwa 15 Minuten quellen lassen. Danach leicht abkühlen lassen.

2. Inzwischen für die Sauce die Butter in einem kleinen Topf aufschäumen lassen. Das Reis- oder Dinkelmehl etwa 1 Minute darin anschwitzen.

3. Die Gemüsebrühe und die Sahne aufgießen. Die Knoblauchzehen durch die Presse in die Sauce drücken, diese 7–10 Minuten bei schwacher Hitze kochen lassen.

4. Inzwischen den Käse, das Dinkel- oder Weizenmehl und das Ei unter den abgekühlten Buchweizenbrei rühren. Mit Salz und Pfeffer würzen. Der Teig soll kräftig schmecken.

5. Den Schnittlauch oder die Petersilie waschen und fein schneiden. Die Kräuter einrühren. Die Masse soll geschmeidig sein. Wenn nötig, noch etwas Wasser einrühren.

6. 1 1/2–2 l Wasser in einem großen Topf zum Kochen bringen. Dann die Hitze zurückschalten. Mit einem Eßlöffel kleine Klößchen von der Masse abstechen und diese in die siedende Flüssigkeit gleiten lassen. Die Gnocchi 3–5 Minuten darin ziehen lassen. Wenn sie oben schwimmen, die Gnocchi herausheben, abtropfen lassen und in eine Schüssel geben.

7. Die Sauce mit Salz, Streuwürze und Schabziegerklee würzen.

8. Die Kräuter für die Sauce waschen, sehr fein hacken und einrühren. Die Sauce abschmecken. Die Sauce zu den Gnocchi servieren.

Tip!

Damit die Gnocchi ihre Form behalten, ist es wichtig, daß sie nicht kochen und nicht zu lange im Wasser liegen bleiben. Schabziegerklee ist ein getrocknetes, fein pulverisiertes Hochgebirgskraut. Erhältlich ist Schabziegerklee im Reformhaus oder Naturkostladen.
Gnocchi können Sie auch sehr gut im gekochten Einsatz über Dampf garen.

Von der italienischen Küche inspiriert – mit Buchweizen vollwertig und köstlich abgewandelt – sind die Gnocchi mit cremiger Sauce.

Gemüse mit Couscous

Zutaten für 4 Personen:
200 g Möhren
200 g Kohlrabi
40–50 g Butter
400 ccm Gemüsebrühe
200 g Erbsen
200 g Couscous oder Bulgur
Salz
2 Eßl. beliebige Kräuter,
frisch geschnitten

Preiswert • Schnell

Pro Portion etwa:
1400 kJ/330 kcal
10 g Eiweiß · 11 g Fett
48 g Kohlenhydrate
5 g Ballaststoffe

- Zubereitungszeit: etwa
  30 Minuten

1. Die Möhren waschen und gegebenenfalls schälen. Den Kohlrabi schälen. Beides in 2–3 mm feine Stifte schneiden.

2. Das Gemüse kurz in der Butter andünsten. Die Brühe angießen. Die Gemüsestifte bei mittlerer Hitze zugedeckt etwa 3 Minuten vorgaren.

3. Die Erbsen und den Couscous oder Bulgur einstreuen. Die Masse bei schwächster Hitze 8–10 Minuten köcheln lassen, ab und zu umrühren.

4. Den Couscous mit zwei Gabeln lockern und mit Salz abschmecken. Die Kräuter darüber streuen.

Buchweizentopf mit Sommergemüse

Zutaten für 4 Personen:
250 g grüne Bohnen
2 große Zwiebeln (etwa 200 g)
2 Knoblauchzehen
2 Eßl. kaltgepreßtes,
nicht raffiniertes Olivenöl
150 g Buchweizen
1/2 l Gemüsebrühe
1 Teel. Miso oder Sojasauce
Salz und Streuwürze
weißer Pfeffer, frisch gemahlen
500 g Tomaten
250 g Zucchini
1 grüne Paprikaschote
1 Eßl. frische Thymian- oder Boh-
Bohnenkrautblättchen oder
2–3 Salbeiblätter, frisch gehackt
2–3 Eßl. Crème fraîche

Für Ungeübte

Pro Portion etwa:
1600 KJ/380 kcal
10 g Eiweiß · 19 g Fett
41 g Kohlenhydrate
7 g Ballaststoffe

- Zubereitungszeit: etwa
  45 Minuten

1. Die Bohnen waschen, putzen und in 2–3 cm lange Stücke schneiden. Die Zwiebeln und die Knoblauchzehen fein schneiden.

2. Das Öl in einem mittelgroßen Topf erhitzen. Die Zwiebeln und den Knoblauch darin andünsten.

3. Den Buchweizen hinzufügen und 1–2 Minuten leicht anrösten. Die Bohnen dazugeben, die Gemüsebrühe angießen, das Miso oder die Sojasauce einrühren. Den Eintopf mit Salz, Streuwürze und Pfeffer würzen und zugedeckt bei schwacher Hitze etwa 10 Minuten garen. Dabei gelegentlich umrühren.

4. Inzwischen die Tomaten waschen und 2–3 Minuten auf die kochende Eintopfmasse legen. Die abgekühlten Tomaten häuten und kleinschneiden, den Strunk entfernen.

5. Die Zucchini waschen, putzen und in 1/2 cm dicke Scheiben schneiden. Die Paprikaschote waschen, putzen und in 1/2 cm breite Streifen schneiden.

6. Die Tomaten, die Zucchini und die Paprikastreifen unter den Eintopf mischen. Die Hälfte des Thymians, des Bohnenkrauts oder des Salbeis einrühren. Den Eintopf bei schwacher Hitze 7–10 Minuten köcheln lassen. Eventuell Wasser nachgießen.

7. Den Topf vom Herd nehmen. Die Crème fraîche unter den Eintopf rühren, die restlichen Kräuter darüber streuen.

Im Bild vorne: Buchweizentopf mit Sommergemüse.
Im Bild hinten: Gemüse mit Couscous.

Weißkohl mit Schnittlauchreis

Zutaten für 2 Personen:

150g Naturlangkornreis

knapp 300 ccm Wasser

Salz

1 kleiner Kopf Weißkohl (etwa 500g)

300g Tomaten

1 große Zwiebel

2 Eßl. Maiskeimöl

1/2 Bund Basilikum oder Petersilie

1 Bund Schnittlauch

2 Eßl. Crème fraîche

Gelingt leicht · Preiswert

Pro Portion etwa:
2100 kJ/500 kcal
12g Eiweiß · 19g Fett
74g Kohlenhydrate
14g Ballaststoffe

• Zubereitungszeit:
etwa 45 Minuten

1. Den Reis mit dem Wasser und Salz aufkochen und zugedeckt bei schwächster Hitze in etwa 40 Minuten körnig ausquellen lassen.

2. Inzwischen vom Weißkohl die welken äußeren Blätter entfernen, den Kohl achteln, waschen und in feine Streifen schneiden. Die Tomaten häuten (siehe Tip Seite 52) und würfeln. Die Zwiebel schälen und hacken.

3. Das Öl erhitzen, die Zwiebel darin unter Rühren glasig braten. Den Weißkohl und die Tomaten hinzufügen, einmal aufkochen und zugedeckt bei schwacher Hitze in etwa 5 Minuten garen, bis der Kohl bißfest ist. Das Gemüse mit Salz würzen.

4. Das Basilikum und den Schnittlauch waschen, trockentupfen und getrennt fein zerkleinern. Den Schnittlauch unter den Reis mischen.

5. Das Gemüse und den Reis auf vorgewärmte Teller geben. Einen Klecks Crème fraîche auf die Gemüseportionen setzen und mit dem Basilikum bestreuen.

Wintergemüse mit Pilz-Bulgur

Zutaten für 3 Personen:

500g Suppengemüse

(Lauch, Knollensellerie, Möhren und

Petersilienwurzel gemischt)

1 Fenchelknolle (etwa 250g)

2 große Zwiebeln

200g Champignons

2 Eßl. Zitronensaft

4 Eßl. Sonnenblumenöl

250g Bulgur

1/2 l Gemüsebrühe (Rezept Seite 18)

Salz

weißer Pfeffer, frisch gemahlen

1 Teel. Kümmelkörner

100g Sahne

1 großes Bund Petersilie

Preiswert

Pro Portion etwa:
2500 kJ/600 kcal
17g Eiweiß · 24g Fett
80g Kohlenhydrate
11g Ballaststoffe

• Zubereitungszeit:
etwa 45 Minuten

1. Das Suppengemüse putzen, waschen und würfeln. Die Fenchelblättchen abschneiden und beiseite legen. Die Knolle halbieren, waschen, vom Strunk befreien und quer zu den Fasern in Streifen schneiden. Die Zwiebeln schälen und hacken.

2. Für das Bulgur die Champignons putzen, gegebenenfalls waschen, hacken und mit dem Zitronensaft mischen.

3. 1 Eßlöffel Öl erhitzen. Das Bulgur darin unter Rühren anbraten. Die Gemüsebrühe hinzufügen, aufkochen und das Bulgur zugedeckt bei schwacher Hitze in etwa 20 Minuten garen.

4. Das restliche Öl erhitzen und die Zwiebeln darin glasig braten. Das Suppengemüse und den Fenchel hinzufügen und unter Rühren einige Sekunden mitbraten. Das Gemüse mit Salz, Pfeffer und dem Kümmel würzen. Die Sahne hinzugießen, einmal aufkochen und das Gemüse zugedeckt bei schwacher Hitze in etwa 5 Minuten bißfest garen.

5. Die Pilze unter das Bulgur mischen und erhitzen. Die Petersilie und die Fenchelblättchen waschen, trockentupfen und fein hacken. Das Gemüse und das Bulgur damit bestreuen.

Im Bild hinten: Für die kalte Jahreszeit ein sättigendes Gericht – Wintergemüse mit Pilz-Bulgur.
Im Bild vorne: Weißkohl mit Schnittlauchreis – einfach in der Zubereitung.

Gemüse-Pilz-Reis

Zutaten für 4 Personen:

30 g Mu-Err-Pilze

200 g Langkornreis

400 ml Gemüsebrühe

2 rote Paprikaschoten

1 Zwiebel

1 Knoblauchzehe

2 Frühlingszwiebeln, ersatzweise

1 Stange Lauch

2 Fleischtomaten

1 Bund glatte Petersilie

2 EBl. kaltgepreßtes Olivenöl

30 g Butter

Salz

Cayennepfeffer

Für Ungeübte

Pro Portion etwa:
2400 kJ/570 kcal
32 g Eiweiß · 26 g Fett
59 g Kohlenhydrate

- Quellzeit: 2–3 Stunden
- Zubereitungszeit: etwa
  35 Minuten

1. Die Pilze in reichlich Wasser 2–3 Stunden einweichen. Den Reis mit der Gemüsebrühe im offenen Topf aufkochen, dann den Reis zugedeckt bei ganz schwacher Hitze in etwa 20 Minuten ausquellen lassen.

2. Inzwischen die Paprikaschoten aufschneiden, von Trennwänden und Kernen befreien, waschen und in kleine Rhomben schneiden. Die Zwiebel und den Knoblauch schälen und fein würfeln. Die Frühlingszwiebeln oder den Lauch putzen und schräg in dünne Ringe schneiden.

3. Die Tomaten mit kochendem Wasser überbrühen, häuten, vierteln, entkernen und von den grünen Stengelansätzen befreien. Das Fruchtfleisch würfeln. Die Petersilie abspülen, trockenschütteln und fein hacken. Die Pilze abtropfen lassen und die harten Stielenden entfernen. Die Hüte in 1 cm breite Streifen schneiden.

4. Das Olivenöl und die Butter im Wok erhitzen. Das Gemüse bis auf die Tomaten darin anbraten, bis die Zwiebel glasig ist. Das Gemüse zur Seite schieben und im Fett den Reis unter Rühren 2–3 Minuten braten. Dann rasch mit dem Gemüse, den Pilzen, den Tomatenwürfeln und der Petersilie vermischen. Mit Salz und Cayennepfeffer abschmecken. Wer mag, kann das Gericht mit grünen Oliven garnieren.

Pilaf mit Mandeln

Zutaten für 4 Personen:

50 g kernlose Rosinen

250 g Langkornreis

1/2 l Gemüsebrühe

4 Schalotten

2 Knoblauchzehen

1 kleine rote Pfefferschote

4 kleine helle Paprikaschoten

1 Bund frische gemischte Kräuter

50 g Mandelstifte

50 g Pinienkerne

3 EBl. Olivenöl

30 g Butter

200 g tiefgekühlte Erbsen, aufgetaut

Salz

Currypulver

Preiswert • Raffiniert

Pro Portion etwa:
3400 kJ/810 kcal
42 g Eiweiß · 40 g Fett
76 g Kohlenhydrate

- Zubereitungszeit: etwa
  35 Minuten

1. Die Rosinen in Wasser einweichen. Den Reis mit der Gemüsebrühe im offenen Topf aufkochen, dann zugedeckt in etwa 25 Minuten bei schwacher Hitze ausquellen lassen.

2. Die Schalotten würfeln, den Knoblauch und die Pfefferschote fein hacken.

3. Die Paprikaschoten putzen, waschen, abtropfen lassen und in feine Streifen schneiden. Die Kräuter fein hacken.

4. Die Mandelstifte und die Pinienkerne im heißen Wok ohne Fettzugabe goldgelb rösten, dann herausnehmen. Das Öl und die Butter im Wok erhitzen. Die Erbsen, die Schalotten, den Knoblauch, die Pfefferschote und die Paprikastreifen darin unter Rühren etwa 2 Minuten braten. Zur Seite schieben und den Reis zufügen. Ebenfalls etwa 2 Minuten braten.

5. Die Rosinen abtropfen lassen und mit den Mandeln, den Pinienkernen und den Kräutern unterrühren. Das Pilaf mit Salz und Currypulver abschmecken.

Im Bild hinten: Pilaf mit Mandeln
Im Bild vorne: Gemüse-Pilz-Reis

Mandel-Rosinen-Reis

Ruz Muammar

Zutaten für 4 Personen:
100 g Mandeln
50 g Butter
350 g Langkornreis
1/2 Teel. gemahlener Zimt
100 g Rosinen
Salz

Schnell

Pro Portion etwa:
2600 kJ/620 kcal
12 g Eiweiß · 26 g Fett
83 g Kohlenhydrate

- Zubereitungszeit: etwa 35 Minuten

1. Die Mandeln mit kochendem Wasser überbrühen, kalt abschrecken und häuten.

2. Die Butter in einem Topf erhitzen und die Mandeln darin anrösten. Den Reis und den Zimt dazugeben und unter Rühren bei schwacher Hitze mitrösten, bis der Reis glasig ist.

3. Nach und nach 1/2 l Wasser angießen und die Rosinen dazugeben. Den Reis mit Salz würzen und zugedeckt bei schwacher Hitze etwa 20 Minuten quellen lassen, bis keine Flüssigkeit mehr vorhanden ist.

Variante:
Reis mit Datteln und Aprikosen
Timman ma'a Tamr
Im Irak gibt man anstelle der Mandeln und Rosinen gerne 50 g kleingeschnittene, getrocknete Aprikosen und 100 g kleingeschnittene Datteln zum Reis.

Safranreis mit Nüssen

Ruz Asfar bi-Dachauz

Zutaten für 4 Personen:
50 g Butter · 350 g Langkornreis
je 50 g gehackte Walnuß-, Pinien- und Haselnußkerne, Pistazien und Mandeln
5–10 Safranfäden oder 1/2 Teel. Gelbwurzpulver (Kurkuma)
Salz

Raffiniert

Pro Portion etwa:
3300 kJ/790 kcal
17 g Eiweiß · 48 g Fett
73 g Kohlenhydrate

- Zubereitungszeit: etwa 30 Minuten

1. Die Butter in einem Topf zerlassen. Den Reis, die Nüsse und die Safranfäden oder das Gelb-wurzpulver dazugeben und alles bei schwacher Hitze unter Rühren braten, bis der Reis glasig ist.

2. Nach und nach 1/2 l Wasser angießen, den Reis mit Salz würzen und zugedeckt bei schwacher Hitze etwa 20 Minuten quellen lassen, bis keine Flüssigkeit mehr vorhanden ist.

Tip!
Safranreis mit Nüssen ist eine farbenprächtige Beilage zu opulenten Festessen. Er paßt besonders gut zu gefülltem Hähnchen, Fleischspießen oder Lammkoteletts. Stilvoll serviert wird er auf einer reich verzierten Silber- oder Messingplatte. Am schönsten sieht es aus, wenn Sie ihn, wie Kuskus, pyramidenförmig anrichten.

Im Bild vorne: Mandel-Rosinen-Reis
Im Bild hinten: Safranreis mit Nüssen

Zwiebel-Nuß-Reis

Zutaten für 2 Personen:
125 g Naturreis (Mittel- oder Langkorn)
1/2 Lorbeerblatt
3/4 Eßl. gekörnte Gemüsebrühe
100 g Zwiebeln · 25 g Butter
1 Knoblauchzehe
50 g Haselnüsse, mittelgrob gehackt
1/2 Teel. Currypulver
Cayennepfeffer · Meersalz

Gelingt leicht

Pro Portion etwa:
1400 kJ/330 kcal
9 g Eiweiß · 26 g Fett
41 g Kohlenhydrate
4 g Ballaststoffe

- Quellzeit: über Nacht
- Zubereitungszeit: etwa 35 Minuten

1. Den Reis in 1/4 l Wasser mit dem Lorbeerblatt über Nacht einweichen.

2. Den Reis dann bei schwacher Hitze etwa 20 Minuten kochen. Die gekörnte Brühe dazugeben und den Reis auf der ausgeschalteten Kochstelle etwa 10 Minuten ausquellen lassen. Das Lorbeerblatt herausnehmen.

3. Während der Reis kocht, die Zwiebeln vierteln und in schmale Streifen schneiden. Den Knoblauch fein hacken.

4. Die Butter in einer Pfanne erhitzen. Die Zwiebeln darin bei mittlerer Hitze goldgelb braten. Den Knoblauch, die Nüsse und den Curry zu den Zwiebeln geben und 2–3 Minuten mitbraten.

5. Die Zwiebelmasse unter den Reis ziehen. Mit Cayennepfeffer und Salz würzen. Dazu schmeckt Mangold mit Crème fraîche (Rezept Seite 42), Wirsing, Rosenkohl oder Schwarzwurzeln.

Roggengrütze mit Sonnenblumenkernen

Zutaten für 2 Personen:
125 g Roggen, sehr grob geschrotet (bei Steinmühlen 10 % mehr schroten und das Feinmehl absieben)
1/2 Lorbeerblatt
1/2 Eßl. gekörnte Gemüsebrühe
4 Eßl. Sonnenblumenkerne
1 Teel. Thymianblättchen
15 g Butterflöckchen
1 Eßl. Petersilie, frisch gehackt

Schnell

Pro Portion etwa:
1400 kJ/330 kcal
11 g Eiweiß · 17 g Fett
36 g Kohlenhydrate
10 g Ballaststoffe

- Zubereitungszeit: etwa 30 Minuten

1. Den Roggen mit dem Lorbeerblatt, 1/4 l Wasser und der gekörnten Brühe in einem Topf mischen und 10–20 Minuten bei schwächster Hitze zugedeckt kochen. Dabei gelegentlich umrühren, da geschrotetes Getreide leicht anhängt. Eventuell noch 1–2 Eßlöffel Wasser zugießen. Das Getreide auf der ausgeschalteten Kochstelle oder in der Spar-Gar-Box 10–20 Minuten ausquellen lassen.

2. Inzwischen die Sonnenblumenkerne in einer Pfanne bei mittlerer Hitze unter Rühren goldgelb rösten.

3. Die Grütze offen etwas ausdampfen lassen. Den Thymian und die Butter mit einer Gabel locker unterheben. Zum Schluß die Sonnenblumenkerne und die Petersilie unterziehen. Zu der Grütze schmeckt Sommergemüse aus Lauch, Gurken und Tomaten oder Mangold, Wirsing oder Grünkohl.

Tip!

Nach diesem Rezept können Sie auch Nacktgerste, Dinkel, Weizen, Grünkern und Buchweizen (letzteren unzerkleinert) zubereiten.

Im Bild vorne: Roggengrütze mit Sonnenblumenkernen
Im Bild hinten: Zwiebel-Nuß-Reis

Leckere
Pilzgerichte

Wunderbar aromatische Gerichte mit
frischen Pilzen sind eine besondere
kulinarische Freude. Zuchtpilze kann
man heute das ganze Jahr über beim
Gemüsehändler kaufen, sie müssen
deshalb nicht weniger schmackhaft
sein als die Waldpilze zur herbst-
lichen Saison.

Austernpilz-cremesuppe mit Kerbel

Zutaten für 4 Personen:
300 g Austernpilze
2 Schalotten
25 g Butter
1 1/4 l Geflügel- oder Gemüsebrühe
Muskatnuß, frisch gerieben
1 mittelgroße mehligkochende Kartoffel
1 Bund Kerbel
5 Eßl. Sahne
Salz

**Schnell
Vegetarisch**

Pro Portion etwa:
510 kJ/120 kcal
2 g Eiweiß · 9 g Fett
3 g Kohlenhydrate

• Zubereitungszeit: etwa
30 Minuten

1. Die Austernpilze putzen, waschen und in Streifen schneiden. Die Schalotten schälen und sehr fein hacken.

2. Die Butter in einem Topf erhitzen, die Schalotten darin glasig braten. Die Pilzstreifen dazugeben und unter Rühren so lange bei starker Hitze mitbraten, bis alle Flüssigkeit eingekocht ist.

3. Die Geflügel- oder Gemüsebrühe angießen und mit Muskat würzen. Die Kartoffel schälen, waschen und fein reiben, in die Suppe geben. Etwa 10 Minuten kochen lassen.

4. Inzwischen den Kerbel waschen, trockenschütteln und fein hacken. Die Hälfte davon in die Suppe rühren. Die Sahne angießen und die Suppe nochmals erhitzen. Mit Salz abschmecken. Die Suppe in Tassen verteilen, den restlichen Kerbel darüber streuen.

Tip!
Die feine Suppe wird fast zum Hauptgericht, wenn Sie ein Schüsselchen mit knusprigen Croûtons dazu reichen.

Austernpilze in Weinsauce

Wenn Sie diese Sauce ohne Fleisch genießen möchten, sollten Sie sie mit wildem Reis oder Vollkornnudeln probieren. Sie schmeckt aber auch zu Fisch ganz ausgezeichnet.

Zutaten für 4 Personen:
500 g Austernpilze
4 Eßl. Distelöl
1/8 l trockener Weißwein
Salz
weißer Pfeffer, frisch gemahlen
1/2 Teel. gemahlener Kümmel
300 g Sahne
1 Bund Petersilie

Exklusiv

Pro Portion etwa:
1600 kJ/380 kcal
5 g Eiweiß · 34 g Fett
4 g Kohlenhydrate

• Zubereitungszeit: etwa
45 Minuten

1. Die Pilze putzen, waschen und halbieren. Dann in dünne Streifen schneiden.

2. Das Öl in einem Topf erhitzen, die Pilze darin bei starker Hitze unter Rühren anbraten. Den Wein hinzugießen und ebenso wie die austretende Pilzflüssigkeit vollständig einkochen lassen.

3. Die Pilze mit Salz, Pfeffer und dem Kümmel würzig abschmecken. Die Sahne angießen und aufkochen lassen.

4. Die Petersilie waschen, trockenschütteln und sehr fein hacken. Über die Austernpilze streuen.

*Bild oben:
Austernpilzcremesuppe mit Kerbel
Bild unten:
Austernpilze in Weinsauce*

Überbackener Toast mit Egerlingen

Zutaten für 4 Personen:

300 g Egerlinge · 4 Schalotten
1 dünne Stange Lauch
2 Fleischtomaten
3 Eßl. Öl
1/2 Teel. getrockneter Thymian
weißer Pfeffer, frisch gemahlen
Salz
4 Scheiben Toastbrot
60 g Emmentaler, frisch gerieben
2 Eßl. Schnittlauchröllchen

Schnell • Preiswert

Pro Portion etwa:
1100 kJ/260 kcal
11 g Eiweiß · 13 g Fett
26 g Kohlenhydrate

- Zubereitungszeit: etwa
  30 Minuten

1. Die Pilze putzen, waschen und in dünne Scheiben schneiden. Die Schalotten schälen und fein hacken. Den Lauch putzen und gründlich waschen. Die Lauchhälften in etwa 1 cm breite Stücke schneiden. Die Tomaten waschen, von den Stielansätzen befreien und in Scheiben schneiden.

2. Das Öl erhitzen, die Schalotten darin glasig werden lassen. Den Lauch und die Pilzscheiben dazugeben und bei starker Hitze braten, bis alle Flüssigkeit eingekocht ist. Mit dem Thymian, Pfeffer und Salz würzen. Den Backofen auf 220° (Gas Stufe 4) vorheizen.

3. Die Toastscheiben rösten. Die Pilzscheiben darauf verteilen. Darüber einige Tomatenscheiben legen, diese leicht pfeffern und salzen, mit dem Emmentaler bestreuen. Im Backofen (oben) einige Minuten überbacken, bis der Käse zu schmelzen beginnt. Mit dem Schnittlauch bestreut servieren.

Makkaroni mit Champignons

Pilze und Teigwaren aller Art vertragen sich besonders gut. Und: Pilzsaucen sind eine ausgezeichnete vegetarische Alternative für Fleischsaucen.

Zutaten für 4 Personen:

400 g Makkaroni
Salz
4 Eßl. Olivenöl
250 g kleine Champignons
1 Zwiebel
2 Knoblauchzehen
1 Teel. Mehl
200 ml heiße Gemüsebrühe
1/8 l trockener Weißwein
2 Eßl. gemischte frische Kräuter (wie Estragon, Petersilie, Basilikum, Kerbel)
100 g Pecorino, frisch gerieben

Gelingt leicht

Pro Portion etwa:
2400 kJ/570 kcal
25 g Eiweiß · 20 g Fett
74 g Kohlenhydrate

- Zubereitungszeit: etwa
  35 Minuten

1. Die Makkaroni in reichlich sprudelnd kochendem Salzwasser mit 1 Eßlöffel Öl nicht zu weich »al dente« kochen, in ein Sieb gießen und abtropfen lassen.

2. Inzwischen die Champignons putzen, waschen und in Hälften oder Viertel schneiden. Die Zwiebel und die Knoblauchzehen schälen und fein hacken.

3. 2 Eßlöffel Olivenöl in einer Pfanne erhitzen, die Zwiebel darin glasig braten. Die Champignons und die Hälfte des Knoblauchs dazugeben. Die Pilzstücke bei starker Hitze braten, bis alle Flüssigkeit eingekocht ist. Das Mehl darüber stäuben, unterrühren und etwas anbräunen. Die Gemüsebrühe und den Weißwein angießen. Die Pilzsauce etwa 10 Minuten bei schwacher Hitze köcheln lassen.

4. Am Ende der Kochzeit die Hälfte der Kräuter hacken und unterrühren.

5. Das restliche Öl erhitzen, den restlichen Knoblauch und die Nudeln hineingeben und die Makkaroni erhitzen.

6. Die Nudeln auf einer vorgewärmten Platte anrichten, die Sauce darüber verteilen. Mit den restlichen Kräutern und dem Pecorino bestreuen.

Im Bild oben:
Überbackener Toast mit Egerlingen
Im Bild unten:
Makkaroni mit Champignons

Morchel
Morchella conica

Wer je Morcheln an einem verschwiegenen Platz im Nadelwald gefunden hat, der sollte den Fundort wie ein Staatsgeheimnis hüten, denn mit großer Wahrscheinlichkeit wird er dort im folgenden Jahr wieder fündig. Die begehrten und entsprechend teuren Pilze tragen auf ihren zerfurchten, weißlichen Stielen spitze, dunkelbraune bis olivfarbene Hüte, die in zahlreiche Kammern geteilt sind. Sie erscheinen von März bis Juni. Ein gesuchter Speisepilz ist auch die rundere Speisemorchel *(Morchella esculenta)*. Für Ungeübte besteht bei beiden Pilzen Verwechslungsgefahr mit der giftigen Frühjahrslorchel, die um die gleiche Zeit erscheint. Deshalb besser einen Pilzberater hinzuziehen!
In der Küche: Morcheln sollte man in Maßen genießen, sie können schwer im Magen liegen. Zum Putzen halbiert man die Pilze und wäscht sie gründlich, bevor man sie in Scheiben schneidet. Ihre Kochzeit beträgt 6–8 Minuten; sie werden vorher blanchiert.

Morchelsahne-sauce

Zutaten für 4 Personen:
400 g Morcheln · 50 g Butter
1 Eßl. Grünkern- oder Weizenschrot
400 g Sahne
schwarzer Pfeffer, frisch gemahlen
Salz · 2 Bund Kerbel

Exklusiv

Pro Portion etwa:
1900 kJ/450 kcal
5 g Eiweiß · 42 g Fett
6 g Kohlenhydrate

• Zubereitungszeit: etwa
  45 Minuten

1. Die Morcheln halbieren, waschen und quer in dünne Scheiben schneiden. Nochmals unter fließendem Wasser waschen. Mit kochendem Wasser überbrühen, in einem Sieb abtropfen lassen.

2. Die Butter aufschäumen lassen. Die Pilze darin bei starker Hitze braten, bis die austretende Flüssigkeit eingekocht ist. Mit dem Grünkernschrot bestäuben und diesen kurz anschwitzen.

3. Die Sahne angießen, umrühren und etwa 5 Minuten kochen lassen. Mit Pfeffer und Salz würzen.

4. Den Kerbel waschen, trockenschütteln, fein hacken und über die angerichtete Sauce streuen. Die Sauce schmeckt zu allen Arten von Teigwaren.

Morchelcreme-suppe

Zutaten für 4 Personen:
200 g Morcheln
2 Bund Petersilie · 30 g Butter
3/4 l Gemüse- oder Geflügelbrühe
2 Eigelb
weißer Pfeffer, frisch gemahlen
Salz

Gelingt leicht · Für Gäste

Pro Portion etwa:
470 kJ/110 kcal
3 g Eiweiß · 10 g Fett
0,5 g Kohlenhydrate

• Zubereitungszeit: etwa
  35 Minuten

1. Die Morcheln halbieren, kurz waschen und der Länge nach in Scheiben schneiden. Sorgfältig unter fließendem Wasser waschen. In wenig Wasser blanchieren, abtropfen lassen und trockentupfen. Die Petersilie fein hacken.

2. Die Butter erhitzen, die Morchelscheiben und die Hälfte der Petersilie darin bei starker Hitze anbraten, bis alle austretende Flüssigkeit eingekocht ist. Die Brühe angießen, etwa 10 Minuten köcheln lassen, dann zur Seite stellen.

3. Die Eigelbe mit etwas Suppe verquirlen und in die Suppe rühren. Mit Pfeffer und Salz abschmecken. Die restliche Petersilie darüber streuen.

Im Bild oben: Morchelsahnesauce
Im Bild unten: Morchelcremesuppe

**Parasol
Macrolepiota procera**

Bis zu 30 cm Durchmesser kann der Hut eines Parasols oder Schirmpilzes haben, wenn man ihm auf Lichtungen und in hellen Laubwäldern begegnet. In der Jugend aber ist der Hut noch fest geschlossen und sitzt wie ein Ei auf dem hohen, ziemlich dünnen Stiel. Auf der Oberfläche des weißen Pilzes bleiben ein kleiner Buckel und die aufgerissene Huthaut in großen, dunklen Schuppen zurück. Die Lamellen sind reinweiß. Ein Charakteristikum des Parasols ist die häutige Manschette, die sich auf dem hellen, genatterten (schuppigen) Stiel verschieben läßt. Eine Verwechslung mit Giftpilzen ist beim ausgewachsenen Parasol kaum möglich; Sie sollten allerdings nur die großen Schirmpilze ernten, kleinere Arten können von zweifelhaftem Wert sein.
<u>In der Küche:</u> Klassische Zubereitungsart ist »Parasol Wiener Art«. Die Stiele werden nicht mitverarbeitet, da sie zäh und faserig sind.

Gebackene Parasole Wiener Art

Zutaten für 4 Personen:

500 g Parasolhüte

Salz

weißer Pfeffer, frisch gemahlen

2 Eier

100 g Mehl

100 g Semmelbrösel

etwa 300 g Öl zum Ausbacken

Preiswert • Schnell

Pro Portion etwa:
2000 kJ/480 kcal
11 g Eiweiß · 29 g Fett
38 g Kohlenhydrate

- Zubereitungszeit: etwa 30 Minuten

1. Die Pilzhüte putzen, waschen und sorgfältig trockentupfen. Von beiden Seiten mit Salz und Pfeffer bestreuen, etwas einziehen lassen. Die Eier in einem Teller leicht verschlagen.

2. Die Parasole zuerst im Mehl wenden, dann durch die Eier ziehen, schließlich in den Semmelbröseln wälzen. Die Panade mit beiden Händen vorsichtig andrücken.

3. Reichlich Öl in einer Pfanne erhitzen, die Pilzhüte darin in 2–3 Minuten auf beiden Seiten knusprig braun backen, herausnehmen und auf einem Gitter etwas abtropfen lassen. Ganz frisch und heiß servieren. Dazu schmeckt Sauce tatare.

Parasole in Bierteig

Zutaten für 2 Personen:

300 g Parasolhüte

Salz

weißer Pfeffer, frisch gemahlen

1 Ei

100 g Mehl

1/8 l helles Bier

etwa 300 g Öl zum Ausbacken

Vegetarisch

Pro Portion etwa:
3000 kJ/710 kcal
10 g Eiweiß · 54 g Fett
42 g Kohlenhydrate

- Zubereitungszeit: etwa 35 Minuten

1. Die Pilzhüte putzen, waschen und sorgfältig abtrocknen. Mit Salz und Pfeffer bestreuen, etwas einziehen lassen.

2. Aus dem Ei, dem Mehl, dem Bier und etwas Salz einen Teig rühren und etwa 5 Minuten quellen lassen.

3. Reichlich Öl in einer Pfanne erhitzen. Die Pilzhüte durch den Bierteig ziehen und knusprig goldgelb ausbacken, anschliessend auf Küchenpapier abtropfen lassen und sofort servieren. Dazu paßt eine Sauce aus Joghurt und frischen Kräutern.

Im Bild oben: Parasole in Bierteig
Im Bild unten:
Gebackene Parasole Wiener Art

**Shii-Take-Pilz
Lentinus edodes**

Dieser aus Fernost zu uns gekommene Pilz zeichnet sich durch ein ganz eigenes, besonders delikates Aroma aus. Sein kleiner Hut ist anfangs eingerollt, bei größeren Exemplaren ausgebreitet und mit zottigen Schuppen bedeckt; auf der Unterseite sieht man die hell- bis dunkelbraunen Lamellen, der Stiel ist hellgrau bis hellbraun. Bei Druck bekommt der Pilz dunklere Flecken.
In der Küche: Wenn die Pilze beim Einkauf noch gewölbte Hüte haben, ist das ein Hinweis auf frische Ware. Beim Putzen gibt es praktisch keinen Abfall: Nur die Stiele abschneiden und die Pilze kurz waschen, bevor Sie sie in nicht zu kleine Stücke schneiden und braten, dünsten, in Saucen oder in Salaten genießen. Die Garzeit beträgt 15–20 Minuten.

Sellerie-Shii-Take-Suppe

Zutaten für 4 Personen:
1 mittelgroße Sellerieknolle
200 g Shii-Take-Pilze
1 1/4 l Geflügel- oder Gemüsebrühe · 30 g Butter
1/2 Teel. Kümmel, gemahlen
1 Prise Muskatnuß, frisch gerieben
Salz · 1 Bund Kerbel
1 Eigelb

Gelingt leicht

Pro Portion etwa:
510 kJ/120 kcal
5 g Eiweiß · 8 g Fett
3 g Kohlenhydrate

• Zubereitungszeit: etwa
  40 Minuten

1. Den Sellerie schälen und würfeln. Die Pilze putzen und waschen, die Stiele fein hacken, die Hüte halbieren.

2. Die Brühe erhitzen, den Sellerie und die Pilzstiele darin etwa 15 Minuten kochen lassen. Die Suppe pürieren.

3. Die Butter erhitzen, die Pilzhüte darin bei starker Hitze braten. Die Suppe angießen, noch einmal etwa 8 Minuten kochen lassen. Mit dem Kümmel, dem Muskat und etwas Salz abschmecken.

4. Den Kerbel fein hacken. Das Eigelb mit etwas Suppe verrühren, mit dem Schneebesen in die nicht kochende Suppe quirlen. Mit dem Kerbel bestreut servieren.

Shii-Take-Pilze in Thymianöl

Zutaten für 4 Personen:
600 g Shii-Take-Pilze
3 Knoblauchzehen
6 Eßl. Sonnenblumenöl
2 Zweige frischer Thymian (oder
1 Teel. getrockneter)
schwarzer Pfeffer, frisch gemahlen
Salz
1–2 Eßl. Zitronensaft

Für Gäste

Pro Portion etwa:
810 kJ/190 kcal
4 g Eiweiß · 16 g Fett
2 g Kohlenhydrate

• Zubereitungszeit: etwa
  30 Minuten

1. Die Pilze putzen und waschen, die Stiele fein hacken, die Hüte ganz lassen. Die Knoblauchzehen schälen.

2. Das Öl in einer Pfanne erhitzen, die Knoblauchzehen darin unter ständigem Rühren etwas Farbe annehmen lassen, dann entfernen. Die Pilzhüte und die gehackten Pilzstiele ins Fett geben und bei starker Hitze so lange braten, bis alle austretende Flüssigkeit eingekocht ist. Den Thymian waschen, die Blättchen abzupfen und zu den Pilzen geben. Mit Pfeffer und Salz würzen. Mit etwas Zitronensaft beträufeln.

Im Bild oben:
Shii-Take-Pilze in Thymianöl
Im Bild unten:
Sellerie-Shii-Take-Suppe

Tortellini mit Steinpilzsauce

Zutaten für 4 Personen:

350 g Steinpilze

1 große Zwiebel

4 Eßl. Distelöl

400 g Tortellini mit Gemüsefüllung

(fertig gekauft)

Salz

2 Teel. (Dinkel-) Mehl

1/8 l Gemüsebrühe

125 g Sahne

weißer Pfeffer, frisch gemahlen

1 Bund Petersilie

50 g Parmesan, frisch gerieben

Vegetarisch • Schnell

Pro Portion etwa:
1900 kJ/450 kcal
17 g Eiweiß · 25 g Fett
40 g Kohlenhydrate

• Zubereitungszeit: etwa
  30 Minuten

1. Die Pilze putzen, kurz unter fließendem Wasser waschen und trockentupfen. Kleine Pilze der Länge nach teilen, große zuerst halbieren, dann quer in etwa 3 mm dicke Scheiben schneiden. Die Zwiebel schälen und fein hacken.

2. Das Öl in einer Pfanne erhitzen und die Zwiebel darin glasig dünsten.

3. Die Tortellini in reichlich sprudelnd kochendem, leicht gesalzenem Wasser garen; sie sollen noch Biß haben.

4. Die Pilzscheiben in die Pfanne geben und bei starker Hitze

unter häufigem Umrühren so lange braten, bis alle austretende Pilzflüssigkeit eingekocht ist. Das Mehl darüber stäuben und unterrühren. Mit der Gemüsebrühe und der Sahne aufgießen, 3–4 Minuten köcheln lassen. Mit Pfeffer und Salz würzen.

5. Die Tortellini in ein Sieb gießen und gut abtropfen lassen. Die Petersilie waschen, trockenschütteln und fein hacken.

6. Die Tortellini in einer Schüssel oder auf vier Tellern anrichten, die Pilzsauce darauf verteilen. Mit der Petersilie und dem Parmesan bestreuen.

Steinpilze in Olivenöl

Zutaten für 4 Personen:

400 g möglichst kleine Steinpilze

Salz

2 Eßl. Aceto balsamico (Balsamessig)

4 Eßl. Olivenöl, kaltgepreßt

1 Prise Zucker

schwarzer Pfeffer, grob gemahlen

Für Gäste • Schnell

Pro Portion etwa:
540 kJ/130 kcal
3 g Eiweiß · 10 g Fett
2 g Kohlenhydrate

• Zubereitungszeit: etwa
  25 Minuten

1. Die Steinpilze putzen, kurz waschen und trockentupfen.

Die Pilze der Länge nach so in etwa 2 mm dünne Scheiben schneiden, daß die Form der Pilze erkennbar bleibt.

2. 1/2 l schwach gesalzenes Wasser zum Kochen bringen. Die Pilzscheiben darin etwa 2 Minuten blanchieren, abgießen (das Kochwasser aufheben) und abtropfen lassen.

3. Die lauwarmen Pilzscheiben auf einem großen Teller oder vier Portionstellern anrichten.

4. Aus dem Essig, dem Olivenöl und dem Zucker mit dem Schneebesen eine Marinade aufschlagen und auf den Pilzen verteilen. Mit Pfeffer und grobem Salz übermahlen. Lauwarm oder kalt servieren.

Tip!

Das Wasser, in dem die Pilze blanchiert werden, können Sie für die Zubereitung einer Pilzsuppe verwenden. Schneiden Sie noch 1 weiteren Steinpilz oder auch einige andere Pilze wie Champignons oder Egerlinge in dünnen Scheiben hinein. Dann gießen Sie 1/2 l kräftige Gemüsebrühe an. Die Brühe etwa 10 Minuten kochen lassen. Als Einlage schmecken Croûtons oder kleine Klößchen.

Bild oben: Steinpilze in Olivenöl
Bild unten: Tortellini mit Steinpilzsauce

Gefüllte Pilze

Die Pilze schmecken auch
warm serviert als kleiner Imbiß.

Zutaten für 4–6 Personen:
---
20 mittelgroße Champignons (etwa 400 g)
---
1 kleine Tomate
---
125 g Mozzarella
---
2 Teel. Pesto (aus dem Glas)

Salz
---
weißer Pfeffer, frisch gemahlen

Finger-Food

Bei 6 Personen pro Portion etwa:
350 kJ/83 kcal
6 g Eiweiß · 5 g Fett
1 g Kohlenhydrate

● Zubereitungszeit: etwa
  35 Minuten

1. Die Pilze putzen und nur
wenn nötig, ganz kurz
waschen. Die Stiele heraustrennen und für ein anderes
Gericht – zum Beispiel eine
Suppe – verwenden.

2. Die Tomate waschen und
fein hacken, dabei den Stielansatz entfernen. Den Mozzarella
abtropfen lassen und klein würfeln. Den Backofen auf 200°
vorheizen. Die Tomaten mit
den Mozzarellawürfeln und
dem Pesto mischen und mit
Salz und Pfeffer abschmecken.

3. Die Pilzköpfe salzen, mit
der Mozzarellamasse füllen
und in eine feuerfeste Form setzen.

4. Die Pilze im heißen Ofen
(Mitte, Gas Stufe 3, Umluft
180°) etwa 20 Minuten
backen, bis sie schön gebräunt
sind. Dann mit einem Schaumlöffel aus der Form heben und
auf einen Teller geben. Warm
oder abgekühlt servieren.

Pfifferling-Gratins

Raffiniert

Pro Portion etwa:
1000 kJ/240 kcal
11 g Eiweiß · 21 g Fett
0,6 g Kohlenhydrate

• Zubereitungszeit: etwa
  40 Minuten

Tip!

Wer möchte, kann die Salatblätter zum Anrichten mit Essig-Öl-Marinade beträufeln und zu dem Pilzgericht essen.

1. Die Pfifferlinge putzen, sorgfältig unter fließendem Wasser waschen und mit Küchenpapier trockentupfen. Die Pilze in dünne Scheiben schneiden oder auch ganz lassen.

2. Die Butter in einer Pfanne erhitzen, die Pilzscheiben darin kräftig anbraten. Unter gelegentlichem Rühren bei mittlerer Hitze etwa 15 Minuten braten. Die Pilze salzen und pfeffern. Den Backofen auf 220° vorheizen. Die Eier, die Crème fraîche und den Käse verrühren, mit Muskat und dem Estragon würzen.

3. Drei feuerfeste Förmchen ausbuttern, die Pilze darin verteilen, die Eimasse darüber gießen. Die Förmchen in den Backofen (Mitte; Gas Stufe 4) schieben. Die Pilze etwa 10 Minuten überbacken, bis die Eimasse gestockt und leicht gebräunt ist.

4. Die Förmchen aus dem Backofen nehmen und auf mit Salatblättern ausgelegten Tellern anrichten.

Semmelknödel mit Egerlingen

Der bayerische Komiker und Schauspieler Karl Valentin war ein großer Knödelfan. Von ihm stammt der bekannte Knödel-Schwank mit Liesl Karlstadt, der sich um die Frage dreht: heißt es nun »Semmelknödel« oder „Semmelknödeln«? Die Antwort ist bis heute offen.

Zutaten für 4 Personen:
Für die Knödel:
8–10 Semmeln vom Vortag
oder 300 g geschnittenes Knödelbrot
¼ l heiße Milch
1 mittelgroße Zwiebel
1 Eßl. Butter
1 Eßl. Petersilie, frisch gehackt
Salz
2 Eier
weißer Pfeffer, frisch gemahlen
Zum Überstäuben: Mehl
Für die Pilze:
600 g frische Egerlinge
1 mittelgroße Zwiebel
3 Eßl. Butter
Salz
weißer Pfeffer, frisch gemahlen
2 Eßl. Mehl
¼ l trockener Weißwein
½ l Brühe
200 g Rahm
Petersilienröschen für die Garnitur

Preiswert • Schnell

Pro Portion etwa:
2700 kJ/620 kcal
18 g Eiweiß · 36 g Fett
50 g Kohlenhydrate

• Zubereitungszeit: etwa
  40 Minuten

1. Für die Knödel die Semmeln halbieren und quer in dünne Scheiben schneiden. In eine Schüssel legen, mit der Milch übergießen und zudecken. Die Zwiebel schälen und hacken.

2. In einer Pfanne die Butter erhitzen und darin die Zwiebelwürfel glasig braten. Die Petersilie einstreuen und die Pfanne vom Herd ziehen. Einen größeren Topf mit Salzwasser zum Kochen aufstellen.

3. Die Semmeln mit dem Pfanneninhalt, den Eiern, Salz und Pfeffer vermengen. Sollte der Knödelteig zu naß sein, dann leicht mit Mehl bestäuben. Aus dem Teig mit nassen Händen acht kleine Knödel formen und in das siedende Salzwasser legen. Etwa 15 Minuten ziehen, aber auf keinen Fall kochen lassen!

4. Für die Pilze die Egerlinge putzen, dabei größere eventuell halbieren. Die Zwiebel schälen und hacken.

5. In einer Pfanne 1 Eßlöffel Butter zergehen lassen. Die Zwiebelwürfel und die Egerlinge einstreuen. Etwa 10 Minuten dünsten, dabei salzen und pfeffern. Die Petersilie unterheben

Tip!

Sollten Sie einmal zu viele Knödel hergestellt haben, so ist das kein Problem. Schneiden Sie am nächsten Tag die Knödel in Scheiben. In heißer Butter von beiden Seiten knusprig anbraten. Salzen und pfeffern. Für ein Pilzgericht oder zum Braten verwenden.

6. Inzwischen die restliche Butter erhitzen, das Mehl einrühren und unter kräftigem Rühren eine helle Mehlschwitze herstellen. Mit dem Weißwein und der Brühe aufgießen und aufkochen lassen. Salzen und pfeffern.

7. Die gedünsteten Pilze unter die weiße Sauce mischen. Den Rahm unterrühren, gegebenenfalls nachwürzen und nicht mehr kochen lassen!

8. Die Rahm-Egerlinge auf vier vorgewärmte, tiefe Teller verteilen. Je 2 kleine Knödel in die Mitte setzen und mit Petersilienröschen garnieren.

Risibisi mit Maronenröhrlingen

Zutaten für 4 Personen:

350 g Maronenröhrlinge
1 mittelgroße Zwiebel
4 Eßl. Distelöl
200 g Reis
100 g ausgepalte frische Erbsen
300 ml Gemüsebrühe
schwarzer Pfeffer, frisch gemahlen
100 g Maiskörner (aus der Dose)
Salz
1 Bund Schnittlauch
1 Zweiglein Bohnenkraut

Gelingt leicht
Vegetarisch

Pro Portion etwa:
1400 kJ/330 kcal
9 g Eiweiß · 12 g Fett
46 g Kohlenhydrate

- Zubereitungszeit: etwa
  50 Minuten

1. Die Maronenröhrlinge putzen, waschen und abtrocknen. Die Pilze in nicht zu dünne Scheiben schneiden. Die Zwiebel schälen und fein hacken.

2. Das Öl in einer schweren Pfanne erhitzen, die Zwiebel darin glasig werden lassen. Den Reis dazugeben und kurz mitbraten. Die Pilzscheiben und die Erbsen untermischen und alles unter Rühren bei starker Hitze anbraten.

3. Die Gemüsebrühe angießen, mit Pfeffer würzen und den Reis und die Pilze zugedeckt bei schwacher Hitze etwa 15 Minuten garen.

4. Den Mais unter den Pilzreis rühren und noch etwa 5 Minuten ziehen lassen. Mit Pfeffer und Salz nochmals würzig abschmecken.

5. Den Schnittlauch und das Bohnenkraut waschen und trockenschütteln, den Schnittlauch in Röllchen schneiden, vom Bohnenkraut die Blättchen abzupfen und hacken. Die Kräuter unter den Reis mischen.

Tip!

Besonders aromatisch wird dieses Reisgericht, wenn Sie es zusätzlich mit Pilzpulver würzen. Statt Maronenröhrlingen schmecken auch Austernpilze sehr gut.

Penne mit Pilzsauce

Zutaten für 4 Personen:

500 g Maronenröhrlinge
1 Stange Lauch
2 Fleischtomaten
5 Eßl. Olivenöl · Salz
weißer Pfeffer, frisch gemahlen
350 g Penne
5 Salbeiblättchen
1 Bund Petersilie
100 g Parmesan, frisch gerieben

Preiswert • Schnell

Pro Portion etwa:
2300 kJ/550 kcal
26 g Eiweiß · 22 g Fett
67 g Kohlenhydrate

- Zubereitungszeit: etwa
  40 Minuten

1. Die Pilze putzen, waschen und in gleichmäßige Würfel schneiden. Den Lauch putzen, halbieren, sorgfältig waschen und in etwa 1 cm breite Stücke schneiden. Die Fleischtomaten mit kochendem Wasser übergießen, häuten, halbieren und von den Stielansätzen und den Kernen befreien. Die Tomaten in kleine Würfel schneiden.

2. Das Öl in einem Topf erhitzen, den Lauch und die Pilze darin bei starker Hitze etwa 10 Minuten braten, bis die austretende Pilzflüssigkeit ganz eingekocht ist. Die Tomatenwürfel unterheben und die Sauce noch etwa 5 Minuten kochen lassen. Mit Salz und Pfeffer würzen.

3. Inzwischen die Penne in reichlich kochendem Salzwasser »al dente« (bißfest) garen.

4. Die Salbeiblättchen und die Petersilie waschen, trockenschütteln und fein hacken, zur Hälfte in die Sauce rühren.

5. Die Penne abgießen, auf einer vorgewärmten Platte anrichten, mit der Sauce übergießen und mit den restlichen Kräutern und dem Parmesan bestreuen. Sofort servieren.

Im Bild oben:
Risibisi mit Maronenröhrlingen
Im Bild unten: Penne mit Pilzsauce

Kochen mit Käse & Tofu

Tofu wird aus der »Milch« gepreßter Sojabohnen gewonnen und ist inzwischen längst vom Alternativ-Nahrungsmittel zur Hauptzutat schmackhafter Rezepte geworden. Ob als Vorspeise, in Salaten oder in Hauptgerichten mit Gemüse — entdecken Sie, wie delikat sich mit Käse und Tofu kochen läßt.

Tomatensuppe mit Tofustreifen

Zutaten für 2 Personen:
600 g vollreife Tomaten
1 Zwiebel
1 Knoblauchzehe
1/2 frische grüne Pfefferschote
je 1/2 Bund Basilikum und Thymian
1 Eßl. kaltgepreßtes, nicht raffiniertes Olivenöl
1/4 l Gemüsebrühe
(siehe Tip Seite 18)
Salz
weißer Pfeffer, frisch gemahlen
1 Prise Zuckerrohrgranulat
150 g Tofu

Ohne tierisches Eiweiß

Pro Portion etwa:
890 kJ/210 kcal
10 g Eiweiß · 12 g Fett
16 g Kohlenhydrate
7 g Ballaststoffe

• Zubereitungszeit: etwa
  30 Minuten

1. Die Tomaten häuten und sehr klein würfeln, die Stielansätze entfernen. Die Zwiebel und den Knoblauch fein hakken. Die Pfefferschotenhälfte putzen, von den Kernen befreien, gut ausspülen und in Streifen schneiden. Die Kräuter waschen. Das Basilikum fein hakken und zugedeckt beiseite stellen. Die Thymianblättchen von den Stielen streifen.

2. Das Öl in einem größeren Topf erhitzen. Die Zwiebel, den Knoblauch, die Pfefferschote und den Thymian darin bei mittlerer Hitze andünsten. Die Tomaten untermischen und kurz andünsten.

3. Die Gemüsebrühe angießen und zum Kochen bringen. Die Suppe mit Salz, Pfeffer und dem Granulat abschmecken und zugedeckt bei mittlerer Hitze etwa 8 Minuten garen.

4. Inzwischen den Tofu in feine Streifen schneiden. Den Tofu unter die Suppe rühren und etwa 2 Minuten darin erhitzen. Die Suppe mit dem Basilikum bestreut servieren.

Spargelsuppe mit Tofu

Zutaten für 2 Personen:
500 g grüner Spargel
1/2 l Gemüsebrühe
(siehe Tip Seite 18)
Salz
1 Prise Zuckerrohrgranulat
2 Eßl. Sahne
weißer Pfeffer, frisch gemahlen
150 g Tofu
1 Knoblauchzehe
1 Handvoll frischer Kerbel
1/2 Eßl. Butter

Gelingt leicht Raffiniert

Pro Portion etwa:
820 kJ/200 kcal
12 g Eiweiß · 15 g Fett
8 g Kohlenhydrate
4 g Ballaststoffe

• Zubereitungszeit: etwa
  30 Minuten

1. Den Spargel waschen, von den holzigen Schnittstellen befreien und am unteren Ende dünn schälen. Dann in Stücke schneiden. Die Spargelköpfe beiseite legen.

2. Die Spargelstücke mit der Gemüsebrühe, Salz und dem Granulat in einem Topf zum Kochen bringen, dann zugedeckt bei mittlerer Hitze etwa 6 Minuten garen.

3. Die Spargelköpfchen dazugeben und alles in weiterer 6 Minuten bißfest garen.

4. Die Köpfchen herausnehmen und beiseite legen. Den restlichen Spargel mit der Garflüssigkeit pürieren, wieder in den Topf geben. Die Sahne und die Spargelköpfchen untermischen. Die Suppe mit Salz und Pfeffer abschmecken.

5. Den Tofu in kleine Würfel schneiden. Den Knoblauch durchpressen. Den Kerbel waschen und fein zerkleinern.

6. Den Kerbel in die Suppe mischen, noch einmal etwa 2 Minuten zugedeckt erhitzen.

7. Die Butter in einer Pfanne zerlassen. Den Tofu und den Knoblauch darin bei mittlerer Hitze einige Minuten braten. Die Suppe mit dem Tofu bestreut servieren.

Bild oben:
Tomatensuppe mit Tofustreifen
Bild unten: Spargelsuppe mit Tofu

Misosuppe mit Tofu

In Japan, der Heimat dieser Suppe, ißt man sie bereits zum Frühstück. Man schlürft die Brühe aus Tassen und ißt den Tofu und das Gemüse anschließend mit Stäbchen. Mugi-Miso wird aus Sojabohnen und Gerste hergestellt. Miso bekommen Sie in Naturkostläden.

Zutaten für 2 Personen:
1 Möhre
2 frische Shiitake-Pilze
1 Bund Frühlingszwiebeln
1 kleines Bund Petersilie
150 g Tofu
1/2 l Gemüsebrühe
(siehe Tip Seite 18)
etwa 1 Eßl. Mugi-Miso

Spezialität aus Japan

Pro Portion etwa:
550 kJ/130 kcal
9 g Eiweiß · 4 g Fett
14 g Kohlenhydrate
5 g Ballaststoffe

• Zubereitungszeit: etwa
  20 Minuten

1. Die Möhre schälen und in feine Stifte schneiden. Die Pilze mit Küchenpapier abreiben, von den Stielen befreien und in Streifen schneiden. Die Frühlingszwiebeln putzen und in feine Ringe schneiden. Die Petersilie fein hacken. Den Tofu in kleine Würfel schneiden.

2. Die Gemüsebrühe zum Kochen bringen. Das Gemüse und den Tofu hineingeben und zugedeckt bei mittlerer Hitze etwa 5 Minuten garen, bis das Gemüse bißfest ist.

3. Den Topf von der Kochstelle ziehen und das Miso unter die Suppe rühren. Die Petersilie untermischen und die Suppe servieren.

Mangold-Tomaten-Suppe mit Tofu

Zutaten für 2 Personen:
150 g Tofu
1 Knoblauchzehe
1 Eßl. Zitronensaft
200 g Mangold
250 g Tomaten
400 ccm Gemüsebrühe
(siehe Tip Seite 18)
1/2 Bund Petersilie
1 Scheibe Vollkornbrot
Salz
schwarzer Pfeffer, frisch gemahlen
1/2 Teel. gemahlener Kreuzkümmel
1 Eßl. kaltgepreßtes, nicht raffiniertes Olivenöl

Gelingt leicht

Pro Portion etwa:
990 kJ/240 kcal
12 g Eiweiß · 12 g Fett
19 g Kohlenhydrate
6 g Ballaststoffe

• Zubereitungszeit: etwa
  30 Minuten

1. Den Tofu abtropfen lassen und in kleine Würfel schneiden. Den Knoblauch durch die Knoblauchpresse drücken. Den Tofu mit dem Knoblauch und dem Zitronensaft mischen.

2. Den Mangold waschen und putzen. Die Blätter von den Stielen streifen und grob hacken. Die Stiele in kleine Stücke schneiden. Die Tomaten häuten und würfeln, die Stielansätze entfernen.

3. Die Gemüsebrühe zum Kochen bringen und die Mangoldstiele darin bei mittlerer Hitze etwa 5 Minuten garen. Dann die Mangoldblätter und die Tomaten untermischen und die Suppe weitere 5 Minuten zugedeckt garen.

4. Inzwischen die Petersilie fein hacken. Das Brot in kleine Würfel schneiden.

5. Die Suppe mit Salz, Pfeffer und dem Kreuzkümmel abschmecken und warm stellen.

6. Das Öl in einer Pfanne erhitzen. Die Brotwürfel darin bei mittlerer Hitze in etwa 5 Minuten knusprig rösten. Den Tofu untermischen und alles weitere 5 Minuten braten.

7. Die Suppe in vorgewärmte Teller verteilen und mit der Tofu-Brotmischung und der Petersilie bestreuen.

Im Bild oben: Mangold-Tomaten-Suppe mit Tofu
Im Bild unten: Misosuppe mit Tofu

Tofu mit Tomaten-Vinaigrette

Dieses Gericht schmeckt auch mit Räuchertofu mit Pilzen sehr gut.

Zutaten für 3 Personen:
250 g Tofu
1 kleine rote Zwiebel
250 g Tomaten
1 Bund Basilikum
1/2 Eßl. Weißweinessig
1 Eßl. Aceto balsamico (Balsamessig)
Salz
weißer Pfeffer, frisch gemahlen
2 Eßl. kaltgepreßtes, nicht raffiniertes Olivenöl

Schnell
Ohne tierisches Eiweiß

Pro Portion etwa:
900 kJ/210 kcal
8 g Eiweiß · 17 g Fett
8 g Kohlenhydrate
3 g Ballaststoffe

- Zubereitungszeit: etwa 20 Minuten

1. Den Tofu abtropfen lassen, in dünne Scheiben schneiden und auf Teller verteilen.

2. Die Zwiebel fein hacken. Die Tomaten waschen und klein würfeln, dabei die Stielansätze entfernen. Das Basilikum waschen, trockentupfen und die Blättchen in feine Streifen schneiden.

3. Die beiden Essigsorten mit Salz und Pfeffer in einer Schüssel verrühren. Das Olivenöl nach und nach daruntermischen. Die Tomaten, die Zwiebel und das Basilikum untermengen.

4. Die Tomaten-Vinaigrette gleichmäßig auf dem Tofu verteilen. Dazu schmeckt Vollkornbaguette.

Marinierter Tofu

Der marinierte Tofu eignet sich für ein kleines Partybuffet. Lassen Sie Ihre Gäste raten, was sich in diesem Gericht verbirgt.

Zutaten für 4 Personen:
300 g Tofu
2 Knoblauchzehen
1/4 frische rote Pfefferschote
1 Bund Basilikum
Saft von 1 Zitrone
Salz
3 Eßl. kaltgepreßtes, nicht raffiniertes Olivenöl
2 Teel. Kapern (aus dem Glas)
2 Frühlingszwiebeln

Raffiniert
Ohne tierisches Eiweiß

Pro Portion etwa:
930 kJ/220 kcal
7 g Eiweiß · 18 g Fett
8 g Kohlenhydrate
0 g Ballaststoffe

- Zubereitungszeit: etwa 2 1/2 Stunden (davon etwa 2 Stunden Marinierzeit)

1. Den Tofu abtropfen lassen und in sehr dünne Scheiben schneiden. Die Scheiben in eine große möglichst flache Schale legen.

2. Die Knoblauchzehen durch die Knoblauchpresse drücken. Das Pfefferschotenstück putzen, von den Kernen befreien, waschen und sehr fein hacken. Die Hälfte des Basilikums beiseite legen, die restlichen Kräuterblättchen waschen, trockentupfen und in Streifen schneiden. Alle diese Zutaten mit dem Zitronensaft, Salz und dem Öl mischen. Die Kapern unterrühren.

3. Die Marinade gleichmäßig über den Tofuscheiben verteilen. Den Tofu zugedeckt etwa 2 Stunden marinieren. Dabei gelegentlich wenden.

4. Zum Servieren die Frühlingszwiebeln putzen, waschen und mit dem zarten Grün sehr fein hacken. Das restliche Basilikum waschen, trockentupfen und ebenfalls fein hacken. Beides über die Tofuscheiben streuen. Dazu schmecken Vollkornbrötchen.

Im Bild oben: Marinierter Tofu
Im Bild unten: Tofu mit Tomaten-Vinaigrette

Tofu-Kräuter-Aufstrich

Dieser Aufstrich ist schnell zubereitet, wenn Sie einmal etwas Abwechslung auf's Brot bringen möchten.

Zutaten für 3 Personen:
150 g Tofu
2 Eßl. Sojadrink oder Milch
1 Knoblauchzehe
1/2 Bund Basilikum
1 Bund Schnittlauch
2–3 Radieschen
Salz
weißer Pfeffer, frisch gemahlen
1 Teel. Zitronensaft

Schnell

Pro Portion etwa:
280 kJ/67 kcal
5 g Eiweiß · 3 g Fett
5 g Kohlenhydrate
1 g Ballaststoffe

- Zubereitungszeit: etwa 20 Minuten

1. Den Tofu abtropfen lassen, mit dem Sojadrink oder der Milch pürieren und in eine Schüssel geben.

2. Den Knoblauch durch die Knoblauchpresse dazudrücken. Die Kräuter waschen, trockentupfen und fein zerkleinern. Die Radieschen waschen und klein würfeln.

3. Den Knoblauch, die Kräuter und die Radieschen mit der Tofucreme mischen. Alles mit Salz, Pfeffer und dem Zitronensaft pikant abschmecken.

Tip!

Mit Pellkartoffeln ist diese Creme ein leichtes Hauptgericht für 1 Person. Die Radieschen können Sie auch einmal durch 1 Stück Salatgurke oder einige Oliven ersetzen.
Sojamilch ist unter der Bezeichnung »Sojadrink« im Handel. Achten Sie darauf, daß Sie ungesüßten Sojadrink kaufen, dies ist oft nicht gleich zu erkennen. Sie bekommen Sojadrink in Reformhäusern und Naturkostläden.

Tofu-Nuß-Creme

Zutaten für 3 Personen:
1 Schalotte
1 Knoblauchzehe
1 Eßl. Kürbiskerne
1/2 Bund frischer Thymian
1/2 Eßl. kaltgepreßtes, nicht raffiniertes Olivenöl
150 g Tofu
2 Eßl. Zitronensaft
1 Eßl. beliebiges Nußmus
Salz
Cayennepfeffer

Ohne tierisches Eiweiß

Pro Portion etwa:
810 kJ/190 kcal
9 g Eiweiß · 14 g Fett
7 g Kohlenhydrate
2 g Ballaststoffe

- Zubereitungszeit: etwa 20 Minuten

1. Die Schalotte und den Knoblauch fein hacken. Die Kürbiskerne mit einem großen Messer mittelfein hacken. Den Thymian waschen, trockenschwenken und die Blättchen von den Stielen streifen.

2. Das Öl in einer kleinen Pfanne erhitzen. Die Kürbiskerne, die Schalotte und den Thymian darin bei mittlerer Hitze einige Minuten anrösten. Den Knoblauch untermischen und nur kurz mitbraten. Die Mischung auf einen Teller geben und abkühlen lassen.

3. Den Tofu abtropfen lassen und mit dem Zitronensaft und dem Nußmus im Mixer pürieren.

4. Die Thymianmischung unter die Tofucreme mischen und alles mit Salz und Cayennepfeffer pikant abschmecken.

Im Bild oben: Tofu-Nuß-Creme
Im Bild unten: Tofu-Kräuter-Aufstrich

Kleine Leckereien mit Frischkäse

Champignons, Chilischoten, Oliven und Tomaten werden mit einer Käsecreme gefüllt und als Vorspeise serviert.

Zutaten für 4 Personen:
200 g Doppelrahm-Frischkäse
1 Bund gemischte Kräuter
3 Eßl. Parmesan, frisch gerieben
1 Prise Paprikapulver, rosenscharf
Streuwürze
ca. 1 Eßl. Sahne
1 Knoblauchzehe
125 g kleine Champignons
3 Eßl. Olivenöl
Salz
weißer Pfeffer, frisch gemahlen
75 ml Weißwein
1 Eßl. Zitronensaft
4 milde grüne Chilischoten oder
2 kleine Paprikaschoten
125 g Kräuteroliven ohne Stein
250 g Kirschtomaten
1 Eßl. Essig
1/4 Gurke
4 Salatblätter zum Garnieren

Für Gäste

Pro Portion etwa:
1600 kJ/380 kcal
13 g Eiweiß · 31 g Fett
7 g Kohlenhydrate

- Zubereitungszeit: etwa 45 Minuten

1. Den Doppelrahm-Frischkäse mit einer Gabel zerdrücken. Die Kräuter waschen und trockenschütteln. Die Blättchen fein hacken.

2. Den Frischkäse mit 2/3 der Kräuter, geriebenem Parmesan, Paprikapulver, Streuwürze und der Sahne zu einer festen Creme verrühren. Die Knoblauchzehe schälen, durch die Presse dazudrücken.

3. Die Champignons säubern, die Stiele ausbrechen und fein hacken, in 1 Eßlöffel Olivenöl andünsten. Die Champignonköpfe darauf setzen (Höhlung nach oben), mit Salz und Pfeffer würzen, den Weißwein und den Zitronensaft angießen, zugedeckt etwa 10 Minuten dünsten.

4. Von den Chili- oder den Paprikaschoten den Stielansatz entfernen, die Schoten mit einem langen, schmalen Messer aushöhlen, in kochendem Wasser etwa 3 Minuten blanchieren, abtropfen lassen. Die Oliven längs aufschlitzen.

5. Die Kirschtomaten waschen, trockentupfen. Dann einen Deckel abschneiden, die Früchte innen mit einem Kugelausstecher aushöhlen.

6. Chilischoten, Oliven und Tomaten mit Frischkäse füllen. Die Champignons aus dem Sud nehmen, Sud durch ein Sieb gießen. Auch die Champignons mit Käsecreme füllen, mit der Käsefüllung in die restlichen Kräuter tupfen.

7. Den Essig mit Salz, Pfeffer und dem restlichen Öl verquirlen. Die Gurke streifig schälen, längs halbieren, die Kerne entfernen, in dünne Scheiben aufschneiden. Die Salatblätter waschen, trocknen und durch die Essig-Öl-Marinade ziehen.

8. Das gefüllte Gemüse auf Tellern anordnen, mit Salatblättern und Gurkenhalbmonden umlegen, den Champignonsud mit der restlichen Essig-Öl-Marinade verrühren und über die Gurkenscheiben träufeln.

Tips!

Statt Frischkäse können Sie auch 200 g Magerquark nehmen, den Sie in einem Sieb gut abtropfen lassen – am besten über Nacht im Kühlschrank – und mit 50 g zimmerwarmer Butter verrühren. Ist die Masse zu weich, nehmen Sie mehr geriebenen Käse. Sehr gut schmeckt auch frisch geriebener, harter Pecorino für die Creme. Als Geschenk können Sie die gefüllten Gemüse in ein schönes Glas schichten und mit Olivenöl übergießen. Gut verschlossen sind die Gemüse etwa eine Woche im Kühlschrank haltbar.

Die gefüllten kleinen Gemüse sind eine erfrischende Vorspeise oder Snack, die in ihrer Farbigkeit auch das Auge erfreuen.

Ziegenkäse mit Trauben

Zutaten für 4 Personen:

300 g milder Ziegen-
frischkäse (45%)

weißer Pfeffer, frisch gemahlen

4–5 Eßl. Portwein oder Sherry
(halbtrocken), ersatzweise heller
Traubensaft

100 g grüne Weintrauben

100 g blaue Weintrauben

2 Zweige Petersilie

Raffiniert

- Zubereitungszeit: etwa
  30 Minuten

Pro Portion etwa:
1100 kJ/260 kcal
7 g Eiweiß · 20 g Fett
8 g Kohlenhydrate

1. Den Ziegenfrischkäse in
eine Schüssel geben und mit
Pfeffer und dem Portwein oder
dem Traubensaft glattrühren.

Tip!

Ziegenfrischkäse hat lediglich ein mildes Ziegenkäsearoma, er schmeckt keineswegs kräftig und pikant. Es gibt ihn abgepackt in vielen Supermärkten zu kaufen. Sollten Sie ihn dennoch nicht bekommen oder nicht mögen, verwenden Sie für diese Creme milderen Doppelrahm-Frischkäse.

2. Die Weintrauben waschen,
abzupfen, halbieren und mit
einem spitzen Messer entkernen. Einige schöne Hälften
zum Garnieren beiseite legen,
die übrigen noch kleiner
schneiden und unter den Frischkäse rühren.

3. Die Petersilienblättchen sehr
fein hacken und unter den
Frischkäse rühren. Diesen mit
Pfeffer abschmecken, mit Trauben garnieren und anrichten.

Sprossen-Frischkäse-Teller

Zutaten für 4 Personen:

500 g körniger Frischkäse

2 Eßl. Leinsamen

Salz

weißer Pfeffer, frisch gemahlen

Koriander, gemahlen

2–3 Teel. süßsaure Chilisauce
(aus dem Asienladen)

150 g Cocktailtomaten (Kirschtomaten; möglichst rote und
gelbe gemischt)

150 g gemischte Sprossen
(Alfalfa, Linsen, Rettich etc.)

Gelingt leicht

- Zubereitungszeit: etwa
  25 Minuten

Pro Portion etwa:
730 kJ/170 kcal
18 g Eiweiß · 7 g Fett
9 g Kohlenhydrate

1. Den Frischkäse mit den Leinsamen, Salz, Pfeffer, Koriander

und der Chilisauce verrühren
und abschmecken. Auf Tellern
oder einer Platte anrichten.

2. Die Tomaten waschen und
vierteln oder halbieren, am
Rand um den Frischkäse herum
arrangieren. Mit Salz und Pfeffer bestreuen.

3. Die Sprossen gründlich
verlesen und eventuell etwas
kleinschneiden, auf dem Frischkäse verteilen.

Im Bild hinten:
Ziegenkäse mit Trauben
Im Bild vorne:
Sprossen-Frischkäse-Teller

Gemüse mit Kräuter-Käse

Vorspeise mit südlichem Flair.

Zutaten für 4 Personen:
2 Bund Frühlingszwiebeln
4 rote Chilischoten
1 ganzer Staudensellerie
6 Eßl. Olivenöl
1/4 l trockener Weißwein
Salz
schwarzer Pfeffer, frisch gemahlen
3 Zweige Thymian
150 g Roquefort oder anderer
Blauschimmelkäse
75 g Crème fraîche
1 Bund Basilikum

Gut vorzubereiten

Pro Portion etwa:
1600 kJ/380 kcal
10 g Eiweiß · 31 g Fett
5 g Kohlenhydrate

- Zubereitungszeit: etwa
  30 Minuten

1. Die Frühlingszwiebeln waschen, putzen und mit dem zarten Grün in 10 cm lange Stücke schneiden. Die Chilischoten längs halbieren und entkernen. Den Staudensellerie waschen, aufblättern, eventuell entfädeln, die Stangen ebenfalls in 10 cm lange Stücke schneiden.

2. Die Frühlingszwiebeln, die Chilischoten und den Staudensellerie nebeneinander in einen flachen Topf legen, das Olivenöl dazugießen und langsam erhitzen. Einige Minuten schmoren, dann den Weißwein angießen, mit Salz, Pfeffer und dem Thymian würzen. Etwa 15 Minuten bei schwacher Hitze garen.

3. Inzwischen den Roquefort mit der Crème fraîche glattrühren, das Basilikum waschen, fein hacken und untermischen, mit Pfeffer abschmecken.

4. Das gegarte Gemüse auf einer Platte anrichten, in die Höhlungen vom Sellerie die Käsecreme streichen. Den Garsud noch etwas einkochen und seitlich zum Gemüse gießen. Lauwarm oder kalt mit Knoblauchbrot servieren.

Käse-Kräuter-Salat

Je mehr Kräuter, desto besser schmeckt dieser köstliche Salat, den sie gut vorbereiten können.

Zutaten für 4 Personen:
250 g junger Emmentaler oder
Gouda
1 reife Avocado
2 rote Zwiebeln
1 Bund gemischte Kräuter
(Petersilie, Kerbel, Dill,
Schnittlauch, Estragon,
Sauerampfer)
Salz
Pfeffer, frisch gemahlen
3 Eßl. Weißweinessig
1 Teel. scharfer Senf
4 Eßl. Sonnenblumenöl

Ganz einfach

Pro Portion etwa:
1800 kJ/430 kcal
20 g Eiweiß · 38 g Fett
3 g Kohlenhydrate

- Zubereitungszeit: etwa
  30 Minuten

1. Den Käse in Streifen schneiden. Die Avocado längs um den Kern einschneiden, durch Drehen vom Kern lösen, das Fruchtfleisch mit einem Kugelausstecher ausbohren.

2. Die Zwiebeln in Streifen schneiden. Die Kräuter waschen, trockenschütteln und hacken. Alle Salatzutaten mischen. Salz und Pfeffer mit dem Weißweinessig in einem Schälchen verrühren, den Senf unterrühren und mit einer Gabel das Öl unterschlagen, bis eine cremige Sauce entstanden ist.

3. Die Salatsauce über die Zutaten träufeln, vorsichtig unterheben. Bis zum Servieren durchziehen lassen.

Tip!

Zu diesem Salat passen auch die würzigen Blätter der Kapuzinerkresse sehr gut. Mit ihren leuchtenden Blüten läßt sich auch ein einfacher Salat schön garnieren.

Bild oben: Käse-Kräuter-Salat
Bild unten:
Gemüse mit Kräuter-Käse

Liptauer Käse

Nach der Stadt Liptau in der Tschechoslowakei ist dieser Käse benannt, der original aus Schafmilchquark bereitet wird.

Zutaten für 4 Personen:
400 g Schafkäse (in Lake)
4 Eßl. Milch
100 g weiche Butter
1 kleine Zwiebel
1 Knoblauchzehe
1 Teel. Kapern
1 Teel. Paprikapulver, rosenscharf
Pfeffer, frisch gemahlen
Salz
1–2 Bund Schnittlauch

Für Gäste

Pro Portion etwa:
1900 kJ/450 kcal
15 g Eiweiß · 43 g Fett
2 g Kohlenhydrate

- Zubereitungszeit: etwa 30 Minuten
- Kühlzeit: etwa 1 Stunde

1. Den Schafkäse mit dem Stabmixer pürieren, dabei die Milch untermischen. Die Butter glattrühren und dazumixen.

2. Die Zwiebel, die Knoblauchzehe und die Kapern sehr fein hacken. Unter die Schafkäsemasse mischen.

3. Mit dem Rosenpaprika, Pfeffer und eventuell Salz pikant abschmecken. Etwa 1 Stunde kühl stellen.

4. Aus der Käsemasse walnußgroße Kugeln rollen, auf einer Platte (nach Belieben mit Salatblättern ausgelegt) zu einer Pyramide aufschichten. Den Schnittlauch waschen und trockenschütteln, dann fein hacken und über die Käsekugeln streuen. Gut gekühlt servieren.

Tip!

Als kleine Vorspeise, dazu Schwarzbrot oder Pumpernickel. Wer mag, läßt das Paprikapulver bei der Masse weg und rollt nur einige Kugeln in Paprikapulver, den anderen Teil im sehr fein gehackten Schnittlauch, der Rest bleibt weiß.

Kräuterpolenta mit Schafkäse

Zutaten für 4 Personen:
1/2 l Milch
200 g 5-Minuten-Polenta
Salz · Muskat, frisch gerieben
1 Bund gemischte Kräuter
3 Eßl. Butter
200 g Schafkäse (in Lake)
2 Zwiebeln
100 g Sahne

Gelingt leicht

Pro Portion etwa:
2300 kJ/550 kcal
17 g Eiweiß · 33 g Fett
46 g Kohlenhydrate

- Zubereitungszeit: etwa 45 Minuten

1. Die Milch mit 1/2 l Wasser erhitzen, den Polenta-Grieß einstreuen, salzen und unter Rühren nach Packungsangabe etwa 5 Minuten garen, mit Muskat würzen. Vom Herd nehmen. Den Backofen auf 220° vorheizen.

2. Die gemischten Kräuter waschen, trockenschütteln, entstielen, hacken und unter die Polenta rühren. Eine flache Auflaufform mit 1 Eßlöffel Butter ausstreichen. Den Schafkäse abtropfen lassen und in Würfel schneiden.

3. Die Zwiebeln in Scheiben schneiden. Die restliche Butter in einer Pfanne erhitzen, die Zwiebeln darin schön braun braten.

4. Abwechselnd Polenta und Schafkäse in die Auflaufform schichten. Die gebratenen Zwiebeln darüber verteilen und mit Sahne übergießen.

5. Im Backofen (Mitte) in 20–25 Minuten goldbraun überbacken. Dazu einen grünen Salat mit Radieschen servieren.

Im Bild hinten:
Kräuterpolenta mit Schafkäse
Im Bild vorne: Liptauer Käse

Bunter Zwiebeltoast

Die herzhafte Zwiebelmasse paßt auch gut zu Getreidegerichten, Pellkartoffeln oder als Belag auf einen pikanten Kuchen.

Gelingt leicht • Schnell

Pro Portion etwa:
2000 kJ/480 kcal
19 g Eiweiß · 34 g Fett
26 g Kohlenhydrate
5 g Ballaststoffe

• Zubereitungszeit: etwa 25 Minuten

1. Die Brotscheiben in einer Pfanne in 20 g Butter von beiden Seiten bei mittlerer Hitze leicht rösten, dann herausnehmen.

2. Die Zwiebeln halbieren und in feine Streifen schneiden. In den restlichen 20 g Butter bei mittlerer Hitze goldgelb braten.

3. Die Pfanne von der Kochstelle nehmen. Den Käse klein würfeln, unter die Zwiebeln mischen und alles mit den Gewürzen pikant abschmecken.

4. Die Zwiebelmasse gleichmäßig auf die Brotscheiben verteilen. Die Paprikaschotenstücke in schmale Streifen schneiden, und die Brote gitterartig damit belegen.

5. Die Brote unter dem Grill kurz überbacken oder in der geschlossenen Pfanne einige Minuten bei schwacher Hitze ziehen lassen, bis der Käse geschmolzen ist. Dazu schmeckt ein gemischter Blattsalat mit Kräutervinaigrette.

Allgäuer Käseschnitten

Gelingt leicht

Pro Schnitte etwa:
930 kJ/220 kcal
10 g Eiweiß · 13 g Fett
17 g Kohlenhydrate
2 g Ballaststoffe

• Zubereitungszeit: etwa 20 Minuten

1. Den Knoblauch fein hacken. Den Käse, die Petersilie, den Knoblauch und das Ei miteinander verrühren. Mit Salz und den Gewürzen kräftig abschmecken.

2. Die Brotscheiben mit der Käsemischung bestreichen.

3. Die Butter in einer großen Pfanne zerlassen. Die Brote mit der bestrichenen Seite nach unten hineinlegen. Zugedeckt bei schwacher Hitze etwa 5 Minuten braten, bis der Käse goldgelb ist.

4. Die Schnitten mit Basilikum- oder Thymianblättchen bestreuen und zu einer großen Frischkostplatte servieren.

Im Bild vorne: Bunter Zwiebeltoast
Im Bild hinten: Allgäuer Käseschnitten

Salat mit Ziegenkäse

Goat Cheese Salad

In Kalifornien werden viele Käsesorten hergestellt. Sie werden nicht nur pur und auf Brot gegessen, sondern auch zum Kochen verwendet. Sehr beliebt ist Käse als Zutat für Salate. Geraspelter Cheddar oder ein »Blue Cheese Dressing«, eine cremige Salatsauce aus Edelpilzkäse, fehlt bei kaum einer Salatbar. Für diesen feinen Salat wird Ziegenkäse in Haselnüsse gehüllt, im Ofen leicht erwärmt und so zu einem cremigen Genuß. Am besten schmeckt er mit Estragonessig und Haselnußöl; Sie können aber auch andere aromatische Produkte nehmen.

Zutaten für 4 Personen:
60 g Haselnußkerne, fein gehackt
1 Rolle Ziegen-Weichkäse (200 g)
2 Schalotten
2 Eßl. Estragonessig · Salz
schwarzer Pfeffer, frisch gemahlen
4 Eßl. Olivenöl, kaltgepreßt
1 1/2 Eßl. Haselnußöl
etwa 100 g gemischte Salatblätter
(Radicchio, Endivie, Frisée)
Für das Backblech: Backpapier

Für Gäste

Pro Portion etwa:
1700 kJ/400 kcal
2 g Eiweiß · 20 g Fett
2 g Kohlenhydrate

• Zubereitungszeit: etwa
45 Minuten

1. Den Backofen auf 200° vorheizen. Das Backblech mit Backpapier auslegen. Die Haselnüsse in einer trockenen Pfanne bei mittlerer Hitze goldgelb rösten, dann auf einen Teller schütten. Den Ziegenkäse in acht Scheiben schneiden.

2. Den Käse in die Nüsse drücken, die Nüsse gut andrücken. Die Scheiben auf das Blech legen.

3. Die Schalotten schälen und sehr fein würfeln, in einer Schüssel mit Essig, Salz und Pfeffer verrühren. Die beiden Ölsorten mit einem Schneebesen kräftig darunterschlagen, abschmecken. Salat waschen, trockenschütteln und zerzupfen. Den Salat in der Vinaigrette wenden und auf vier Teller verteilen.

4. Den Käse im Backofen (Mitte, Umluft 180°) etwa 5 Minuten backen. Er soll warm werden, aber nicht schmelzen. Die Käsescheiben auf den Salat geben und diesen sofort servieren.

Käse-Tortilla

Kleines Hauptgericht

In Spanien liebt man »Tortilla de patatas«, ein Kartoffelomelett, als Vorspeise oder kleines Hauptgericht. Mit Käse wird es noch würziger und delikater – und sättigender. Dazu gibt man einen bunt gemischten Salat. Die Tortilla können Sie aber auch kalt servieren: In kleine Quadrate geschnitten als Häppchen oder auch zu gebratenem Fisch als Beilage.

Zutaten für 4 Personen:
2 feste, reife Tomaten
1 kleine Stange Lauch
400 g vorwiegend festkochende Kartoffeln
5 Eßl. Olivenöl
Salz
schwarzer Pfeffer, frisch gemahlen
4 Eier
1/4 Teel. Oregano (getrocknet)
125 g halbfester Schnittkäse (Butterkäse, Pyrenäenkäse)

Pro Portion etwa:
1500 kJ/360 kcal
18 g Eiweiß · 25 g Fett
18 g Kohlenhydrate

• Zubereitungszeit: etwa 40 Minuten

1. Grünen Strunk der Tomaten ausschneiden, die Früchte sekundenlang in kochendem Wasser überbrühen, häuten, halbieren, entkernen, würfeln. Den Lauch längs aufschneiden, gründlich waschen, abgetropft in schmale Streifen schneiden.

2. Die Kartoffeln schälen, in 1/2 cm große Würfel schneiden. In einer möglichst beschichteten Pfanne im mäßig heißen Olivenöl unter Wenden garen – nicht bräunen. Nach etwa 10 Minuten den Lauch und die Tomaten zugeben, leicht salzen und pfeffern. Kurz mitdünsten.

3. Die Eier mit Salz, Pfeffer und dem Oregano verquirlen, über die Kartoffel-Gemüsemischung gießen. Den Käse würfeln und darüber verteilen. Die Tortilla zugedeckt langsam stocken lassen.

4. Ist die Oberfläche fest und trocken, die Tortilla auf einen flachen Deckel stürzen, zurück in die Pfanne gleiten lassen. Nun bei etwas stärkerer Hitze ohne Deckel leicht bräunen lassen. Tortilla vierteln und heiß servieren.

Schafkäse in Folie

Ein schnelles Gericht für den kleinen Haushalt

Zutaten für 2 Personen:
2 Eßl. Olivenöl
300 g griechischer Schafkäse
2 kleine Tomaten
1 kleine Zwiebel
8 grüne Oliven
2 eingelegte grüne Peperoni
Thymian, Oregano, Kreuzkümmel
Salz, schwarzer Pfeffer, frisch gemahlen

Schnell

Pro Portion etwa:
2100 kJ/500 kcal
22 g Eiweiß · 43 g Fett
3 g Kohlenhydrate

- Zubereitungszeit: etwa
  25 Minuten

1. Den Backofen mit dem Backblech auf 200° vorheizen. Zwei etwa 40 cm lange Stücke Alufolie auf der glänzenden Seite mit 1/2 Eßlöffel Öl bestreichen. Den Schafkäse halbieren, in die Mitte der Folien legen.

2. Die Tomaten waschen, den Strunk keilförmig herausschneiden. Die Früchte in Scheiben schneiden, auf dem Käse verteilen. Die Zwiebel pellen, in dünne Scheiben schneiden, darüber geben. Die Oliven und die Peperoni darum herum anordnen.

3. Das Ganze würzen mit Thymian, Oregano und Kreuzküm-mel, sparsam salzen, kräftig pfeffern und das restliche Olivenöl darüber träufeln. Die Folie zu einem Päckchen falten.

4. Die Alupäckchen im Ofen etwa 15 Minuten backen. Heiß in der Folie servieren.

Grünkernblinis mit Ziegenkäse

Blinis sind kleine russische Pfannkuchen, sonst aus Buchweizenmehl, hier pikant mit Grünkernmehl.

Zutaten für 4 Personen:
Für die Blinis:
1/2 l Milch
1/2 Päckchen Hefe
1 Prise Zucker
150 g Grünkernmehl
150 g Weizenmehl
2 Eier
50 g Butterschmalz
Salz
Butterschmalz zum Braten
Für die Käsecreme:
150 g Ziegen-Frischkäse
250 g Sahnequark
100 g Crème fraîche
eventuell 2–3 Eßl. Milch
1 Knoblauchzehe
1 Bund Schnittlauch
Salz, schwarzer Pfeffer, frisch gemahlen

Aufwendig

Pro Portion etwa:
3500 kJ/830 kcal
26 g Eiweiß · 51 g Fett
65 g Kohlenhydrate

- Zubereitungszeit: etwa
  1 Stunde

1. Die Milch leicht erwärmen, in einer Schüssel mit der Hefe und dem Zucker verrühren. Grünkern- und Weizenmehl dazumischen, abdecken und etwa 30 Minuten aufgehen lassen.

2. Den Ziegen-Frischkäse mit dem Quark und der Crème fraîche verrühren. Die Knoblauchzehe zerdrücken, den Schnittlauch waschen, trocknen und in feine Röllchen schneiden. Beides mit Salz und Pfeffer unter die Käsemasse rühren. Eventuell noch mit 2–3 Eßlöffel Milch cremiger machen.

3. Die Eier trennen, die Eiweiße steif schlagen. Das Butterschmalz zergehen lassen, auf Handwärme abgekühlt mit den Eigelben unter den Teig rühren, salzen, den Eischnee unterheben.

4. Den Backofen auf 75° vorheizen. Aus dem Teig in heißem Butterschmalz 24–30 handtellergroße Pfannkuchen backen, die fertigen warmhalten. Jeweils 1 Löffel Käsecreme auf einen warmen Blini setzen und servieren.

Im Bild oben:
Grünkernblinis mit Ziegenkäse
Im Bild unten: Schafkäse in Folie

Gefüllte Tofuschnitten mit Salat

Dies ist ein leichtes Gericht für heiße Sommertage. Die Tofuschnitten bekommen durch die würzige Füllung so viel Aroma, daß ein Marinieren unnötig ist.

Zutaten für 2 Personen:
1/2 Bund Frühlingszwiebeln (etwa 100 g)
1 Knoblauchzehe
1 Stück unbehandelte Zitronenschale
1/2 Bund Basilikum
Salz
weißer Pfeffer, frisch gemahlen
250 g Tofu
1/2 kleiner Burgundersalat
1 Bund Radieschen
1 Tomate
4 kleine Champignons
1 Stück gelbe Paprikaschote
1 Bund Schnittlauch
1 Teel. Kräutersenf
2 Eßl. Weißweinessig
3 Eßl. kaltgepreßtes, nicht raffiniertes Olivenöl
2 Eßl. Haselnußkerne, fein gemahlen
1 Teel. gemahlener Kreuzkümmel
2 Eßl. Maiskeimöl

Raffiniert
Ohne tierisches Eiweiß

Pro Portion etwa:
2000 kJ/480 kcal
14 g Eiweiß · 42 g Fett
14 g Kohlenhydrate
6 g Ballaststoffe

• Zubereitungszeit: etwa 50 Minuten

1. Die Frühlingszwiebeln putzen, waschen und mit dem zarten Grün sehr fein hacken. Die Knoblauchzehe durch die Knoblauchpresse drücken. Die Zitronenschale sehr fein hacken. Das Basilikum waschen, trockenschwenken und die Blättchen in feine Streifen schneiden. Alle diese Zutaten mischen und mit Salz und Pfeffer abschmecken.

2. Den Tofu abtropfen lassen und der Länge nach einmal durchschneiden. Jede Scheibe an einer Längsseite noch einmal so einschneiden, daß eine Tasche entsteht. Dabei darauf achten, daß Sie nicht zu tief schneiden, Sie sollten den Tofu nicht durchtrennen.

3. Die Frühlingszwiebelfüllung vorsichtig in die Tofutaschen geben. Die Öffnungen der Tofutaschen jeweils mit einem Stück Küchengarn oder mit einem Zahnstocher verschließen.

4. Für den Salat den Burgunder in die einzelnen Blätter trennen, waschen und gründlich trockenschwenken. Die Radieschen waschen und in Scheiben schneiden. Die Tomate waschen und würfeln, dabei den Stielansatz heraustrennen. Die Champignons putzen und in Scheiben schneiden. Das Paprikastück waschen, putzen und in Streifen oder Würfel schneiden. Den Schnittlauch waschen, trockenschwenken und in Röllchen schneiden. Alle diese Zutaten in einer großen Schüssel miteinander mischen.

5. Für das Dressing den Senf mit dem Essig, Salz und Pfeffer verrühren. Das Öl nach und nach darunterschlagen.

6. Die Haselnüsse mit dem Kreuzkümmel mischen. Die Tofutaschen salzen und in der Haselnußmischung wenden.

7. Das Maiskeimöl in einer Pfanne erhitzen. Die Tofuscheiben darin bei mittlerer Hitze von jeder Seite etwa 5 Minuten garen, bis sie schön gebräunt sind. Nach dem Wenden zugedeckt garen, damit auch die Füllung schön heiß wird.

8. Inzwischen die Salatzutaten mit dem Dressing mischen.

9. Die Tofuscheiben mit dem Salat servieren. Dazu paßt außerdem Vollkornbaguette.

Tip!

Statt Salat sollten Sie auch Spinat- oder Pilzgemüse zu den Tofuschnitten probieren. Und die Füllung schmeckt auch mit Fenchel oder Stangensellerie statt mit Frühlingszwiebeln.

Ein Gericht, das es in sich hat: gefüllte Tofuschnitten mit Salat.

Gemüse-Tofu-Pflänzchen

Zutaten für 4 Personen:
600 g gemischtes Gemüse,
zum Beispiel Möhren, Knollensellerie
und Lauch
2 Knoblauchzehen
10 Blättchen frischer Salbei
250 g Tofu
1 Ei
60 g Weizenvollkornmehl
Salz
weißer Pfeffer, frisch gemahlen
1 kräftige Prise gemahlener Kreuzkümmel
2 Eßl. kaltgepreßtes, nicht raffiniertes
Distelöl

Preiswert

Pro Portion etwa:
1000 kJ/240 kcal
11 g Eiweiß · 15 g Fett
18 g Kohlenhydrate
5 g Ballaststoffe

• Zubereitungszeit: etwa
  50 Minuten

1. Das Gemüse waschen, putzen oder schälen und sehr fein
raspeln. Das Gemüse in ein
Küchentuch geben und die
Flüssigkeit gut ausdrücken.

2. Den Knoblauch fein hakken. Den Salbei in feine Streifen schneiden. Den Tofu
abtropfen lassen und mit einer
Gabel sehr fein zerdrücken.

3. Den Tofu mit dem Gemüse,
dem Salbei, dem Knoblauch,
dem Ei und dem Mehl mit den
Händen kräftig durchkneten,
bis ein geschmeidiger Teig

entsteht. Den Teig mit Salz,
Pfeffer und dem Kreuzkümmel
abschmecken und zu etwa
12 Pflänzchen formen.

4. Die Pflänzchen in zwei Portionen in dem Öl in einer großen Pfanne bei mittlerer Hitze
von jeder Seite etwa 5 Minuten braten, bis sie schön gebräunt sind. Die erste Portion
nach dem Braten warm halten.
Dazu schmeckt Vollkornbrot.

Tofu-Fenchel-Pflänzchen

Zutaten für 3 Personen:
1 kleine Fenchelknolle (etwa 200 g)
1 Knoblauchzehe
1 Bund Petersilie
200 g Tofu
3 Eßl. Vollkornbrot, fein gerieben
1 Ei
Salz
weißer Pfeffer, frisch gemahlen
Cayennepfeffer
25 g Kürbiskerne
1 Eßl. kaltgepreßtes, nicht raffiniertes
Maiskeimöl
175 g Sahne
1 Teel. Zitronensaft

Preiswert

Pro Portion etwa:
1900 kJ/450 kcal
15 g Eiweiß · 35 g Fett
19 g Kohlenhydrate
4 g Ballaststoffe

• Zubereitungszeit:
  etwa 40 Minuten

1. Den Fenchel putzen, waschen und fein hacken. Das

zarte Fenchelgrün mitverwenden. Den Knoblauch durch die
Presse drücken. Die Petersilie
waschen, trockenschwenken
und fein hacken. Den Tofu abtropfen lassen und mit einer
Gabel fein zerdrücken.

2. Alle diese Zutaten mit den
Brotbröseln und dem Ei in eine
Schüssel geben und mit den
Händen kräftig durchkneten.
Sollte der Teig zu weich sein,
noch etwas Brotbrösel untermischen. Den Teig mit Salz, Pfeffer und Cayennepfeffer abschmecken und zu 6 Pflänzchen formen.

3. Die Kürbiskerne fein hakken.

4. Das Öl in einer großen
Pfanne erhitzen. Die Pflänzchen darin bei mittlerer Hitze
von jeder Seite etwa 5 Minuten braten, bis sie schön gebräunt sind. Dann herausnehmen, zugedeckt warm halten.

5. Die Kürbiskerne im Bratfett
anrösten. Die Sahne untermischen und kurz einkochen lassen. Die Sauce mit Salz, Pfeffer
und dem Zitronensaft ab-
schmecken und zu den Pflänzchen servieren. Dazu schmek-
ken Kartoffeln oder Brot.

Im Bild oben:
Gemüse-Tofu-Pflänzchen
Im Bild unten: Tofu-Fenchel-Pflänzchen

Tofu-Dill-Klößchen mit Gemüse

Diese Klößchen schmecken auch mit beliebigen anderen Kräutern.

Zutaten für 2 Personen:
1 Bund Dill
200 g Tofu
1 Eigelb
1–2 Eßl. Meerrettich, frisch gerieben
1–2 Eßl. Vollkornbrot, fein gerieben
Salz
weißer Pfeffer, frisch gemahlen
500 g junge Möhren
1 Zwiebel
1/8 l Gemüsebrühe
(siehe Tip Seite 18)
1 Eßl. kaltgepreßtes, nicht raffiniertes Maiskeimöl
2 Eßl. saure Sahne
2 Eßl. Schnittlauchröllchen

Pro Portion etwa:
2000 kJ/480 kcal
30 g Eiweiß · 23 g Fett
37 g Kohlenhydrate
13 g Ballaststoffe

- Zubereitungszeit: etwa 35 Minuten

Tip!

Bei Klößchen aus Tofu ist es wichtig, daß Sie den Teig mit den Händen wirklich gründlich durchkneten, er hält sonst nicht so gut zusammen.

1. Den Dill waschen und fein hacken. Den Tofu abtropfen lassen und mit einer Gabel sehr fein zerdrücken. Den Tofu mit dem Eigelb, dem Meerrettich und den Brotbröseln mit den Händen kräftig durchkneten, bis ein gut gebundener Teig entsteht. Den Dill, Salz und Pfeffer untermischen.

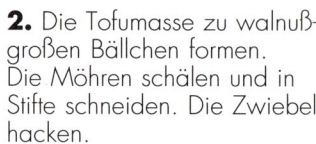

2. Die Tofumasse zu walnußgroßen Bällchen formen. Die Möhren schälen und in Stifte schneiden. Die Zwiebel hacken.

3. Die Gemüsebrühe zum Kochen bringen. Die Hitze reduzieren, die Klößchen in die Brühe geben und bei schwacher Hitze in etwa 10 Minuten garen. Dabei die Klößchen einmal vorsichtig wenden.

4. Gleichzeitig das Öl erhitzen. Die gehackte Zwiebel darin glasig dünsten. Die Möhren hinzufügen und unter Rühren in etwa 8 Minuten bißfest garen. Die Möhren mit Salz und Pfeffer abschmecken. Die saure Sahne mit dem Schnittlauch mischen. Die Klößchen mit dem Gemüse und der Schnittlauchsahne servieren.

Tofu mit Gemüse in Zitronensauce

Knusprig gebratener Tofu schmeckt mit der säuerlichen Sauce besonders gut.

Zutaten für 2 Personen:
2 Möhren
1 Stange Lauch
1 Schalotte
1/2 Bund frischer Thymian
300 g Tofu
1 Eßl. Butter
1 Eßl. kaltgepreßtes, nicht raffiniertes Olivenöl
Salz
Cayennepfeffer
150 g Crème fraîche
Saft von 1/2 Zitrone

Pro Portion etwa:
2700 kJ/640 kcal
17 g Eiweiß · 55 g Fett
23 g Kohlenhydrate
8 g Ballaststoffe

• Zubereitungszeit: etwa 35 Minuten

Tip!

Wenn es einmal sehr schnell gehen soll, lassen Sie das Gemüse einfach weg und braten nur den Tofu.

1. Die Möhren schälen und in Stifte schneiden. Den Lauch putzen, waschen und in Ringe teilen. Die Schalotte hacken. Den Thymian waschen, die Blättchen von den Stielen streifen. Den Tofu abtropfen lassen und in kleine Würfel schneiden.

2. Die Hälfte der Butter und des Öls in einer großen Pfanne erhitzen. Den Tofu hinzufügen und mit Salz und Cayennepfeffer würzen. Den Tofu unter gelegentlichem Wenden bei mittlerer Hitze in etwa 8 Minuten von allen Seiten knusprig braun braten. Dann aus der Pfanne nehmen und zugedeckt beiseite stellen.

3. Die restliche Butter und das übrige Öl in die Pfanne geben. Die Schalotte und das Gemüse hinzufügen und bei mittlerer Hitze unter Rühren einige Minuten anbraten. Dann die Crème fraîche untermischen. Den Zitronensaft angießen und die Sauce unter Rühren cremig einkochen lassen.

4. Die Sauce mit Salz und Cayennepfeffer abschmecken. Den Tofu unter die Sauce mischen und noch einmal heiß werden lassen. Den Tofu dann auf vorgewärmten Tellern servieren. Dazu schmeckt Reis oder Hirse.

Tofu mit Zuckerschoten und Chilis

Zutaten für 4 Personen:

6 getrocknete Shiitakepilze

1/8 l lauwarmes Wasser

500 g Tofu

4 Frühlingszwiebeln

3 Knoblauchzehen

1 kleine grüne Pfefferschote

2 getrocknete Chilischoten

200 g Zuckerschoten, ersatzweise ganz zarte grüne Bohnen

4 Eßl. Sojaöl

1/8 l Gemüsebrühe

2–3 Eßl. Sojasauce

1 Prise Zucker

2 Teel. Speisestärke

Salz

Preiswert

Pro Portion etwa:
1900 kJ/450 kcal
20 g Eiweiß · 33 g Fett
18 g Kohlenhydrate

- Quellzeit: etwa 1 Stunde
- Zubereitungszeit: etwa 25 Minuten

1. Die Pilze in dem Wasser etwa 1 Stunde einweichen. Den Tofu abtropfen lassen, mit einem Brett und zwei Konservendosen beschweren und etwa 30 Minuten pressen.

2. Inzwischen die Frühlingszwiebeln putzen und in dünne Ringe schneiden. Den Knoblauch schälen und sehr fein hacken. Die Pfefferschote längs halbieren, von den Samensträngen und Kernen befreien, abspülen und sehr fein würfeln.

Die Chilischoten im Mörser zerstoßen. Die Zuckerschoten oder die Bohnen abfädeln, abspülen und abtropfen lassen.

3. Die Pilze abgießen, dabei das Wasser auffangen. Aus den Pilzen die Stiele herausdrehen und wegwerfen, die Hüte vierteln. Dann den Tofu abtupfen und jeden Block in 8 Würfel schneiden.

4. Das Öl im Wok erhitzen. Das gesamte Gemüse darin unter Rühren anbraten, bis die Zwiebeln glasig sind. Die Tofuwürfel zufügen, kurz anbraten und mit dem Pilzwasser und der Gemüsebrühe auffüllen. Mit der Sojasauce und dem Zucker würzen und alles etwa 5 Minuten köcheln lassen.

5. Die Speisestärke in wenig Wasser glattrühren und die Flüssigkeit damit binden. Das Gericht eventuell mit Salz nachwürzen. Dazu Reis servieren.

Tofu mit Bohnensprossen und Gurke

Zutaten für 4 Personen:

500 g Tofu

1 Salatgurke

Salz

200 g Mungobohnenkeime

1/2 Bund Schnittlauch

2 Eßl. geschälte Sesamsamen

4 Eßl. Erdnuß- oder Sojaöl

1/8 l Gemüsebrühe

2 Eßl. Erdnußmus

schwarzer Pfeffer, frisch gemahlen

Für Ungeübte

Pro Portion etwa:
2200 kJ/520 kcal
23 g Eiweiß · 43 g Fett
10 g Kohlenhydrate

- Zubereitungszeit: etwa 40 Minuten

1. Den Tofu etwa 30 Minuten pressen. Die Gurke schälen, längs halbieren, entkernen, in etwa 2 cm breite Streifen schneiden, leicht salzen und etwa 10 Minuten ziehen lassen.

2. Die Mungobohnenkeime in stehendem kaltem Wasser waschen, dabei die nach oben steigenden grünen Häutchen entfernen. Die Sprossen in einem Sieb abtropfen lassen. Den Schnittlauch kleinschneiden. Den Tofu abtupfen, jeden Block in 8 Würfel schneiden.

3. Den Sesam im heißen Wok rösten und beiseite stellen. Das Öl im Wok erhitzen und die Tofuwürfel darin braun braten.

4. Die abgetropften Gurken, die Mungobohnensprossen und die Gemüsebrühe zufügen und alles etwa 5 Minuten schwach köcheln lassen. Erst dann das Erdnußmus einrühren. Das Gericht mit Salz und Pfeffer pikant würzen, mit den Sesamsamen bestreuen und servieren. Dazu schmecken Vollkornnudeln.

Im Bild hinten:
Tofu mit Zuckerschoten und Chilis
Im Bild vorne:
Tofu mit Bohnensprossen und Gurke

Tofu in Sesampanade auf Champignons

Zutaten für 4 Personen:

500 g Tofu

1/2 Bund Petersilie

1/2 Bund Schnittlauch

500 g braune Champignons

2 Teel. Kräuteressig

1 Ei

Salz

Cayennepfeffer

1 Eßl. Speisestärke

1/8 l Erdnuß- oder Sojaöl

4 Eßl. weiße Sesamsamen

30 g Butter

Gelingt leicht · Schnell

Pro Portion etwa:
2000 kJ/480 kcal
20 g Eiweiß · 38 g Fett
12 g Kohlenhydrate

- Zubereitungszeit: etwa
  35 Minuten

1. Den Tofu abtropfen lassen. Beide Blöcke getrennt in ein Tuch einwickeln und vorsichtig ausdrücken. Dabei darf der Tofu nicht zerbrechen. Dann jeden Block quer halbieren.

2. Die Kräuter abspülen, trockenschütteln und fein hacken. Die Champignons putzen, jedoch nicht waschen, sondern nur mit Küchenpapier abreiben und in Scheiben schneiden. Rasch mit dem Essig vermischen.

3. Das Ei verquirlen. Kräftig mit Salz und Cayennepfeffer würzen. Die Tofuwürfel mit der Speisestärke bestäuben. Das Öl im Wok erhitzen.

4. Die Tofuwürfel zuerst in Ei, dann in den Sesamsamen wenden und die Panade gut andrücken. Den Tofu im heißen Öl beidseitig knusprig braun braten. Dann auf Küchenpapier abtropfen lassen und warm stellen.

5. Das Öl aus dem Wok abgießen und die Butter darin erhitzen. Die Pilze unter Rühren knapp 2 Minuten braten. Mit den Kräutern vermischen. In eine Schüssel geben und den Tofu darauf anrichten.

Tofu mit Paprikagemüse

Zutaten für 4 Personen:

500g Tofu

500 g gemischte Paprikaschoten

1 grüne Pfefferschote

2 Knoblauchzehen

2 mittelgroße Zwiebeln

50 g Pinienkerne

6 Eßl. Erdnuß- oder Sojaöl

4 Eßl. Sojasauce

4 Eßl. Sake (Reiswein) oder trockener Sherry (Fino)

1/8 l Hühnerbrühe

1 Teel. Speisestärke

Preiswert

Pro Portion etwa:
2300 kJ/550 kcal
22 g Eiweiß · 41 g Fett
21 g Kohlenhydrate

- Zubereitungszeit: etwa
  45 Minuten

1. Den Tofu abtropfen lassen, in ein Tuch wickeln und vorsichtig ausdrücken.

2. Inzwischen die Paprikaschoten und die Pfefferschote putzen, von den Samensträngen befreien, abspülen und gründlich trockentupfen. Die Paprikaschoten in etwa 3 cm große Würfel schneiden, die Pfefferschote fein hacken. Den Knoblauch und die Zwiebeln schälen. Den Knoblauch hacken, die Zwiebeln würfeln.

3. Die Pinienkerne im heißen Wok ohne Fettzugabe goldgelb rösten, dann herausnehmen. Das Öl im Wok rauchheiß werden lassen. Den Tofu trockentupfen, in etwa 3 cm große Würfel schneiden und im heißen Öl rundherum bräunen. Dann herausnehmen.

4. Die Paprika- und die Pfefferschoten, den Knoblauch und die Zwiebeln im Fett unter Rühren braten, bis die Zwiebeln glasig sind. Die Sojasauce, den Reiswein oder den Sherry und die Hühnerbrühe angießen und aufkochen. Die Tofuwürfel wieder zufügen und alles etwa 5 Minuten schmoren.

5. Die Speisestärke in kaltem Wasser auflösen. Den Schmorfond damit binden. Mit den Pinienkernen bestreut servieren. Dazu schmeckt Reis.

Im Bild hinten: Tofu in Sesampanade auf Champignons
Im Bild vorne:
Tofu mit Paprikagemüse

Süße Gerichte

Süße Hauptgerichte sind nicht nur was für Kinder, es soll auch Erwachsene geben, die dafür schwärmen. Statt Mehl können je nach Rezept auch Grieß oder Reis die Basis bilden, doch die Hauptsache sind die süßen Obstfüllungen. Lassen Sie sich von den folgenden Seiten verführen.

Birnen mit Haselnuß-baiser

Zutaten für 4 Personen:
4 reife Birnen
Saft von 1/2 Zitrone
1 Zimtstange
1 Gewürznelke
Fett für die Form
4 Eßl. gemahlene Haselnüsse
3 Eier
1/2 Teel. gemahlener Zimt
4 cl Birnengeist (ersatzweise
Obstsaft)
3 Eßl. Puderzucker

Gelingt leicht · Schnell

Pro Portion etwa:
1500 kJ/360 kcal
10 g Eiweiß · 23 g Fett
27 g Kohlenhydrate

● Zubereitungszeit: etwa
  40 Minuten

1. Die Birnen schälen, vierteln, das Kerngehäuse entfernen. In einem Topf mit Wasser bedeckt, dem Zitronensaft, der Zimtstange und der Gewürznelke aufkochen und zugedeckt bei schwacher Hitze 8–10 Minuten garen.

2. Eine feuerfeste Form ausfetten und mit 1 Eßlöffel von den Haselnüssen ausstreuen.

3. Die Birnen aus dem Sud heben, abtropfen lassen und längs in Scheiben schneiden. Diese dachziegelartig in die Form legen. Den Backofen auf 170° vorheizen.

4. Die Eier trennen. Die Eigelbe mit dem Zimt und dem Birnengeist verrühren und auf den Birnen verteilen. Die Eiweiße mit dem Puderzucker sehr steif schlagen. Die restlichen Haselnüsse unter den Eischnee mischen und die Mischung auf die Birnen geben.

5. Im Backofen (Mitte) in 15–20 Minuten überbacken.

Kokos-Grieß-nocken mit Himbeersauce

Anstelle der Himbeeren können Sie für die Sauce auch andere Beerensorten nehmen.

Zutaten für 4 Personen:
1/2 l Milch
1 Prise Salz
2 Eßl. Butter
150 g Grieß
2 Eier
1 Päckchen Vanillinzucker
6 Eßl. Kokosflocken
etwas abgeriebene Schale einer
unbehandelten Zitrone
4 Eßl. Zucker
300 g Himbeeren, frisch oder
tiefgefroren
Fett für die Form

Gelingt leicht · Preiswert

Pro Portion etwa:
2700 kJ/640 kcal
13 g Eiweiß · 24 g Fett
90 g Kohlenhydrate

● Zubereitungszeit: etwa
  30 Minuten

1. In einem Topf die Milch mit dem Salz aufkochen, die Butter dazugeben und den Grieß unter ständigem Rühren einstreuen. Den Topf von der Kochstelle nehmen und die Eier, den Vanillinzucker, 3 Eßlöffel Kokosflocken, die Zitronenschale und 2 Eßlöffel Zucker einrühren und etwa 5 Minuten stehen lassen.

2. Eine feuerfeste Form ausfetten. Von der Grießmasse mit einem angefeuchteten Eßlöffel Nocken abstechen und diese in die Form legen. Den Backofen auf 250° vorheizen.

3. Die frischen Himbeeren waschen und abtropfen lassen. In einem Topf mit etwas Wasser aufkochen, umrühren. Tiefgefrorene Himbeeren direkt in den Topf geben und unter Rühren aufkochen. Mit dem restlichen Zucker süßen.

4. Die Himbeersauce um die Grießnocken herum gießen und mit den restlichen Kokosflocken bestreuen. Im Backofen (Mitte) etwa 6 Minuten überbacken.

Im Bild oben:
Birnen mit Haselnußbaiser
Im Bild unten:
Kokos-Grießnocken mit Himbeersauce

Grießauflauf mit Trocken- aprikosen

Anstatt der Aprikosen können Sie auch andere Trockenfrüchte wie Feigen, Datteln oder Rosinen nehmen.

Zutaten für 4 Personen:
200 g getrocknete Aprikosen, ungeschwefelt
4 cl Aprikosengeist (ersatzweise Obstsaft)
4 Eigelb
80 g Zucker
300 g Joghurt
2 Päckchen Vanillinzucker
250 g Sahne
150 g Grieß
Fett für die Form
4 Eßl. Mandelstifte
3 Eßl. Butter

Preiswert · Gelingt leicht

Pro Portion etwa:
4400 kJ/1000 kcal
23 g Eiweiß · 56 g Fett
100 g Kohlenhydrate

- Einweichzeit: etwa
  1 Stunde
- Zubereitungszeit: etwa
  1 Stunde

1. Die Aprikosen in Würfel schneiden, in eine Schüssel geben, mit dem Aprikosengeist beträufeln und etwa 1 Stunde ziehen lassen.

2. Die Eigelbe und den Zucker in einer Rührschüssel mit den Schneebesen des Handrührgerätes zu einer gelben, cremigen Masse verrühren.

3. Den Joghurt eßlöffelweise hinzufügen. Den Vanillinzucker und die Sahne sowie den Grieß untermischen.

4. Den Backofen auf 180° vorheizen.

5. Die Aprikosenwürfel in ein Sieb geben und abtropfen lassen. Eine feuerfeste Form ausfetten und die Hälfte der Grießmasse einfüllen. Die Aprikosenwürfel mit der Flüssigkeit und die Hälfte der Mandelstifte darauf verteilen und wieder mit dem Grieß bedecken. Mit den restlichen Mandelstiften bestreuen und die Butter in Flöckchen darauf setzen.

6. Die Form auf dem Rost in den Backofen (Mitte) schieben und den Auflauf in etwa 40 Minuten goldgelb backen.

Auflauf von dreierlei Nüssen

Zutaten für 4 Personen:
150 g gehackte Walnüsse
150 g gemahlene Haselnüsse
50 g gehackte grüne Pistazien
100 g Zucker
4 Eier
Saft von 1 Orange
1/2 Teel. gemahlener Zimt
Fett für die Form

Raffiniert

Pro Portion etwa:
3300 kJ/790 kcal
21 g Eiweiß · 61 g Fett
38 g Kohlenhydrate

- Zubereitungszeit: etwa
  45 Minuten

1. Die Walnüsse, die Haselnüsse und die Pistazien in einer Schüssel miteinander mischen.

2. Die Eier trennen. Den Zucker in eine Schüssel geben. Die Eigelbe hinzufügen und mit dem Schneebesen des Handrührgerätes verrühren.

3. Den Orangensaft mit dem Zimt unter die Eimasse rühren. Die Nüsse dazugeben.

4. Den Backofen auf 200° vorheizen.

5. Die Eiweiße zu sehr steifem Schnee schlagen und unter die Eier-Nuß-Mischung heben.

6. Eine feuerfeste Form ausfetten und die Masse in die Form füllen.

7. Die Form auf dem Rost in den Backofen (Mitte) schieben und den Auflauf in etwa 30 Minuten goldgelb backen. Dazu paßt ein Salat aus Orangen mit Orangenlikör.

Im Bild oben:
Grießauflauf mit Trockenaprikosen
Im Bild unten:
Auflauf von dreierlei Nüssen

Grießauflauf mit Obst

Statt mit Weizengrieß schmeckt der Auflauf auch mit Maisgrieß (Polenta) oder mit Hirse.

Zutaten für 4 Personen:
1/2 l Milch
125 g Weizenvollkorngrieß
1 Prise Salz
100 g rote Johannisbeeren
100 g Stachelbeeren
2 Nektarinen
3 Eier
50 g Zuckerrohrgranulat
1/2 Teel. Zimtpulver
1 Prise gemahlene Nelken
1 Eßl. Sonnenblumenkerne
10 g Butter
Für die Form: 1 Teel. Butter

Gelingt leicht

Pro Portion etwa:
1800 kJ/430 kcal
16 g Eiweiß · 16 g Fett
55 g Kohlenhydrate
3 g Ballaststoffe

• Zubereitungszeit: etwa
 1 1/4 Stunden

1. Die Milch mit dem Grieß und dem Salz in einem Topf mischen und unter Rühren zum Kochen bringen. Den Grieß bei schwacher Hitze zugedeckt in etwa 10 Minuten ausquellen lassen. Den Grieß vom Herd nehmen und etwas abkühlen lassen.

2. Die Johannisbeeren und die Stachelbeeren waschen und von den Stielen befreien. Die Nektarinen waschen und in Schnitzen von den Steinen schneiden.

3. Die Eier trennen. Die Eigelbe mit dem Zuckerrohrgranulat, dem Zimt und den Nelken schaumig rühren, dann mit dem Obst unter den Grieß mischen.

4. Die Eiweiße steif schlagen und vorsichtig unterheben.

5. Eine feuerfeste Form mit der Butter ausstreichen. Die Auflaufmasse hineinfüllen und glattstreichen. Die Sonnenblumenkerne und die Butter in kleinen Stücken auf der Oberfläche verteilen.

6. Die Form auf den Rost in den Backofen (Mitte) stellen. Den Ofen auf 180° schalten und den Auflauf etwa 45 Minuten backen, bis er schön gebräunt ist.

Gratinierte Zwetschgen

Zutaten für 3–4 Personen:
600 g Zwetschgen
150 g Crème fraîche
1 Eßl. Zitronensaft
40 g Zuckerrohrgranulat
40 g Haselnußkerne, fein gerieben
1 Eigelb

Gelingt leicht • Schnell

Bei 4 Personen pro Portion etwa:
1400 kJ/330 kcal
3 g Eiweiß · 22 g Fett
29 g Kohlenhydrate
3 g Ballaststoffe

• Zubereitungszeit: etwa
 35 Minuten

1. Den Backofen ausnahmsweise auf 240° vorheizen.

2. Die Zwetschgen waschen, halbieren und von den Steinen befreien. Die Zwetschgen mit den Schnittflächen nach oben in eine feuerfeste Form legen.

3. Die Crème fraîche mit dem Zitronensaft, dem Zuckerrohrgranulat, den Nüssen und dem Eigelb verrühren und über die Zwetschgen gießen.

4. Die Form auf den Rost in den heißen Backofen (Mitte) stellen und die Zwetschgen in etwa 20 Minuten garen, bis sie leicht gebräunt sind.

Bild oben:
Grießauflauf mit Obst
Bild unten:
Gratinierte Zwetschgen

Aprikosen mit Mohnhaube

Mohnsamen können Sie in manchen Getreidemühlen und in einigen Kaffeemühlen frisch mahlen. Oder Sie bitten Ihren Reformhaus- oder Naturkosthändler um diesen Gefallen.

Zutaten für 4–6 Personen:
75 g Mohnsamen, frisch gemahlen
1/8 l Milch
je 1/2 Teel. gemahlene Vanille und Zimtpulver
abgeriebene Schale von 1/2 unbehandelten Zitrone
125 g Mandeln, frisch gerieben
700 g Aprikosen
4 Eiweiß
100 g Zuckerrohrgranulat

Raffiniert

Bei 6 Personen pro Portion etwa:
1300 kJ/310 kcal
9 g Eiweiß · 17 g Fett
31 g Kohlenhydrate
7 g Ballaststoffe

• Zubereitungszeit: etwa 1 Stunde

1. Den Mohn mit der Milch, der Vanille und dem Zimt in einem Topf zum Kochen bringen. Die Masse dann vom Herd ziehen und zugedeckt quellen und abkühlen lassen. Dann die Zitronenschale und die Mandeln untermischen.

2. Die Aprikosen waschen, halbieren und von den Kernen befreien. Die Aprikosen mit den Schnittflächen nach oben in eine feuerfeste Form geben.

3. Die Eiweiße zu sehr steifem Schnee schlagen, dabei nach und nach das Zuckerrohrgranulat einrieseln lassen. Die Mohnmasse vorsichtig unterheben. Den Mohnschnee auf den Aprikosen verstreichen.

4. Die Form auf den Rost in den Backofen (unten) stellen. Den Backofen auf 200° schalten und die Aprikosen etwa 25 Minuten backen, bis die Mohnmasse fest und leicht gebräunt ist.

Pfirsiche mit Nußstreuseln

Mit geschmolzener Butter zubereitet, sind Streusel ganz einfach herzustellen.
Wenn Sie wirklich vollreife Pfirsiche bekommen, brauchen Sie
sie vor dem Häuten nicht mit
kochendem Wasser zu über-
brühen.

Zutaten für 4 Personen:
125 g Butter
100 g Weizenvollkornmehl
75 g Mandeln, frisch gerieben
75 g Zuckerrohrgranulat
1 Teel. Zimtpulver
1 Prise Salz
abgeriebene Schale von
1/2 unbehandelten Zitrone
700 g Pfirsiche
4 Eßl. Sahne

Gelingt leicht

Pro Portion etwa:
2800 kJ/670 kcal
8 g Eiweiß · 42 g Fett
64 g Kohlenhydrate
7 g Ballaststoffe

• Zubereitungszeit: etwa 1 Stunde

1. Die Butter in einem kleinen
Topf bei schwacher Hitze
schmelzen lassen.

2. Das Mehl, die Mandeln,
das Zuckerrohrgranulat, den
Zimt, das Salz und die Zitronenschale in einer Schüssel mischen. Die Butter darüber träufeln und alles mit einer Gabel
zu Streuseln vermischen.

3. Die Pfirsiche mit kochendem
Wasser überbrühen, kurz
ziehen lassen, häuten und in
Schnitzen von den Steinen
schneiden. Die Pfirsiche dachziegelartig in eine feuerfeste
Form geben und mit der Sahne
beträufeln. Die Streusel darauf
verteilen.

4. Die Pfirsiche in der Form auf
den Rost in den Backofen (Mitte) stellen. Den Ofen auf 200°
schalten und die Pfirsiche etwa
35 Minuten backen, bis die
Streusel gebräunt sind.

Quarkauflauf mit Rhabarber

Die Menge für diesen leichten Auflauf ist für 4 Personen als Dessert gedacht. Wenn Sie das Gericht aber als Hauptgericht servieren möchten, reicht es nur für 2.

Zutaten für 4 Personen:
Für das Kompott:
400 g Rhabarber
125 g Zuckerrohrgranulat
1/8 l trockener Weißwein, ersatzweise Wasser
400 g Erdbeeren
Für den Auflauf:
3 Eier
250 g Magerquark
50 g Zuckerrohrgranulat
1 Prise Salz
1 Teel. Zimtpulver
abgeriebene Schale und Saft von 1/2 unbehandelten Zitrone
125 g Sahne
30 g Weizenvollkornmehl
Für die Form: etwas Butter

Raffiniert

Pro Portion etwa:
2000 kJ/480 kcal
18 g Eiweiß · 18 g Fett
58 g Kohlenhydrate
6 g Ballaststoffe

• Zubereitungszeit: etwa 1 1/2 Stunden

1. Für das Kompott den Rhabarber putzen, waschen und den Rhabarber in etwa 1 cm lange Stücke schneiden.

2. Die Rhabarberstücke mit dem Zuckerrohrgranulat und dem Weißwein oder dem Wasser in einen Topf geben und einmal aufkochen. Den Rhabarber dann zugedeckt bei schwacher Hitze etwa 5 Minuten garen, bis er bißfest ist.

3. Die Erdbeeren waschen, putzen und in Würfel schneiden. Die Erdbeeren unter das abgekühlte Rhabarberkompott mischen. Das Kompott eventuell noch mit etwas Zuckerrohrgranulat nachsüßen.

4. Das Kompott bis zum Servieren zugedeckt in den Kühlschrank stellen.

5. Für den Quarkauflauf die Eier trennen. Die Eigelbe mit dem Quark, dem Zuckerrohrgranulat, dem Salz, dem Zimt, der Zitronenschale und dem -saft gründlich verquirlen.

6. Die Eiweiße zu steifem Schnee schlagen. Die Sahne ebenfalls steif schlagen. Beides auf die Eigelbmasse geben. Das Mehl darüber stäuben. Alles mit einem Schneebesen locker, aber gründlich mischen.

7. Eine höhere feuerfeste Form nur am Boden mit wenig Butter ausstreichen. Die Quarkmasse hineinfüllen.

8. Den Auflauf auf den Rost in den Backofen (Mitte) stellen. Den Ofen auf 200° schalten und den Auflauf in etwa 35 Minuten garen, bis die Oberfläche leicht gebräunt und die Quarkmasse fest ist.

9. Den Auflauf mit dem Kompott servieren.

Varianten:
Statt Kompott können Sie zu dem Auflauf auch einen Salat aus beliebigen rohen Früchten servieren.

Quarkauflauf mit Rhabarber ist eine fruchtige Alternative, die schon einmal als Mittagessen ausreicht.

Apfelauflauf mit Mandeln

Zutaten für 4 Personen:
600 g säuerliche Äpfel (zum Beispiel Gravensteiner oder Boskop)
1 Eßl. Zitronensaft
100 g abgezogene Mandeln
50 g weiche Butter
50 g Zuckerrohrgranulat
3 Eier
1 Teel. gemahlene Vanille
1 Prise Salz
Für die Form: etwas Butter

Preiswert

Pro Portion etwa:
1900 kJ/450 kcal
11 g Eiweiß · 32 g Fett
32 g Kohlenhydrate
6 g Ballaststoffe

• Zubereitungszeit: etwa
  1 1/4 Stunden

1. Die Äpfel gründlich waschen oder schälen, vierteln, von den Kerngehäusen befreien und in Schnitze schneiden. Die Äpfel mit dem Zitronensaft mischen.

2. Die Mandeln mit einem großen schweren Messer möglichst fein hacken, dann mit den Äpfeln mischen.

3. Die Butter mit dem Zuckerrohrgranulat sehr schaumig schlagen.

4. Die Eier trennen. Die Eigelbe nach und nach mit der Vanille unter die Buttermasse rühren. Die Eiweiße mit dem Salz steif schlagen, dann vorsichtig unterheben.

5. Eine feuerfeste Form mit der Butter ausstreichen. Die Äpfel darin verteilen und mit der Eiermasse bedecken.

6. Die Form auf den Rost in den Backofen (unten) stellen. Den Ofen auf 180° schalten und den Auflauf etwa 45 Minuten backen, bis die Masse fest und schön gebräunt ist.

Reisauflauf mit Kirschen

Zutaten für 4 Personen:
125 g Naturreis (Rundkorn)
etwa 1/2 l Milch
1 Prise Salz
600 g Kirschen
3 Eier
60 g Zuckerrohrgranulat
1 Eßl. Carobpulver

Gelingt leicht

Pro Portion etwa:
1700 kJ/400 kcal
14 g Eiweiß · 11 g Fett
63 g Kohlenhydrate
4 g Ballaststoffe

• Zubereitungszeit: etwa
  1 1/2 Stunden

1. Den Reis mit der Milch und dem Salz in einem Topf mischen und zum Kochen bringen. Den Reis dann zugedeckt bei schwächster Hitze in etwa 30 Minuten ausquellen lassen. Dabei gelegentlich umrühren, damit der Reis nicht anbrennt.

2. Den Reis in eine Schüssel füllen und lauwarm abkühlen lassen.

3. Inzwischen die Kirschen waschen, abtrocknen und entsteinen.

4. Die Eier trennen. Die Eigelbe mit dem Zuckerrohrgranulat und dem Carobpulver verquirlen.

5. Die Eigelbmasse mit den Kirschen unter den abgekühlten Reis mischen. Die Eiweiße steif schlagen und vorsichtig unterheben.

6. Die Auflaufmasse in eine feuerfeste Form füllen.

7. Die Form auf den Rost in den Backofen (Mitte) stellen. Den Ofen auf 200° schalten und den Auflauf etwa 45 Minuten garen, bis er schön gebräunt ist.

Im Bild oben:
Apfelauflauf mit Mandeln
Im Bild unten:
Reisauflauf mit Kirschen

Tofu-pflänzchen mit Rhabarber

Das fruchtig-säuerliche Kompott harmoniert besonders gut mit den Tofupflänzchen.

Zutaten für 2 Personen:
300 g Rhabarber
100 g Erdbeeren
etwa 40 g Zuckerrohrgranulat
50 g Haselnußkerne
1/2 unbehandelte Zitrone
200 g Tofu
1 Ei
etwa 3 Eßl. Weizenvollkornmehl
2 Eßl. Honig
1 Eßl. geschmacksneutrales Öl

Preiswert

Pro Portion etwa:
2600 kJ/260 kcal
19 g Eiweiß · 31 g Fett
65 g Kohlenhydrate
11 g Ballaststoffe

• Zubereitungszeit: etwa
  30 Minuten

1. Den Rhabarber putzen, waschen und in etwa 2 cm lange Stücke schneiden. Die Erdbeeren waschen, trockentupfen, von den Stielen befreien und vierteln.

2. Den Rhabarber und die Erdbeeren mit dem Zuckerrohrgranulat in einen Topf geben und zum Kochen bringen. Das Kompott dann zugedeckt etwa 4 Minuten garen, bis der Rhabarber knapp weich ist.

3. Das Kompott in eine Schüssel geben, eventuell noch mit etwas Granulat abschmecken und abkühlen lassen.

4. Für die Pflänzchen die Haselnußkerne mit einem großen schweren Messer fein hacken. Die Zitronenhälfte waschen, abtrocknen und die Schale fein abreiben. Die Zitrone dann auspressen.

5. Den Tofu abtropfen lassen, in eine flache Schüssel geben und mit einer Gabel sehr fein zerdrücken. Die Nüsse, die Zitronenschale und den Zitronensaft, das Ei, das Mehl und den Honig dazugeben und alles mit den Händen kräftig verkneten, bis ein gut gebundener Teig entsteht. Sollte der Teig zu weich sein, eventuell noch etwas Mehl untermischen. Aus der Tofumasse 6 kleine Pflänzchen formen.

6. Das Öl in einer Pfanne erhitzen. Die Pflänzchen darin bei mittlerer Hitze von jeder Seite etwa 5 Minuten braten, bis sie schön gebräunt sind.

7. Die Tofupflänzchen auf Teller verteilen und mit dem Kompott servieren.

Tip!

Rhabarber gehört zur Familie der Knöterichgewächse und zählt eigentlich zu den Gemüse- und nicht zu den Obstsorten. Geerntet wird er (aus heimischem Freilandanbau) etwa von April bis Juni. Wenn Sie einmal keinen Rhabarber bekommen, können Sie das Kompott auch mit Kirschen, Zwetschgen oder gemischten Beeren zubereiten.

Tofu paßt auch gut zu Früchten, wie diese Süßspeise beweist.

REGISTER

REZEPTE ALPHABETHISCH

REZEPTE NACH HAUPTZUTATEN

AUTOREN

Adam Cornelia
Beyreder Adelheid
Casparek-Türkkan Erika
Donhauser Rosemarie
Früchtel Ingrid
Grüner Antje
Handschmann Johanna
Hess Reinhard
Ilies Angelika
Kittler Martine
Kuhn-Hein Ulrich
Marske Roland
Mbalyohere Charles G.
Müller Veronika
Piroué Susi
Rias-Bucher Barbara
Schinharl Cornelia
Soliman Ali
Widjaya Kusuma
Wolter Annette
Zeltner Renate
Zingerling Cornelia

FOTOGRAFEN

Rezeptfotos
Odette Teubner
Dorothee Gödert
Kerstin Mosny
Roland Marske

Zwischentitel
Fotostudio Teubner

Umschlagfotos
StockFood (vorne: James Duncan,
hinten: Michael Brauner)

Hinweis
Die Temperaturstufen bei Gas-
herden variieren von Hersteller
zu Hersteller. Welche Stufe
Ihres Gasherdes der jeweils angegebenen Temperatur ent-
spricht, entnehmen Sie bitte der
Gebrauchsanweisung.

© 2001 Gräfe und Unzer Verlag
GmbH, München

Projektleitung: Marc Strittmatter
Redaktion: Adriane Andreas
Herstellung und Satz:
Renate Hausdorf
Produktion: Ute Hausleiter
Umschlaggestaltung:
Petra Ohlsen, Grafik-Design
Repro: PHG Lithos, Martinsried
Druck und Bindung: Mohndruck,
Gütersloh

ISBN 3-7742-5005-7